BARBARA VOIGT BEATE WAGNER

# DIE WEIBLICHE ANGST

BARBARA VOIGT BEATE WAGNER

# DIE WEIBLICHE ANGST

## Wie Frauen und Mädchen Ängste erleben und bewältigen

BELTZ

FSC www.fsc.org MIX Papier | Fördert gute Waldnutzung FSC® C089473

Dieses Buch ist erhältlich als:
ISBN 978-3-407-86802-2 Print
ISBN 978-3-407-86803-9 E-Book (EPUB)

1. Auflage 2024



Lektorat: Katharina Theml, Büro Z, Wiesbaden
Umschlaggestaltung: FAVORITBUERO, München
Bildnachweis: shutterstock_2270792943

Illustrationen S. 23, 116, 156, 223: © gutentag-hamburg.de

Herstellung und Layout: Sarah Veith
Satz: Publikations Atelier, Weiterstadt
Druck und Bindung: Beltz Grafische Betriebe, Bad Langensalza
Beltz Grafische Betriebe ist ein Unternehmen mit finanziellem Klimabeitrag (ID 15985-2104-100).
Printed in Germany

Weitere Informationen zu unseren Autor:innen und Titeln finden Sie unter: www.beltz.de

# INHALT

## TEIL II
## DIE ALLTÄGLICHE ANGST 83

TEIL I

# GRUNDLAGEN DER ANGST

## KAPITEL 1

# SIND FRAUEN ÄNGSTLICHE WESEN?

Sie taucht in der Stille auf, wenn du allein bist oder mitten im Getümmel. Sie kommt, wenn du in der U-Bahn sitzt oder die Frage eines Kollegen beantworten sollst. Sie begleitet dich, wenn du Altes beschließt und Neues beginnst. Sie ist dir gewiss, wenn du sonst auf nichts und niemanden mehr zählen kannst. Sie ist das Einzige, was du überhaupt noch hast. Sie kontrolliert deinen Weg, selbst wenn du nicht mehr weißt, wohin dieser führt. Manchmal überrascht sie dich, obwohl du gerade eine gute Zeit hast.

Angst hat viele Gesichter. Sie gehört dem amerikanischen Psychologen Robert Plutchik zufolge zu den acht Grundemotionen des Menschen (Furcht, Ärger, Freude, Traurigkeit, Überraschung, Ekel, Erwartung, Akzeptanz)[1] und äußert sich so variantenreich wie das Leben selbst. Angst kann sich toll anfühlen und der blanke Horror sein. Erinnerst du dich, wann du das letzte Mal Angst hattest? Vielleicht war das eine Situation, in der sie dich vor einer brenzligen Situation beschützt hat. Oder sie hat dich befeuert, einen schwierigen, aber wichtigen Schritt in deinem Leben zu gehen. Angst kann sich – so absurd das klingt – gut anfühlen, wenn sie angemessen auftritt. Sie kann uns beflügeln und manchmal sogar unser (Über-)Leben sichern. Oft sind unsere Erfahrungen mit Angst aber eher negativ. Dann ist die Sache schwieriger.

Unser Buch möchte einen umfassenden Blick auf Ängste werfen, seien es deine eigenen oder die deiner Mutter, Tochter oder Freundin. Es wird eine Perspektive vermitteln, die viele potenzielle Ursachen mit einschließt – und die Ängste als ein multifaktorielles Phänomen beschreibt. Angst hat nämlich viel weniger nur mit dir zu tun, als du vielleicht bisher gedacht hast. Dein persönliches Leben und Wohlbefinden hängt auch von deiner Familie, deiner beruflichen Situation und deiner körperlichen und mentalen Verfassung ab. Verantwortlich sind zudem gesellschaftliche, soziale, politische und globale Zustände, in denen wir leben. Vor allem für die weibliche Angst ist das ein Fakt, wie wir zeigen werden. Das Wissen um die konkreten Zusammenhänge, die auf Frauen mit Ängsten zutreffen, kann neuen Freiraum schaffen, um besser damit klarzukommen. Wir haben das Buch für alle Frauen geschrieben, die in ihrem Leben mit Ängsten zu tun haben – und die sich einen neuen Umgang mit diesem Gefühl wünschen.

Du fragst dich jetzt vielleicht trotzdem: Braucht es dazu wirklich ein ganzes Buch, in dem es *nur* um Angst von Frauen geht? Unterscheidet sich die Angst bei Männern und Frauen wirklich so stark? Unsere Antwort ist eindeutig ja – und wird für dich hoffentlich spätestens dann nachvollziehbar, wenn du einen Blick auf die Zahlen wirfst: Weltweit sind Angststörungen die häufigste psychische Erkrankung. Allein in Deutschland sind rund zehn Millionen Menschen betroffen, das sind 15 von hundert Menschen.[2] Zum Vergleich: An Depression erkranken im Schnitt acht von hundert. Das ist für sich gesehen schon erstaunlich. Auf jeden betroffenen Mann mit Ängsten kommen allerdings zwei Frauen. Frauen ängstigen sich also doppelt so häufig – und das von der Pubertät an bis ins Alter.[3] Bei Frauen sind Angststörungen zudem häufiger Vorboten von depressiven Episoden und sie treten oft zusammen mit Depressionen und Essstörungen auf. Frauen erleben auch heftigere Beschwerden bei Ängsten und leiden auch länger darunter als Männer.[4] Bei Mädchen und jungen Frauen gehen Angststörungen häufiger mit vermehrtem Grübeln einher – und das mündet öfter im Suizidversuch.[5] Kein Wunder, dass Frauen deutlich häufiger wegen psychischer Erkrankungen krankgeschrieben sind: Im Vergleich zu Männern haben sie 67 Prozent mehr Fehltage und sie nehmen auch deutlich häufiger Psychopharmaka.[6]

Wir, die Psychologin und Psychotherapeutin Barbara Voigt und die Ärztin, Wissenschaftsjournalistin und Autorin Beate Wagner, haben uns gefragt, wie all das sein kann. Als Expertinnen und Frauen wollten wir die Hintergründe besser verstehen und haben uns auf die Suche nach den Ursachen gemacht. Auf unserem Weg haben wir selbst viel gelernt und viele interessante Fakten gefunden. Die bisherige Forschung hat mittlerweile einige Gründe für die Geschlechterdifferenzen bei Ängsten aufgedeckt, aber längst noch nicht alle. In diesem Buch beschreiben wir die wichtigsten Erfahrungen betroffener Frauen und Mädchen mit Ängsten und erläutern die wissenschaftlichen Erkenntnisse zu Ursachen, Symptomen, Selbsthilfe und Therapien.

Im Folgenden erhältst du einen kurzen Überblick, alle konkreten Details erfährst du in den einzelnen Kapiteln.

## Weibliche Angst – ein Mix aus vielen Faktoren

Wie kann es sein, dass Ängste so ungleich verteilt sind und doppelt so viele Frauen wie Männer damit leben? Die geschlechtsspezifischen Unterschiede sind komplex und überall im weiblichen Organismus zu finden. Bisher konnten zum Beispiel nur bei Frauen, nicht aber bei Männern, Risikogene für eine Panikstörung nachgewiesen werden.[7] Forscher:innen kennen zudem hormonelle, immunologische und strukturelle Unterschiede in bestimmten Hirnregionen, die dazu beitragen, dass Frauen mehr zu Ängsten neigen als Männer. Bei Frauen wird beispielsweise durch verschiedene Reize stärker die rechte Gehirnhälfte aktiviert – die für die Verarbeitung von Gefahren und die Vermittlung von Angst zuständig ist. Auch die Emotionsregulation ist geschlechtsabhängig, das wissen Forscher:innen heute. Frauen verarbeiten Stress und emotionale Ereignisse anders – sie machen sich beispielsweise bei demselben Anlass mehr Sorgen als Männer.

Viele Wissenschaftler:innen gehen zudem davon aus, dass vor allem die Geschlechtshormone erheblich dazu beitragen, dass Frauen eher ängstlich sind. Geschlechtshormone sind ein wichtiger – wenn auch nicht der alleinige – Grund, dass etwa ab dem zwölften Lebensjahr doppelt so viele Mädchen und Frauen Ängste und Angststörungen entwickeln wie Männer. Auf hormoneller Ebene wird die weibliche Angst vor allem von den Geschlechtshormonen Östrogen, Progesteron und dem Neurobotenstoff Serotonin beeinflusst. Alle diese Substanzen liegen bei Frauen in anderen Konzentrationen vor als beim Mann. Das weibliche Geschlechtshormon Östrogen regelt nicht nur die Fortpflanzung, sondern die hochpotente biochemische Substanz mischt auch im Stoffwechsel mit, reguliert die Energieproduktion und ist bei Frauen stark neuroaktiv. Östrogen aktiviert im Gehirn Regionen, die für die Stimmungslage, die Emotionsregulation, das Gedächtnis, die Aufmerksamkeit und Planungen zuständig sind. Das Verhältnis von Östrogen und Testosteron beeinflusst überdies Fürsorgeverhalten und expressives Verhalten – was erklärt, warum sich Frauen mehr um andere Menschen (und ihren Nachwuchs) sorgen als beispielsweise Männer. Testosteron wirkt zudem angstlösend.

Auch physiologische Differenzen zwischen Frauen und Männern begünstigen die Entstehung weiblicher Angst. Frauen sind vulnerabler, also verletzlicher für psychische Erkrankungen. Sie werden älter als Männer, treiben weniger Sport, kommunizieren zwar besser, sind aber dennoch häufiger sozial isoliert, und sie gebären Kinder – alles Risikofaktoren für psychische Erkrankungen.[8] Begleitende körperliche Beschwerden wie Herzklopfen oder Schwindelgefühle nehmen sie oft als extrem intensiv wahr.[9] Mädchen fühlen sich durch Stress emotional stärker belastet und neigen dazu, Ängste häufiger und intensiver als Jungen zu empfinden. Unklare Reize interpretieren sie eher als bedrohlich.[10] Zudem beeinflussen sich Angst und Stress auch gegenseitig. Das heißt, wenn sich Frauen zum Beispiel in einer sozial stressigen Konkurrenzsituation befinden, werden sie schneller als Männer ängstlich und fühlen sich unsicherer.[11]

Und wie gehen Frauen damit um, wenn die Ängste erst einmal da sind? Viele Frauen wählen andere Bewältigungsstrategien als Männer – was wiederum dazu führt, dass weibliche Ängste eher sichtbar werden. Männern fällt es schwerer, über ihre Angst zu sprechen – sie treten lieber selbstbewusst und distanziert auf und verbergen ihre Ängste.[12] Anders als Männer, die Ängsten vermeidend und verdrängend begegnen und sich zum Beispiel mit Alkohol und anderen Drogen ablenken, grübeln Frauen eher über ihre Sorgen. Sie verlieren sich in Wunschgedanken und sprechen mehr zu sich und mit anderen über ihre psychischen Befindlichkeiten. Frauen suchen sich auch eher emotionale und soziale Unterstützung und eine professionelle Behandlung.[13]

Oona weiß nicht mehr, wann alles begann. Als Kind war sie jedenfalls noch nicht da, die Angst. Als sie dann als Studentin erstmals allein lebte – und für alles selbst verantwortlich war –, kam die Furcht vor allem Unkontrollierbaren immer öfter: Vor dem schweren Unfall, wenn sie gerade im Auto sitzt. Vor dem Verlassenwerden, wenn sie sich gerade verliebt hat. Vor finanzieller Not, obwohl sie gerade einen guten Job gefunden hat. Oft spürt Oona auch unendliche Traurigkeit, und sie weint einfach drauf los.
Oonas Alltag verändert sich: Um auf alle Szenarien vorbereitet zu sein, versucht sie, ihr Leben zu strukturieren, alles im Voraus zu pla-

nen, jeden Schritt zu optimieren; sie denkt ständig nach und kommt ins Grübeln. Doch das ist offensichtlich keine Hilfe, die Ängste werden größer und größer. Oona beginnt, überall nur noch das Schlechte zu sehen, in Dramen zu denken, aus kleinen Problemen Katastrophen zu machen. Als die Angst auch ihr Herz schneller schlagen lässt und sie körperlich immer angespannter wird, spricht sie mit ihren Freudinnen und findet schließlich Hilfe bei einer Psychotherapeutin.

Zusätzlich zu den bereits genannten Ursachen greifen auch lebensgeschichtliche, soziale und psychologische Risikofaktoren mit in das Geschehen ein. Die Erziehung spielt eine große Rolle bei der Entstehung von Angst. So übertragen beispielsweise Eltern öfter ihren Töchtern als Söhnen ein ängstliches Verhalten in der Kindheit. Als angstverstärkend gilt zudem die immer noch deutlich schlechtere soziale Stellung vieler Frauen in der Gesellschaft, mit überwiegend weiblich geleisteter Care-Arbeit, mehr (Teilzeit-)Jobs und entsprechend niedrigerer Bezahlung.[14]

Weit verbreitet in unserer Gesellschaft ist auch Gewalt an Mädchen und Frauen, häufig zum Beispiel durch den Partner. Insgesamt werden Frauen doppelt so häufig wie Jungen und Männer körperlich und seelisch misshandelt – was bei den Betroffenen die Entwicklung von Angststörungen begünstigt.[15, 16] Auch Kindesmissbrauch trifft doppelt so viele Mädchen wie Jungen und hinterlässt bleibende Spuren bei den Betroffenen. Forscher:innen gehen mittlerweile stark davon aus, dass sexueller Missbrauch die Gehirnchemie und -struktur betroffener Mädchen verändert. Untersuchungen zufolge fließt bei Frauen, die sexuellen Missbrauch erlebt haben, zudem möglicherweise weniger Blut durch eine bestimmte Gehirnregion, die an der Verarbeitung von Emotionen beteiligt ist. Das kann die Funktion in diesem Bereich, dem Hippocampus, einschränken.

Viele Jahre wird Oona von ihrer Therapeutin begleitet. Mal geht es ihr zwischendurch besser, dann verschlechtert sich ihr Zustand wieder. Sie gibt ihre Studentenwohnung auf und zieht zu ihren Eltern zurück. Sie wird eines Tages weiterstudieren, nimmt sie sich vor. Doch es bleibt bei einem Plan. Bald gesellen sich noch eine Depression und eine soziale Phobie hinzu: Oona trifft keine Freundinnen mehr und zieht sich immer mehr im Haus ihrer Eltern zurück. Irgendwann sind diese verzweifelt und können es nicht mehr ertragen, ihre Tochter so leiden zu sehen. Oona nimmt für eine kurze Zeit Medikamente, und auch in der Psychotherapie geht es langsam aufwärts. Sie schafft es tatsächlich, wieder am Leben teilzunehmen. Nach Monaten beginnt sie eine Ausbildung und lernt ihren heutigen Ehemann kennen. Ab und an überkommt Oona die Angst noch, und auch die Depressionen gehen nie ganz weg. Doch Oona hat akzeptiert, dass all das zu ihr gehört. Sie hat beschlossen, sich nicht mehr gegen ihre Ängste zu wehren, sondern sie in ihr Leben zu integrieren.

## Das biopsychosoziale Modell der Angst

Der kurze Überblick dürfte bereits gezeigt haben, wie komplex die Entstehung von weiblicher Angst ist und wie viele Faktoren daran mitwirken. Trotzdem gibt es keine »typisch weibliche Angst«. Alle Angststörungen von Mädchen und Frauen, die irgendwann im Leben auftauchen, sind eher ein multifaktorielles Produkt. Ein Phänomen, das neben den Erfahrungen der Frauen durch das Zusammenspiel von vielen unterschiedlichen Aspekten eines weiblichen Lebens entsteht. Daher spricht die Wissenschaft bei der Angst auch von einem biopsychosozialen System. Die Stellung der Frau in der Gesellschaft hat somit ebenso einen Einfluss wie die Genetik, die hormonellen Zyklusschwankungen oder die Kindheitserfahrungen der betroffenen Mädchen und Frauen. Alle Faktoren gemeinsam führen dazu, dass Frauen insgesamt öfter ängstlich sind. Angst ist also immer das Zusammenspiel aus sozialen Konstruktionen und biologischen Faktoren. In der Psychosomatik oder der sogenannten integrierten Medizin weiß man schon lange, dass die Symptome der Angst – und übrigens aller anderen Erkrankungen – immer in Wechselwirkung mit der Umwelt und ihren sozialen Faktoren entstehen.

Zudem haben sogenannte geschlechtsspezifische Aspekte des täglichen Lebens ihren Einfluss. Es gibt mehrere Untersuchungen, die zeigen, dass je ausgeprägter die traditionell weiblichen Stereotype sind – darunter ist alles subsumiert, was unsere Gesellschaft unter Weiblichkeit oder Femininität versteht –, auch die selbst berichteten Angstbeschwerden ansteigen. Als feminin gilt in unserer Gesellschaft zum Beispiel ein bestimmtes Aussehen mit langem Haar, eine schmale Taille, eine hohe Stimme und ein zarter Körperbau. Zudem wird ein bestimmtes Verhalten, wie zum Beispiel vermehrtes Fürsorgeverhalten, Selbstunsicherheit oder kommunikative Kompetenz unter Weiblichkeit subsummiert. Menschen beider Geschlechter schätzen sich hingegen selbst als umso kränker ein, je weniger maskulin sie sich fühlen.[17] In einer Gesellschaft, die wie unsere patriarchalisch organisiert ist, scheint alles Männliche immer noch das Maß aller Dinge zu sein.

Daraus folgt logischerweise, dass man auch in der Medizin und der Forschung unbewusst immer noch von einem typisch männlichen und typisch weiblichen Verhalten ausgeht – auch wenn sich die Expert:innen im Gesundheitssystem seit einigen Jahren immer mehr des Einflusses der Geschlechterstereotype bewusst werden. Als Maßstab für psychische Gesundheit dient aber überwiegend immer noch, was im Kulturkreis westlicher Länder unter Männlichkeit verstanden wird. Weibliche Aspekte körperlicher und sozialer Art assoziiert man hingegen eher mit krank und schwach. Die Weltgesundheitsorganisation hat das Geschlecht längst als entscheidenden Faktor für psychische Gesundheit und psychische Erkrankungen identifiziert – und vorgeschlagen, dass Geschlechteraspekte noch mehr in die Gesundheitsforschung einbezogen werden müssen, um die Wissenschaft und die Behandlung psychischer Erkrankungen sowohl für Frauen als auch für Männer zu verbessern.

Unsere Recherche für dieses Buch über weibliche Ängste zeigt, dass es immer noch anders läuft. Häufig werden Ängste von Frauen in unserer Gesellschaft sofort pathologisiert. Bestes Beispiel: Ängste heißen im medizinischen Umfeld »Angststörungen«, was darauf hindeutet, dass sie stören, dass etwas falsch ist an dem Gefühl Angst – und damit wahrscheinlich auch an den Frauen, die darunter leiden.

Frauen gelten schon seit dem Altertum als histrionisch und werden daher bis heute in vielen Situationen missinterpretiert. Der Begriff histrionisch hat in der modernen Psychologie das Wort »hysterisch« abgelöst. Denn dieses gilt außerhalb der Psychoanalyse als veraltet und abwertend. Zu Beginn des 20. Jahrhunderts war die Hysterie eine häufige Diagnose, die die damals überwiegend männlichen Psychiater und Psychologen seit Sigmund Freud vor allem Frauen gaben, die sich seltsam verhielten, die durch plötzliche Ohnmachtsanfälle, absonderliche Bewegungen, auffällige Sprachstörungen oder durch für damalige Moralvorstellungen nicht normgerechtes Sexualverhalten auffielen. Die Hysterie galt als weibliche Krankheit.[18] Auch wenn die Hysterie längst keine Diagnose mehr ist, scheint die Historie etwas hinterlassen zu haben: Frauen mit Ängsten gelten heute, auch das zeigen Studien, oft gleich als Patientinnen – und damit als krank.

In diesem Buch wollen wir vermitteln, dass diese Sichtweise überholt und zudem falsch ist. Wir wollen zeigen, dass Angst per se keine Krankheit ist, sondern erst einmal ein Gefühl, ein Zeichen, um das »frau« sich kümmern sollte. Wenn Frauen ihre Ängste zunächst als Botschafter ihrer Gefühle verstehen könnten, die sie wohlwollend akzeptieren und hinterfragen, würden viele alltäglichen Ängste einen weniger bedrohlichen Stellenwert bekommen – und könnten mit verschiedenen Methoden, wie zum Beispiel der Psychotherapie und Meditation eher gelindert werden. Damit einhergehend müssen sich alle Akteur:innen im Gesundheitssystem noch mehr mit einer geschlechtsspezifischen Medizin beschäftigen und für das Verständnis von Gesundheit und Krankheit neben dem biologischen Geschlecht auch soziokulturelle Aspekte mit einbeziehen.

Wir möchten alle Leser:innen mit diesem Buch zu einem neuen Umgang mit Ängsten ermuntern. Wir hoffen, dass wir einen Beitrag leisten können, damit alle Mädchen und Frauen mit Ängsten lernen, ihren persönlichen Weg mit diesem Gefühl zu finden und vielleicht die eigene Perspektive darauf zu wechseln. Denn wir sind überzeugt, dass die Sorgen, Ängste und der Stress, unter denen viele von uns leiden, oft gar nicht die Übeltäter sind, für die sie gehalten werden. Wir glauben vielmehr, dass Ängste und emotionale Blockaden zunächst erst einmal wichtige Informationen sein können, die bei vielen Frauen auf ein vernachlässigtes Bedürfnis hinweisen – etwa, sich für mehr eigene Rückzugsmöglichkeiten und Ruhe einzusetzen und öfter mal nein zu sagen.

Ängste können Signalwirkung haben. Meist liegt darin versteckt der Hinweis, dass du vielleicht überlastet bist, dass du mehr Selbstfürsorge brauchst oder schlicht einfach mal wieder die Reißleine ziehen solltest. Wir möchten dich einladen, mit uns auf eine Reise zu gehen, um herauszufinden, was du für dich und deine Ängste brauchst, damit du einen Perspektivwechsel wagen kannst.

## KAPITEL 2

# WAS WILL ANGST UNS SAGEN?

Angst ist zunächst ein Überlebensmodus. Ist der Mensch einer großen realen Gefahr ausgesetzt, will er dieser entkommen. Stellen wir uns vor, wir begegnen beim Wandern einem Bären. Der Körper reagiert in Sekundenschnelle und schüttet bei der drohenden Gefahr die Stresshormone Adrenalin, Noradrenalin und Cortisol aus.[1] Sie helfen dabei, dass der ganze Organismus sich körperlich und seelisch darauf einstellt, nicht Opfer des Bären zu werden. Er ist theoretisch in der Lage, schnell wegzulaufen oder das Tier anzugreifen. Dass wir so blitzschnell reagieren können, sicherte und sichert uns Menschen das Überleben.

In der Psychologie spricht man vom Kampf-oder-Flucht-Modus. Dieser schützt uns, und wir brauchen das Gefühl der Angst zum Überleben.

Angst ist eine Basisemotion. Genau wie Wut, Ekel, Freude oder Trauer. Die Basisemotionen haben alle einen Sinn, sie sind nicht zufällig da. Riechen wir zum Beispiel an verdorbenem Fleisch, steigt Ekel in uns auf – und wir werden das Fleisch nicht essen. So entkommen wir der Gefahr, uns zu vergiften. Die Basisemotion Angst kann ebenso hilfreich sein. Lampenfieber zum Beispiel führt dazu, dass wir uns besser konzentrieren.

Wir haben schon seit jeher Angst, nur die Gründe und wie wir damit umgehen, haben sich im Laufe der Zeit verändert. Hatten wir früher zum Beispiel Angst vor wilden Tieren, ängstigen wir uns heute vor der nächsten Präsentation, die wir halten müssen, oder dass der Starkregen, bedingt durch den Klimawandel, unser Haus wegspült. Angst kann uns gleichzeitig schützen und auch krankmachen.

Im Gehirn gibt es spezifische Strukturen, die dafür verantwortlich sind, dass wir Menschen angstauslösende Signale wahrnehmen, verarbeiten und an den gesamten Körper weiterleiten. Expert:innen der Neurobiologie und Neurowissenschaft untersuchen, wie diese komplexen Strukturen genau zusammenarbeiten. Mithilfe weiterer Wissenschaftler:innen der Psychologie, Psychiatrie, Physik und Computerwissenschaften konnten sie bereits klären, in welchen Hirnregionen der Mensch Angst erkennt und wie genau er neuronale Signale verarbeitet.

Der amerikanische Neurowissenschaftler und Psychologe Joseph LeDoux beschäftigt sich seit über 30 Jahren mit der Biologie der Angst. Er ist überzeugt, dass unser Gehirn in der Lage ist, bereits zu reagieren, bevor wir eine Gefahr überhaupt wahrgenommen haben. In *The Emotional Brain* beschreibt LeDoux, wie das Nervensystem entscheidet und wie das Gehirn blitzartig reagiert, wenn wir tatsächlich in Gefahr sind.[2] Wandern wir beispielsweise im australischen Outback, würde das Gehirn zunächst dafür sorgen, dass das Herz schneller schlägt und wir Herzklopfen bekommen – und erst dann überprüfen, ob vor uns eine gefährliche Schlange in der Sonne liegt oder eher ein abgebrochener Ast.

Bei Angst ereignen sich im Gehirn und im gesamten Körper mehrere fein aufeinander abgestimmte Reaktionen. Spezifische Areale in der Großhirnrinde erkennen zunächst verschiedene Sinneseindrücke wie einen lauten Knall, einen beißenden Geruch, eine zu heiße Herdplatte oder einen knurrenden Hund. Diese Areale bezeichnen Expert:innen als Assoziationskortex. Ein Teil dieses Systems, der präfrontale Assoziationskortex, vermittelt dann einerseits sensorische Informationen zu weiteren Arealen in der Großhirnrinde und andererseits zum Thalamus sowie zum Limbischen System. Diese Strukturen befinden sich in der Mitte des Gehirns.

Das Limbische System ist für die Wahrnehmung von Angst zuständig. Hier sitzt die *Amygdala*, der Mandelkern. Diese kleine Struktur vermittelt die körperliche Angstreaktion. Die Amygdala ist das emotionale Alarmsystem. Zudem speichert sie einmal als bedrohlich erlebte Situationen oder zeitgleich aufgetretene Reize wie Gerüche oder Geräusche. So kann es passieren, dass wir in einer eigentlich ungefährlichen Situation durch einen plötzlich als bedrohlich abgespeicherten Sinneseindruck ängstlich reagieren.

Neben der Amygdala gehören der Hippocampus und der Hypothalamus zum Limbischen System. Der Hippocampus ist das emotionale Bewertungssystem, hier wird zwischen Kurzzeit- und Lang-

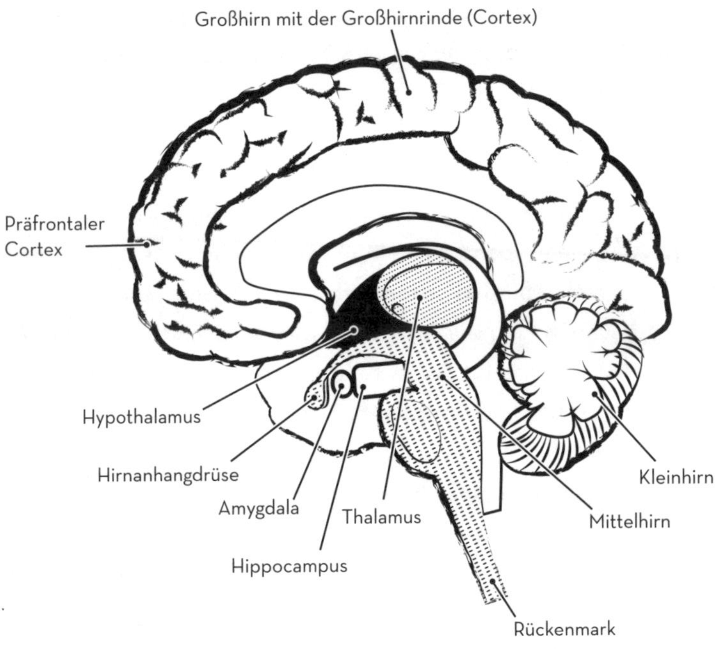


**Innere Strukturen des menschlichen Gehirns**

zeitgedächtnis vermittelt. Der Hypothalamus steuert das vegetative Nervensystem und die Hormone. Er wird auch als Zentrum der Emotionen bezeichnet. In der Abbildung findest du die einzelnen Strukturen.

## Wo die Angst im Gehirn entsteht

Was tun die Strukturen im Limbischen System im Falle einer Gefahr? Wie verarbeiten wir diese? Wenn wir Menschen Angst haben, setzt das im Gehirn wie bereits erwähnt mehrere Abläufe in Gang, die Schaltkreisen gleichen. Die Amygdala verwaltet die Informationen der Schaltkreise. Grundsätzlich können wir zwei Wege unterscheiden, über die wir Angst verarbeiten: einen kurzen und einen langen Weg. Der kurze Schaltkreis ermöglicht die direkte, unmittelbare Reaktion, und der lange Schaltkreis sorgt dafür, dass wir angstauslösende Situationen genauer bewerten und eventuell als bedrohlich abspeichern.

Lea ist mit ihrer Freundin für einen Wochenendtrip in Rom unterwegs. Als sie am Abend zum Hotel zurücklaufen, hört Lea schnelle Schritte hinter sich, und schon trifft sie ein harter Schlag. Jemand reißt der jungen Frau die Tasche aus der Hand, und Lea fällt zu Boden. Es dauert etwas, bis sie begreift, was gerade passiert ist. Ihr Herz rast, sie zittert und spürt Angst. Als ihre Freundin ihr aufhilft, kann sie sich kaum auf den Beinen halten. Im Hotel kommt Lea zur Ruhe. Sie ist froh, dass ihre Freundin ihr beigestanden hat.
In den kommenden Monaten – Lea ist längst wieder zu Hause – fällt ihr auf, dass sie immer wieder ängstlich ist, wenn sie ausgeht. Vor allem wenn sie Schritte hinter sich hört, spürt sie Angstgefühle mit Herzklopfen und Schweißausbrüchen.
Lea traut sich immer seltener aus dem Haus. Bald entwickelt sie ein

permanent vorhandenes, diffuses Angstgefühl. In einer Verhaltenstherapie erkennt sie die Zusammenhänge mit ihrem Erlebnis in Rom. Zusammen mit der Therapeutin reflektiert sie ihr Verhalten - und lernt, ihre diffusen Ängste neu einzuordnen und zu bewerten. Nach einigen Monaten ist Lea wieder vollkommen angstfrei - auch wenn ab und zu ein mulmiges Gefühl auftaucht, wenn eine Person abends hinter ihr läuft. Lea dreht sich dann einfach um und vergewissert sich, dass keine Gefahr besteht.

Bei Lea ist Folgendes passiert: Über den kurzen Schaltkreis hat sie blitzschnell körperlich auf den Überfall reagiert. Doch leider hat Leas Gehirn die mit dem Überfall verbundenen Geräusche ebenso abgespeichert, und zwar über den langen Schaltkreis. Das führt dazu, dass sie nun auch in alltäglichen, nicht bedrohlichen Situationen Angst verspürt, sobald sie ähnliche Geräusche hört.

Wie funktionieren die Schaltkreise konkret?[3] Der kurze Schaltkreis löst eine schnelle, reflexartige Antwort aus. Das ist der Kampf-oder-Flucht-Modus, den wir schon kennengelernt haben. Brummt der Bär vor uns, nehmen wir das wahr, und die Amygdala wird aktiviert. Die Amygdala schätzt die Situation als bedrohlich ein und schlägt Alarm, damit der Körper sich umgehend vor dem Bären schützen kann. Im Gehirn wie im Körper spielt sich dabei eine wahre Kettenreaktion ab: Der Hypothalamus, der alle vegetativen und hormonellen Vorgänge im Körper regelt, wird aktiviert und sorgt dafür, dass über die Stressachse das Stresshormon Cortisol aus der Nebennierenrinde ausgeschüttet wird. Außerdem wird das sympathische Nervensystem aktiviert – und damit gelangen weitere Stresshormone wie Adrenalin und Noradrenalin ins System.

Das sympathische Nervensystem ist ein Teil des vegetativen Nervensystems. Der Sympathikus versetzt den Körper schnell in eine hohe Leistungs-, und wie bei Angst erforderlich, Alarmbereitschaft. Ausgehend vom Hypothalamus wird das sympathische Nervensystem in einer bedrohlichen Situation aktiviert, und der Körper wird auf eine schnelle Angstreaktion vorbereitet.

Alle Stresshormone zusammen haben im Körper Effekte, die Energie bereitstellen und uns in den bereits erwähnten Kampf-oder-Flucht-Modus (fight or flight) versetzen: Der Blutzucker steigt, der Stoffwechsel wird angeregt, die Herzfrequenz erhöht sich und die Muskeln werden aktiviert. Auch Schmerzen nehmen wir in akuten Stresssituationen weniger stark wahr. Der Blutdruck steigt, der Appetit geht zurück, die Pupillen weiten sich, Angstschweiß bricht aus, die Libido verringert sich, und die Magen-Darm-Aktivität sinkt. In ungefähr zwölf Millisekunden sind alle physischen Voraussetzungen erfüllt, damit der Körper auf der Verhaltens- und Handlungsebene auf eine Gefahr wie den Bären reagieren kann, beispielsweise indem er wegrennt (flight) oder zurückbrummt (fight).

Die Aktivierung des Sympathikus können wir nicht beeinflussen. Ob, wann und wie stark wir in diesen Kampf-oder-Flucht-Modus gehen, hängt von unseren persönlichen Erfahrungen mit dem Bären – oder in unserem Alltag eher mit beispielsweise einem knurrenden Hund – ab. Bei Hundeliebhabern bleibt oft der Kampf-oder-Flucht-Modus aus. Sie ängstigen sich nicht, im Gegenteil: Die Anwesenheit des Tieres aktiviert eher den Parasympathikus. Das ist der Gegenspieler des Sympathikus. Ist er aktiv, sinkt der Herzschlag, die Muskeln entspannen sich und der Hundefreund beruhigt sich.

Anders ein Hundephobiker: Weil er vielleicht schon einmal gebissen wurde, geht sein Organismus reflexartig in den Kampf-oder-Flucht-Modus, sobald er das Tier nur sieht oder hört.

Neben dem kurzen Weg analysiert das Gehirn über den langen Schaltkreis die Situation etwas genauer. Es versucht einzuschätzen, ob der Bär oder der knurrende Hund uns jetzt gleich anspringt oder doch nicht so gefährlich ist. Zunächst nehmen wir dafür im Thalamus die Sinneseindrücke wahr. Dann analysieren wir diese im Hippocampus. Der Hippocampus ist hauptsächlich für die Gedächtnisleistungen zuständig, er bezieht also individuelle Erfahrungen ein, um eine bedrohliche Situation einzuschätzen und zu speichern. Wie bei Lea, die sich über den langen Schaltkreis auch nach dem Überfall noch bei bestimmten Geräuschen fürchtet, weil diese im Hippocampus seit dem Ereignis als bedrohlich abgespeichert sind.

Auch evolutionäre Merkmale werden in diesen Prozess mit einbezogen. So können wir zum Beispiel an der Mimik eines anderen Menschen erkennen, ob dieser Angst hat. Sind wir zum Beispiel mit einem Freund unterwegs und sehen dessen angstgeweitete Augen angesichts des knurrenden Hundes, dann wird diese Information zunächst an die Amygdala in unserem Gehirn weitergeleitet – und auch bei uns steigern sich alle oben beschriebenen Angstreaktionen. Sieht unsere Begleitung hingegen eher entspannt aus und wir stellen fest, dass alles gar nicht so schlimm ist, wird der Hippocampus der Amygdala signalisieren, dass der Hund nicht gefährlich ist. Das führt dazu, dass die Amygdala sich wieder »beruhigt«. Das Angstgefühl entsteht erst gar nicht oder nimmt ab, und wir sind mit einem Schreck davongekommen.

Was tun wir, wenn über den kurzen Schaltkreis der Kampf-oder-Flucht-Modus ausgelöst wurde, aber weder die Flucht noch der Angriff eine wirkliche Option sind? Wenn wir uns ängstigen, aber nicht fliehen können, zum Beispiel in einer überfordernden Konfliktsituation mit dem Chef oder wie bei Lea während eines Überfalls? Die Furcht vor einer realen Bedrohung kann dann dazu führen, dass ein Organismus immobil wird und in eine Bewegungsstarre fällt. Bei Tieren kann man diese Schreckstarre sehr gut beobachten. Sie frieren förmlich ein, in der Hoffnung, nicht wahrgenommen zu werden beziehungsweise als mögliche Beute nicht mehr attraktiv genug zu sein. Beim Menschen äußert sich die Schreckstarre zum Beispiel in Gefühllosigkeit. Sie kann sich aber auch körperlich manifestieren. Menschen, die beispielsweise schwerer Gewalt ausgesetzt sind, berichten davon, dass sie in eine Freeze-Reaktion (freeeze and fright) verfallen, um sich zu schützen. Sie fühlen sich wie gelähmt und sie können es tatsächlich auch sein. Im Gegensatz zum Kampf-oder-Flucht-Modus reduziert der Körper dabei Funktionen wie Aufmerksamkeit oder Konzentration. Letztlich kann aber auch diese Reaktion das Überleben sichern.

Die kurze Aufregung durch einen Hund bringt akuten Stress, der schnell wieder vergeht. Auch der Körper kommt nach ein paar Minuten wieder zur Ruhe. Schüttet der Körper jedoch längerfristig viel Cortisol aus, entsteht chronischer Stress – und der kann uns krankmachen. Dauerstress ist aus vielen Gründen schädlich für unseren Organismus. Wir werden beispielsweise anfälliger für Infektionen, denn Cortisol triggert schädliche Prozesse im Immunsystem. Wir fühlen uns zudem durch chronischen Stress angespannt und sind niedergeschlagen. Nun könnte man annehmen, dass Menschen mit einer Panikstörung oder einer spezifischen Phobie unter Dauerstress stehen – und deshalb sehr hohe Cortisolwerte im Blut haben. Das stimmt aber nicht: Untersuchungen, die diesen Zusammenhang analysiert haben, sind nicht eindeutig. Bei einigen Betroffenen ist das Cortisol erhöht, bei anderen nicht. Forscher:innen nehmen an, dass sich die Veränderungen in der Stressachse bei Angststörungen, die Expert:innen auch HPA-Achse nennen, eher durch die begleitenden depressiven Beschwerden ergeben.[4]

Akuter Stress geht also mit hohem Cortisol einher, Ängste hingegen anders als bisher immer angenommen nicht zwangsläufig. Zudem zeigte eine weitere Studie: Auch Frauen haben nicht, wie bisher vermutet, mehr Ängste und damit auch höhere Cortisolwerte. Mit dem sogenannten Trier Social Stress Test[5] kann man experimentell sehr gut die Reaktion der Stressachse untersuchen. In einer Studie haben Wissenschaftler:innen so beispielsweise analysiert, wie sich die Reaktionen der HPA-Achse bei Frauen und Männern unterscheiden. Sie stellten fest: Frauen haben niedrigere Cortisolwerte, wenn sie Stress ausgesetzt waren. Die Studienautoren folgerten: Frauen sind weniger stressanfällig. Auch gaben Frauen in den jeweiligen Versuchsanordnungen subjektiv weniger Stress an als Männer.[6] Wir können daraus schließen: Wenn Frauen eher weniger Stresshormon ausschütten, lässt sich die höhere Prävalenz von Angsterkrankungen nicht allein durch Cortisol als Biomarker für Stress erklären. Es zeigte sich eher, dass Frauen auf andere Stressoren als Männer anspringen. Männer reagieren beispielsweise stärker auf Leistungsbewertungen, während es für Frauen stressig wird, wenn sie in soziale Konflikte geraten oder interaktionellen Stressoren ausgesetzt sind, wenn sie sich zum Beispiel von einer anderen Person zurückgewiesen fühlen. Frauen sind aber nicht generell stressanfälliger.

Bisher haben Forscher:innen noch nicht umfassend klären können, ob sich die neuronalen Angstschaltkreise bei den Geschlechtern prinzipiell unterscheiden. Denn es gibt noch einige Hürden. Ein Problem bei der Erforschung ist beispielsweise, dass in sogenannten präklinischen Studien am Tiermodell nur männliche Tiere untersucht wurden oder man gar nicht erst nach Geschlecht unterschieden hat.[7] Zunehmend setzt sich jedoch auch in der Wissenschaft das Bewusstsein durch, dass das Geschlecht als biologische Variabel noch mehr in den Fokus gerückt werden muss, um die Gesundheitssituation von Frauen zu verbessern.

Expert:innen wissen mittlerweile, dass Frauen und Männer unterschiedlich mit Ängsten umgehen. Frauen zeigten sich in Studien zum Beispiel weniger ängstlich, wenn sie nicht allein waren. Generell wirkt soziale Unterstützung als ein Angstpuffer. Sogar Avatare können ihnen helfen, Ängste zu reduzieren, wie eine Studie zeigen konnte.[8] Darin wurden Frauen mit sozialen Ängsten unangenehmen Geräuschen ausgesetzt, die Angst auslösen – und zwar entweder in Begleitung einer weiteren weiblichen Person oder in Begleitung eines weiblichen Avatars. Ergebnis: Frauen reagierten stärker auf die unangenehmen Geräusche als Männer. War eine andere Person oder eine virtuelle Person anwesend, zeigten die Probandinnen jedoch weniger psychophysiologische Reaktionen, als wenn sie allein die Geräusche anhören mussten. Mit der virtuellen Begleiterin fühlten sich die Frauen mit sozialen Ängsten sogar noch wohler als mit einer realen Person. Bei Männern mit sozialen Ängsten waren die Effekte nicht so ausgeprägt. Die Ergebnisse dieser Studie lassen sich jedoch nur bedingt vergleichen, denn die Männer hatten ausschließlich männliche Begleiter. Das Forscherteam plädierte daher dafür, in weiteren Studien den Effekt des Geschlechtes als Puffer zu untersuchen und dabei insbesondere der Frage nachzugehen, welchen Einfluss die weibliche Begleitung hat.

Es sind immer mehrere Faktoren verantwortlich dafür, dass Männer und Frauen Angst spezifisch wahrnehmen, verarbeiten und einen Umgang damit finden. Man nennt das ein multifaktorielles Geschehen. Neben den beschriebenen neuronalen Schaltkreisen und der Aktivierung der Stressachse spielen außerdem die Gene und die individuelle Lebensgeschichte eine Rolle.

Überdies ist bekannt, dass es bei Frauen spezifische Faktoren gibt, durch die sie Angst anders erleben als Männer und deshalb besondere Schutz- und Bewältigungsmechanismen haben oder entwickeln müssen. Zur Rolle spezifischer weiblicher Faktoren findest du mehr in den Kapiteln 4, 7 und 8.

## KAPITEL 3

# DIE GESCHICHTE DER ANGST

Die Menschheitsgeschichte ist von Beginn an auch eine Geschichte der Ängste. Angst ist ein Gefühl, das schon unseren Vorfahren das Überleben sicherte. Heute weiß man, dass Angst viele verschiedene Facetten haben kann, und mittlerweile ist die Angst das Gefühl, das Wissenschaftler:innen bisher am gründlichsten untersucht haben. Forschungsbereiche wie die Neurowissenschaften, die Psychologie, die Medizin und die Anthropologie, also die Wissenschaft vom Menschen, beschäftigen sich mit Fragen nach Ursachen, Formen, Entwicklung und Behandlung von Angst.

Seit 2008 gibt es am Max-Planck-Institut für Bildungsforschung in Berlin sogar einen eigenen Forschungsbereich zur Geschichte der Gefühle. Hier wird die Angst, insbesondere im Kontext geschichtlicher und kultureller Zusammenhänge, untersucht. Die Leiterin des Instituts Prof. Ute Frevert sagt, dass die Bildung von Gefühlen eng mit den Anpassungsleistungen von Menschen verbunden ist. Das bedeutet, dass Menschen Gefühle wie Angst oder Ekel im Laufe der Evolution entwickelt haben, um sich an Bedrohungen und Herausforderungen anpassen zu können. Es gibt Ängste, die sich früher wie heute ähneln, wie zum Beispiel die Angst vor Dunkelheit. In der Frühzeit des Menschen stammten die Bedrohungen vor allem aus der Natur. Heute spielen Ängste, wie etwa die Furcht, von einem wilden Tier angegriffen zu werden, zumindest in der modernen

Großstadt keine Rolle mehr. Dafür sind jedoch neue Ängste hinzugetreten, die durch die stärker vernetzte Gesellschaft, moderne Technologien und den Klimawandel bestimmt sind. Beispielsweise die Angst vor einem Atomkrieg oder Versagensängste im Beruf.

In diesem Kapitel wird es um die Zeitgeschichte der Angst gehen und darum, wie Forscher:innen unterschiedlicher Epochen und Strömungen sich mit dem Phänomen Angst auseinandergesetzt haben.

Der Begriff »Angst« ist verwandt mit dem lateinischen *angustia*, was »Enge«, und *angor*, was »Beklemmung« bedeutet. Griechisch bedeutet er »würgen« und »drosseln«. Er wurde als Oberbegriff für vielfältige Gefühlszustände verwendet. Bereits im 4. Jahrhundert v. Chr. beschrieb Aristoteles als Philosoph und Universalgelehrter seiner Zeit das Gefühl Angst. Wenn eine Bedrohung auftaucht, fühlen sich Menschen beunruhigt und machtlos, so Aristoteles. Er bezog die Angst jedoch hauptsächlich auf körperliche Symptome wie beispielsweise Herzklopfen und unterschied zwischen angebrachten und unangebrachten Ängsten. Eine unangebrachte Angst war Aristoteles zufolge zum Beispiel die Angst vor einer Maus, denn sie kann dem Menschen nicht gefährlich werden. Für angebracht hielt er die Angst zum Beispiel vor einer Naturkatastrophe oder »anderen bevorstehenden Übeln«. Ähnlich wie Aristoteles und Platon gingen Gelehrte der Antike bei Angst von einem physischen Phänomen aus, das sich auf konkrete Objekte oder Situationen bezieht und das dem Menschen hilft, um in gefährlichen Situationen reagieren zu können.

Durch gesellschaftliche Veränderungen gab es im Mittelalter bis zum 16. Jahrhundert wieder einen Rückschritt: Die Kirche hatte eine starke Machtposition inne und gab die Richtung vor. Damit wurden die Ängste der Menschen in der westlichen Welt im Wesentlichen durch den christlichen Glauben bestimmt. Die Menschen als Individuen traten in den Hintergrund, und der Klerus machte sich deren Ängste und Gefühle zunutze, um sie zu beherrschen. Die Menschen ängstigten sich, keine guten Gläubigen zu sein, zu sündigen oder in die Hölle zu kommen. Die Strafe Gottes war gefürchteter als der Krieg.

Mit dem Beginn der Renaissance und des Humanismus ab dem 15. Jahrhundert und verstärkt durch das Zeitalter der Aufklärung im 18. Jahrhundert setzte ein neues Denken ein. Die Aufklärer bezogen sich nun wieder auf die Erkenntnisse von Universalgelehrten und Philosophen wie Aristoteles. Im Mittelpunkt stand vor allem der Mensch mit seinen Bedürfnissen und Befindlichkeiten und damit auch mit seinen Ängsten – unabhängig von der christlichen Lehre. Man sprach vom »Neuen Denken«. Der Angstbegriff wurde differenzierter. So unterschieden die Aufklärer zum Beispiel erstmals zwischen Furcht und Angst. Der Begriff Angst stand für einen anhaltenden Zustand unbestimmter Angst oder eine Besorgnis. Furcht bezog sich hingegen auf spezifische Objekte, der Begriff beschrieb also eine bestimmte Angst bezogen auf eine tatsächliche Bedrohung. Die Beschreibung von Angst stützte sich in der Zeit der Aufklärung im Gegensatz zum Mittelalter auf naturwissenschaftliche Erkenntnisse. Statt irrationaler Erklärungen und Mythen, die die Kirche bis dahin verbreitet hatte, interessierten sich die Menschen für nachvollziehbare Fakten. So wurde zum Beispiel das Mikroskop erfunden, mit dem Forscher:innen Pflanzen genauer beobachten, untersuchen und nachzeichnen konnten.

## Der evolutionäre Vorteil von Angst

Auch der britische Naturforscher Charles Darwin (1809–1882) setzte auf naturwissenschaftliche Erkenntnisse und Beobachtungen. Seine Evolutionstheorie von 1859 beschreibt, wie sich Lebewesen über Generationen an ihre Umwelt anpassen, sich dabei verändern und sogar neue Arten entstehen. Wer sich nicht anpassen konnte, starb aus. Darwin legte damit den Grundstein für unser heutiges Wissen über die Entstehung der Tier- und Pflanzenarten. Die Anpassung führte über Millionen Jahre dazu, dass auch der Mensch sich so entwickeln konnte, wie er heute ist. In Konkurrenz mit anderen musste er um Nahrung, Lebensräume und Partner:innen für die Fortpflanzung kämpfen – und hatte dabei umso größere Chancen, je besser er angepasst war. Im Vergleich zu seinen Vorfahren hatte so zum Beispiel der Urmensch (Australopithecus afarensis) einen entscheidenden Vorteil: Er konnte bereits aufrecht gehen.

Das weiß man, seit 1974 Forscher:innen in Äthiopien ein weibliches Skelett entdeckten und es Lucy nannten. Urmensch Lucy lebte vor über drei Millionen Jahren, und sie ähnelte uns Menschen nur bedingt. Doch anhand ihrer Beckenknochen konnten die Forscher:innen schlussfolgern, dass sie bereits aufrecht gehen konnte – was Lucy gleich doppelt einen Überlebensvorteil brachte: Erstens konnte sie über das Gras und die Landschaft hinwegschauen und so eher Gefahren erkennen. Zweitens hatte sie durch den aufrechten Gang die Hände frei und konnte besser nach Früchten und anderen Lebensmitteln suchen.

Lucy ist ein gutes Beispiel dafür, wie Menschen sich ihrer Umwelt angepasst haben – und sich so immer mehr Überlebensvorteile sicherten. Dieses Phänomen beschrieb auch Herbert Spencer, ein britischer Sozialphilosoph, im Jahre 1864. Spencer prägte den Ausdruck *Survival of the Fittest.* Darwin übernahm den Ausdruck dann zwar, seine Überlegungen gingen aber weiter. In einem späteren Werk beschrieb er Unterschiede in der Mimik, wenn Menschen Gefühle ausdrücken.[1] Wer Angst hat, reißt die Augen auf und nimmt die Gefahrensituation dadurch umfassender wahr. Gleichzeitig warnt ein angstvolles Gesicht andere Menschen, wie wir bereits bei der Angstentstehung erfahren haben. Darwin sah in der Mimik eine Form der Kommunikation zwischen Menschen, die das Überleben sichern kann.

## Angst wird Gegenstand der Psychologie

Mit dem Übergang zur Moderne vom 19. bis ins 20. Jahrhundert rückte die Angst in den Fokus der Forschung. Diese Zeit war geprägt durch stetige Veränderung und Fortschrittlichkeit, denken wir zum Beispiel an die Entwicklung von Autos und Telefonen. Im Zuge der Industrialisierung gab es viele technische Fortschritte, und auch in der Wissenschaft gab es neue, grundlegende Erkenntnisse wie zum Beispiel die Mendelschen Gesetze der Vererbung oder die Bakteriologie von Rudolf Virchow.

Ende des 19. Jahrhunderts begründete sich die Psychologie als Wissenschaft, und darin auch ein eigener Fachbereich, in dem man Gefühle wie Angst wissenschaftlich untersuchte. Neben der Psychologie beschäftigte man sich auch in der Medizin und der Biologie mit Gefühlen. Die Naturwissenschaftler, Ärzte und Psychologen – zu dieser Zeit war die Wissenschaft traditionell von Männern dominiert – gingen den Fragen nach, wie Angst im Gehirn entsteht und ob sie Folgen für die Seele hat. Es gab erste psychiatrische Fallberichte, die die Symptome der Angst beschrieben.[2] So definierte Carl Westphal, damaliger Direktor der Abteilung für Geistes- und Nervenkranke der Berliner Charité, 1872 die Platzangst erstmals als Erkrankung.

### Erste physiologische Überlegungen zu Angst

Mit der Zeit beschäftigten sich immer mehr Mediziner mit dem Phänomen Angst. Zum Beispiel der amerikanische Physiologe Walter Cannon den wir in Kapitel 2 bereits kennengelernt haben und der 1915 im Rahmen seiner Stressforschung den Begriff des Kampf-oder-Flucht-Modus geprägt hat. Cannon hatte zunächst die biologische Reaktion von Tieren analysiert, wenn diese bedroht werden. Ist Gefahr im Verzug, reagieren Tiere ähnlich oder genauso schreckhaft wie Menschen. In Bezug auf Angst und die biologische Reaktion darauf erwies sich dann auch für Cannons Kolleg:innen besonders ein Tier als hilfreich bei der Erforschung: die Meeresschnecke Aplysia californica. Sie eignet sich bis heute hervorragend für die Abbildung biologischer Reaktionen auf äußere Reize. So stellten amerikanische Neurowissenschaftler von der Columbia University, New York beispielsweise 50 Jahre nach den Überlegungen von Walter Cannon fest, dass die Schnecke ihren Blutdruck erhöht, dass ihre Herzfrequenz zunimmt und dass sie zusammenzuckt, wenn sie berührt wird. Dieser Reflex führt dazu, dass sie in der Folge ihre Kiemen schließt und so lebenswichtige Organe schützt. Das Lieblingstier der Neurowissenschaftler hat dem amerikanischen Psychiater und Neurobiologen Eric Kandel im Jahr 2000 zum Nobelpreis verholfen. Er konnte zeigen, dass die Schnecke sogar in der Lage ist, zu lernen. Dass sie also ein Gedächtnis zu haben scheint, was ihr dazu verhilft, sich bei immer wiederkehrenden Berührungen anzupassen. Wenn sie immer wieder äußerlich berührt wird, schwächt sich der Kiemenreflex der Schnecke ab, sie gewöhnt sich sozusagen an die Berührung. Die Meeresschnecke ist somit in der Lage, sich durch ihre Reaktion in Gefahrensituationen zu schützen. Sie kann sich aber auch an äußere Reize gewöhnen. Diese Forschung dient als Grundlage für die Erforschung komplexer Lern- und Verhaltensvorgänge bei Menschen wie beispielsweise in Angstsituationen.

Wir Menschen verfügen – einmal abgesehen von den vier Millionen Nervenzellen, die wir mehr als eine Meeresschnecke haben – über vielfältigere Reaktionen, wenn Stress und Bedrohung nahen. Trotzdem sind auch wir Menschen nicht darauf ausgelegt, mit dauerhafter Angst und mit viel Stress umzugehen. Anders als die Meeresschnecke laufen wir Menschen Gefahr, dass wir krank werden, wenn wir dauerhaftem Stress ausgesetzt sind. Als Sofortmaßnahme des Körpers auf akuten Stress ist der Kampf-oder-Fluchtmodus geeignet. Bei einer Angststörung befinden wir uns jedoch in einer dauerhaften Stresssituation – hier überwiegen die Nachteile. Der Körper ist ständig in Alarmbereitschaft, auch wenn keine Lebensgefahr droht. Denn war der Kampf-oder-Flucht-Modus für das Steinzeitgehirn ausreichend, um wilde Tiere fernzuhalten, ist unser Gehirn heute anderen Gefahren ausgesetzt. Diese sind in den meisten Fällen nicht lebensbedrohlich – und erfordern meist andere Reaktionen als die überstürzte Flucht nach vorn. Wenn Frauen im Job gemobbt werden, können sie nicht einfach ihren Arbeitsplatz räumen und am nächsten Tag nicht mehr auftauchen. Wenn sie gar von ihrem Partner misshandelt werden, ist der Weg bis zur Trennung meist noch lang, denn sie sind oft finanziell abhängig und wollen ihren Kindern vielleicht auch den Vater nicht vorenthalten. Viel häufiger geraten Frauen dann in einen Zustand, den 1988 der britische Psychologe Jeffrey Gray beschrieb: Er erweiterte Cannons Kampf-oder-Flucht-Modus erstmals um die Begriffe freeze und fright, die in Kapitel 2 bereits beschrieben wurden.

Auch die amerikanische Psychologin Shelley E. Taylor beschäftigte sich mit dem Kampf-oder-Flucht-Modus von Walter Cannon – jedoch aus verhaltensbiologischer Sicht. Zusammen mit Kolleg:innen führte sie im Jahr 2000 eine geschlechtersensitive Studie zum Thema menschlicher Stressreaktionen durch. In ihrer Tend-and-befriend-Theorie formulierte sie, dass Frauen sich im Fall eines Kampfes oder einer Flucht nicht ausreichend um ihren Nachwuchs kümmern könnten.[3] Da es aus evolutionärer Sicht jedoch ihre Aufgabe sei, sich und den Nachwuchs zu pflegen (tend) und vorausschauend soziale Netzwerke zu entwickeln (befriend), führt Shelley Taylor zufolge das im Angstfall zusätzlich ausgeschüttete Bindungshormon Oxytocin dazu, dass Stress reduziert wird. Die Studie zeigte, dass Frauen trotz Stress oder einer Gefahrenlage durch das Oxytocin in der Lage waren, ihren Nachwuchs zu versorgen und zu beschützen. Die Autorin der Tend-and-befriend-Theorie schlussfolgerte, dass einige Menschen in stressigen Situationen nicht mit Flucht oder Kampf reagieren, sondern sogar eher ins Gespräch kommen, Beziehungen pflegen oder sich mit anderen Menschen verbinden. Ob dieses soziale Verhalten ein typisch weibliches Phänomen ist oder auch auf Männer zutrifft, ist derzeit noch Gegenstand der Forschung. Mehr zu dem Zusammenhang von Angst und Hormonen findest du in Kapitel 7.

## Die Rolle der Angst in der Psychoanalyse

Parallel zur Medizin entwickelten Psychoanalytiker:innen und andere psychologische Expert:innen ihre Theorien zur Entstehung von Angst. Im Folgenden lernst du drei Betrachtungsweisen von Angst und ihre Entwicklung über die Zeit kennen. Die psychoanalytische Auffassung von Angst liefert neben dem verhaltensbezogenen Ansatz (Behaviorismus) und der Kognitionspsychologie sowie der schon beschriebenen Neurobiologie wichtige Erklärungen.

Sigmund Freud (1856–1939), Begründer der Psychoanalyse, war selbst von Ängsten geplagt. Er war ein begeisterter Reisender und hatte gleichzeitig Angst vor dem Eisenbahnfahren. In einer späteren Selbstanalyse begründete Sigmund Freud seine Eisenbahnphobie mit selbst erlebten Defiziten in der Kindheit. Abgesehen davon, dass Eisenbahnfahren zu der damaligen Zeit tatsächlich gefährlich und eine durchaus reale Furcht angebracht war, schrieb Freud seine Ängste seelischen Vorgängen zu, die nicht bewusst waren.

Wie hängen das Erleben von Angst und unbewusste innerseelische Vorgänge zusammen? Grundsätzlich ging Freud davon aus, dass Angst zu den Grundemotionen des Menschen gehört. Sie bildet einen wesentlichen Bestandteil seiner Persönlichkeitstheorie. Seine Erklärungsmodelle, ausgehend von der Deutung von Träumen, veränderten sich über die Zeit seines Schaffens. Freud erklärte anhand der verschiedenen Modelle, wie unsere Psyche funktioniert. Alle Modelle bieten auch Erklärungsansätze dafür, wie Ängste entstehen. Das topographische Modell, das er um 1895 entwickelte, unterscheidet zwischen dem Bewussten (Gedanken und Wahrnehmungen sind deutlich) und dem Vorbewussten (Erlebtes und Wissen kann nur in bestimmten Situationen deutlich werden). Im Vorbewussten sind Ängste und innere Konflikte abgelegt. Der dritte Teil seines topografischen Persönlichkeitsmodells bezieht sich auf das Unbewusste, wie zum Beispiel verdrängte unangenehme Erinnerungen und Gefühle, die unser Verhalten beeinflussen können. Dieses Persönlichkeitsmodell ist auch als das sogenannte Eisbergmodell bekannt. Das Vor- und das Unbewusste liegen unter dem Wasser, die bewussten Wahrnehmungen liegen im Anteil des Eisberges über dem Wasser. Mit dem Modell verweist Freud darauf, dass dem Bewusstsein nur ein Teil unserer Gefühle und Handlungen zugängig ist.

In seiner Schrift *Das Ich und das Es* stellte Sigmund Freud 1923 das Instanzenmodell vor. In diesem Modell postuliert er, dass die Persönlichkeit eines Menschen aus drei Anteilen besteht, dem Über-Ich, Ich und Es. Zwischen diesen Anteilen gibt es Spannungen und Auseinandersetzungen.

Stellen wir uns vor, dass wir am Wochenende auf eine Party eingeladen sind. Wir werden dort Freund:innen treffen und endlich mal wieder tanzen. Aber Moment – da war doch noch was. Am Montag haben wir eine Präsentation, die noch fertiggestellt werden will. Unser Über-Ich meldet sich und stellt die Einladung zur Party infrage. Das schlechte Gewissen oder unsere moralische Instanz – ausgebildet in Abhängigkeit vom Umgang der Eltern mit Verboten und gesellschaftlichen Normen – gibt zu bedenken, doch erst die Präsentation fertigzustellen. Das Es, dem Lustprinzip folgend, möchte aber Spaß haben. Jetzt schaltet sich das Ich als Vermittler ein und versucht, einen Kompromiss zu finden. Wir entscheiden uns, auf die Party zu gehen, setzen uns aber einen Zeitpunkt, zu dem wir wieder zu Hause sein wollen, um für die Bearbeitung der Präsentation am nächsten Tag fit genug zu sein. Das Ich hat einige Hilfsmittel, sogenannte Abwehrmechanismen, zur Verfügung, um mit diesen Spannungen umgehen zu können. Diese helfen dem Ich, in der Sandwichposition zwischen dem Über-Ich und dem Es Entlastung zu finden. Anders ausgedrückt kann der Mensch so seine psychische Balance bewahren.

Verdrängung ist ein Beispiel für einen Abwehrmechanismus, der hilft, nicht erfüllte Wünsche und Bedürfnisse ins Unbewusste zu verschieben. Ganz verschwunden sind sie jedoch nicht, sie können in unseren Träumen wiederauftauchen. Wenn wir uns gegen die Party entscheiden, dann könnten wir in unserem Traum vielleicht das rauschendste Fest des Jahres ohne uns vor Augen haben. Sigmund Freud bezeichnete die Analyse von Träumen als den »Königsweg des Unbewussten«.

Beim Abwehrmechanismus Verschiebung hingegen werden negative Gefühle nicht auf das verursachende Gegenüber gerichtet, sondern auf ein anderes Objekt oder eine andere Person verschoben. Jetzt haben wir die Präsentation gehalten, und insbesondere eine Person übte, wie schon so häufig, ungerechtfertigt scharfe Kritik. Den Ärger und die Ängste gegenüber der Person können wir aber nicht direkt ausdrücken. Dafür weisen wir dann den Hund später beim Gassi gehen etwas zu scharf zurecht, wenn er nicht hört. Unsere Abwehrmechanismen haben also den Zweck, innerpsychische und zwischenmenschliche Konflikte zu regulieren und die Psyche eines Menschen zu entlasten. Allerdings können diese Mechanismen auch überfordert oder eben dysfunktional sein, sodass sie ihre Funktion nicht mehr ausreichend erfüllen können. Dann kommt es zu Symptomen oder psychischen Erkrankungen, wie beispielsweise einer Angststörung oder Depression.

Aus der Sicht von Sigmund Freud entsteht Angst durch nicht gelöste psychische Konflikte, bezogen auf die beschriebenen drei Instanzen. Er geht von drei Formen aus.

Die Realangst bezieht sich auf konkrete, reale Situationen, etwa Angst vor Gefahren wie Feuer oder Gewalt.

Die neurotische Angst (Signalangst) bezieht sich auf innerseelische Prozesse, hier insbesondere auf das Es. Dieses drängt auf Befriedigung seiner Wünsche und Bedürfnisse und steht dem regulierenden Ich gegenüber. Das Ich entwickelt Angst, da das Es weiter drängelt. Es verbannt jetzt alle unangenehmen Impulse des Es in das Unbewusste und ist damit erst einmal aus dem Schneider. Gelingt das nicht, kommt es zur Entstehung von Symptomen. Grundsätzlich ist die neurotische Angst keine Angst, die sich auf real existierende Gefahren bezieht. Vielmehr werden die Alarmsignale des Ich mit früheren, zum Beispiel in der Kindheit erlebten Gefahren oder Überforderungen verbunden. Eine andauernde Angst vor allen Autoritätspersonen ist ein Beispiel für eine neurotische Angst.

Die dritte Form der Angst, die moralische Angst (Gewissensangst, Über-Ich) bezieht sich auch auf innerseelische Prozesse, wenn wir der Überzeugung sind, etwas oder jemandem nicht entsprechen zu können. Angst vor Versagen oder Bestrafung sowie Schuld- und Schamgefühle sind hier zentral. Im Beispiel unserer Präsentation wären wir überzeugt, dass die Kritik an unserer Vorstellung darauf zurückzuführen ist, dass diese nicht gut genug war, und wir würden nicht überlegen, ob die kritisierende Person vielleicht einfach nur neidisch war. Wir würden vielleicht auch darüber grübeln, ob andere Kolleg:innen uns aufgrund der kritisierten Präsentation nun ablehnen.

Sigmund Freud wird bei aller Kritik an seinen Theorien als Urvater der Erforschung innerseelischer Prozesse betrachtet.

Andere Sichtweisen auf Angst beschreibt beispielsweise die Objektbeziehungstheorie. Sie gründet auf Beobachtungen der Psychoanalytikerin Melanie Klein, die 1932 ihre Arbeit in dem Werk *Psychoanalyse des Kindes* veröffentlichte. Die Theorie beschreibt, dass die psychische Entwicklung des Menschen von »Objekten« wie zum Beispiel der Mutter in der frühen Kindheit abhängig ist – und schon dadurch zwangsweise Frustrationen entstehen. Dann zum Beispiel, wenn ein Kind an der Mutterbrust gestillt und danach wieder ins Bett gelegt wird. Klein geht davon aus, dass jede Trennung von der Mutter, und sei sie auch noch so kurz, automatisch zu einer Frustration und eben auch zu Ängsten führt. Jeder Mensch macht solche

Verlusterfahrungen – und abhängig davon, wie er sie erlebt, führen diese natürlichen Vorgänge dazu, dass sich die Psyche gesund entwickelt.

Eine weitere psychodynamische Perspektive auf die Angst eröffnete Fritz Riemann 1961 in seinem Buch *Die Grundformen der Angst und die Antinomien des Lebens.*[4] Der Psychoanalytiker sammelte viele klinische Erfahrungen und beschrieb die Persönlichkeitsstrukturen des Menschen anhand von vier Formen der Angst. Alle möglichen Ängste lassen sich auf diese vier grundlegenden Angstformen reduzieren. Er unterschied schizoide (Angst vor Hingabe), depressive (Angst vor Selbstständigkeit), zwanghafte (Angst vor Veränderung) und hysterische (Angst vor Begrenzung) Persönlichkeiten. Im Laufe des Lebens erlebt jeder Mensch Ängste in unterschiedlicher Ausprägung. Je nachdem, was er bisher bereits erfahren hat, wie seine Biografie und der Kontakt zu seinen primären Bindungspersonen waren, wird er eine der Persönlichkeitsstrukturen entwickeln. Das bedeutet zum Beispiel, dass eine Frau mit einer depressiven Persönlichkeitsstruktur Angst hat, selbstständig zu leben. Die Depression schützt sie davor, sich dieser Herausforderung zu stellen. Wer eine zwanghafte Persönlichkeitsstruktur hat, wird sich mit Veränderungen im Leben – wie zum Beispiel einem Jobwechsel oder einer Trennung – schwertun. Grundsätzlich vertrat Riemann die Ansicht, dass die Ängste zum Leben dazugehören und wir Menschen sie bewältigen können, wenn wir Mut und Wissen entwickeln und verbindende Erfahrungen mit anderen Menschen machen. Mit der Psychoanalyse lassen sich Ängste in der Gegenwart auflösen, wenn Konflikte aus der Vergangenheit betrachtet und aufgearbeitet werden.

Einen anderen Ansatz verfolgen die Befürworter der Verhaltenstherapie. Sie behandeln Ängste in der Gegenwart, und die Patient:innen werden dazu ermutigt, ihr angstbezogenes Verhalten im Hier und Jetzt zu verändern. Informationen zu den daraus resultierenden verschiedenen Therapieansätzen findest du in Kapitel 13.

## Die Rolle der Angst in der Verhaltensforschung

Albert sei ein gesundes Kind gewesen, so beschrieb der amerikanische Psychologe und Begründer der behavioristischen Lerntheorie John B. Watson (1878–1958) den elf Monate alten Jungen, den er 1919 in einer ethisch sehr fragwürdigen Untersuchung einsetzte. Diese Untersuchung wurde als »Litte-Albert-Experiment« bekannt und zeigt deutlich, dass Angst erlernt werden kann. John B. Watson orientierte sich an den Erkenntnissen des russischen Mediziners Iwan Pawlow (1848–1936), der die Prinzipien des Lernens anhand der klassischen Konditionierung in Tierexperimenten untersuchte. Ein bekanntes Beispiel ist der Pawlowsche Hund. Jedes Mal, wenn der Hund sein Futter bekam, erklang als Reiz zeitgleich ein Glockenton. Das Futter bewirkte, dass bei dem Hund der Speichel floss. Im Verlauf des Lernprozesses produzierte der Hund später auch dann Speichel, wenn nur noch der Glockenton erklang – obwohl dem Hund kein Futter dazu angeboten wurde. Der Hund hatte gelernt, auf den Reiz Glockenton mit Speichelfluss zu reagieren.

Analog dazu zeigte John B. Watson dem kleinen Albert verschiedene Gegenstände wie zum Beispiel Bärte, Zeitungen oder Tiere, etwa eine weiße Ratte und ein Kaninchen. All das sah Albert zum ersten Mal und war aufgeschlossen und neugierig. So weit, so gut. Sobald der kleine Junge aber die Ratte berührte, ertönte ohrenbetäubender Krach. Das ging mehrere Wochen so. Bald zuckte das arme Kind nicht nur bei dem lauten Krach zusammen, sondern erschreckte sich und weinte bitterlich beim bloßen Anblick der Ratte. Der kleine Albert hatte Angst vor dem Tier entwickelt. Das beschreibt die klassische Konditionierung im Prinzip als Reiz-Reaktionsmuster, wie schon beim Pawlowschen Hund. Ängstliche Reaktionen zeigte Albert später auch auf andere pelzige Gegenstände wie Pelzhüte oder größere Tiere mit Fell. Dieser Umstand zeigt, dass der Junge Angst tatsächlich erlernt hatte.

Anders als in den psychoanalytischen Entstehungsmodellen von

Angst geht die behavioristische Lerntheorie davon aus, dass Verhalten und damit auch Angst wie bei Albert erlernt wird oder unter bestimmten Umständen erlernbar ist. Und wenn etwas erlernbar ist, dann ist es auch wieder verlernbar. Doch nicht nur das. Verhalten kann auch verstärkt werden, das bedeutet, dass das Verhalten durch verschiedene Maßnahmen (Verstärker) häufiger oder weniger häufig gezeigt wird. Dieser Prozess wird operante Konditionierung genannt und findet in der Verhaltenstherapie zum Beispiel bei der Behandlung von Angststörungen Anwendung.

Die behavioristische Lerntheorie konnte vieles, jedoch eines nicht erklären: Was passiert im Gehirn eines Menschen? Die Behavioristen betrachten ausschließlich das Reiz-Reaktions-Modell. Es beschreibt, dass der Mensch auf einen bestimmten Reiz immer mit einer bestimmten Reaktion reagiert, siehe Pawlow. Was dabei allerdings im Organismus geschieht, hielten sie für nicht relevant. In der behavioristischen Schule zählte einzig und allein, was man beobachten und messen konnte, wie etwa das Weinen des kleinen Albert oder das Zittern, wenn man Angst hat. Kritiker bezeichneten diese Theorie daher als Black Box. Sie monierten, dass innere Abläufe wie Motivation und Emotion darin nicht beachtet werden.

Das änderte sich mit dem Kognitivismus als einer weiteren Lerntheorie. Die kognitivistische Lerntheorie beschäftigt sich mit genau diesen inneren Abläufen eines Menschen, sie interessiert sich für die Black Box. Bald wurde die behavioristische Lerntheorie deshalb von der kognitivistischen Lerntheorie abgelöst. Wichtige Vertreter waren Edward Tolman (1986–1959), Kurt Lewin (1890–1947) und Jean Piaget (1896–1980). Sie analysierten in den späten 1950er-Jahren die Prozesse des Denkens und Lernens und leiteten die sogenannte kognitive Wende ein. Die Interpretation von Gedanken, das Denken an sich und die Sprache standen jetzt im Mittelpunkt der Forschung.

Wie erklärten sich die Vertreter der kognitivistischen Lerntheorie Angst? Sie setzten Angst einerseits in Beziehung mit der Situation, in der wir uns befinden, und andererseits dazu, wie wir diese bewerten. Die Bewertung hängt wiederum davon ab, was wir bisher erlebt haben. So lässt sich gut verstehen, warum zwei Personen in der gleichen Situation unterschiedliche oder gar keine Angstreaktionen zeigen: Sie haben verschiedene Lebenserfahrungen gemacht, und diese beeinflussen, ob Angst entsteht oder nicht.

Stellen wir uns beispielsweise wieder die Präsentation vor, die wir halten müssen. Wir sind aufgeregt, das spüren wir zum Beispiel an einem mulmigen Gefühl im Bauch, vielleicht schleicht sich zudem ein Gefühl von Angst ein. Wir überlegen, ob wir ausreichend vorbereitet sind, und gleichzeitig zweifeln wir plötzlich daran, dass wir diesen Vortrag wirklich halten können. Jetzt tauchen Fragen auf wie: Was ist, wenn ich mich blamiere? Was denken dann alle über mich? Prompt fällt uns dann auch noch eine Prüfung aus der Vergangenheit ein, die wir nicht bestanden haben. Mit anderen Worten: Wir haben uns in eine schwierige Stimmung hineingesteigert, und eventuell führt das sogar zu einer Panikattacke. Dann fällt uns die Freundin ein, die in einer ähnlichen Situation ist und ebenfalls einen Vortrag vor sich hat. Wir rufen sie an und sind vollkommen erstaunt, wie gelassen sie ist. Sie sei aufgeregt, aber überzeugt, eine gute Präsentation vorbereitet zu haben, sagt sie. Sie wisse, dass sie sich auch in herausfordernden Situationen gut auf sich verlassen könne. Sie hat keine Angst.

Das Beispiel zeigt: Zwei Personen können in ähnlichen Situationen zwei völlig unterschiedliche Gedankenprozesse durchmachen und diese anders bewerten. In der kognitiven Verhaltenstherapie (KVT), die sich unter anderem auch auf die kognitivistische Lerntheorie bezieht, stehen genau diese Wechselwirkungen von Gedanken, Gefühlen und Verhalten und deren Bewertung im Zentrum. Die Patient:innen lernen, wie sie ihre Gedanken für zukünftige Situationen verändern und neu bewerten können.

Für die Situation mit der Präsentation kann das so aussehen: Nach dem Gespräch mit unserer Freundin werden wir erst ein paarmal tief durchatmen. Dann können wir uns überlegen, dass wir eine breite Expertise bezüglich unseres Präsentationsthemas haben. Uns fällt glücklicherweise wieder ein, dass auch andere damals durch die wirklich schwere Prüfung gefallen sind. Bisherige Reaktionen auf unsere Vorträge waren immer positiv, und die Präsentationen haben eigentlich immer Spaß gemacht. Wir stellen fest, dass das Angstgefühl nachlässt und wir uns entspannen.

Fazit dieses Kapitels: Wir haben gesehen, dass Angst die Menschen von Beginn an begleitet. Die antiken Philosophen waren der heutigen Beschreibung von Angst schon erstaunlich nah. Im Mittelalter wurden die Menschen bewusst in Angst und Schrecken versetzt. Die Aufklärer stellten dann wieder den Menschen mit seinen Gefühlen in den Mittelpunkt. Seit dem 19. und 20. Jahrhundert hat sich viel getan, um das Gefühl Angst zu beschreiben und zu erforschen. In diesem Zeitraum betrachteten die Behavioristen Angst zunächst als reines Verhaltensphänomen. Anders die Kognitivisten, sie interessierten sich dann für die Gedanken und wie ein Mensch Angst erlernt. Nach dieser kognitiven Wende leitete man die emotionale Wende ein. Wichtigster Vertreter dieser und der Emotionsforschung ist der Neurologe Antonio Damasio. Ihm verdanken wir beispielsweise die Erkenntnis, dass es auch Menschen ohne Fluchtreflex gibt. Sie leben gefährlich: Denn ohne den Fluchtreflex kann man sich nicht ausreichend schützen, sagt Damasio.

Die heutige Emotionsforschung bezieht sich auch auf die Einflüsse von Charles Darwin, auf philosophische Betrachtungen und auf neuronale Erkenntnisse. Wir wissen durch die Emotionsforschung, dass wir Angst nur verstehen können, wenn wir Verhalten, Denken und Fühlen zusammen betrachten. Die Emotionsforschung hat bis heute Bestand.

# KAPITEL 4
# WEIBLICHE ANGST IM PATRIARCHAT

Zoé ist eine lebensfrohe Frau Anfang 20. In hohen Stiefeln, kurzen Shorts und einem karierten Oversize-Blazer sitzt sie im Café. Sie hat zarte Gesichtszüge, trägt Schmuck um den Hals und an den Fingern und spricht mit ausdrucksstarker Stimme. Dass die Tischnachbarn ihre Geschichte mithören, stört sie nicht. Seit zwei Jahren wohnt Zoé in Berlin. Sie arbeitet »in der Gastro«, derzeit in einem angesagten Restaurant in Neukölln. Doch lange konnte sie ihre Arbeit, ihre Freunde und das Feiern auf Festivals und in Berlin nicht genießen. Das letzte Jahr lebte Zoé in großer Angst. Überhaupt hat sie Albträume, seit sie denken kann. Sie schläft schlecht und fürchtet, im Dunkeln überfallen oder verfolgt zu werden. Letztes Jahr kamen Panikattacken dazu. Zoé kann sich genau an das erste Mal erinnern. Im Frühjahr hatte sie eine Abtreibung, danach immer häufiger Angst vor dem Sterben und körperliche Begleitsymptome. Erst zog es in der Brust, dann blieb ihr plötzlich die Luft weg, der Arm wurde taub und es kribbelte in den Beinen. Die junge Frau dachte, dass sie einen Herzinfarkt habe. Ihr Freund beruhigte sie. Nach einer Dreiviertelstunde war alles vorbei. Danach kommen die Panikattacken öfter und heftiger. Zoé zieht sich immer mehr zurück, sie stellt sich vor, dass die Angst während einer Schicht oder mitten auf der Straße kommen könnte. Zudem tritt eine ihr schon lange bekannte Angst in den Vordergrund: verlassen oder von anderen Menschen »ausgetauscht« zu werden, wie Zoé das nennt.

Dahinter steckt die Angst, dass zum Beispiel ihr Vater sie nicht mehr so oft besuchen könnte, sobald er wieder eine neue Freundin hat. Oder dass ihre Freundin sie nicht mehr anrufen könnte, weil sie ein cooleres Mädchen getroffen und sich mit ihr angefreundet hat. Diese Angst hatte sie schon als kleines Mädchen oft. Nun befällt das frühkindliche Gefühl auch die junge Frau Zoé immer wieder. Ausgelöst durch die Abtreibung und andere Situationen fühlt sie sich plötzlich wieder wie ein kleines Mädchen: Sie kann schlecht allein sein, traut sich nichts zu, fühlt sich hässlich und nicht gut genug, so wie sie ist.
Zoé klammert sich an ihren Freund, bis dieser sich von ihr trennt. Sie fällt in eine schwere Krise. Sie muss akzeptieren, dass sie viel allein ist. Doch sie geht arbeiten, obwohl sie sich am liebsten nur verkriechen möchte. Sie lernt neue Leute kennen, die sie bestätigen und sie wertschätzen – was sie lange nicht gefühlt hat. So lernt Zoé immer besser, die aktuelle Situation zu nehmen, wie sie eben ist, mal gut und mal schlecht. Sie akzeptiert, dass sie Panikattacken hat und übt, damit zu leben, anstatt sich dagegen zu wehren. Sie sagt, dass sie verstanden habe, dass die Ängste »sie vor etwas Schlimmeren schützen«.
Zoé beginnt eine Gruppentherapie und versteht, dass es – nach der Schwangerschaft und Abtreibung – nun für sie an der Zeit ist, sich um sich selbst zu kümmern, selbstständig und erwachsen zu werden und ihr Leben als eigenständige Frau in den Griff zu bekommen. Sie möchte ihr Leben klären, wissen, wie es mit ihrer Arbeit und ihrem Beziehungsleben weitergehen soll. Sie stellt sich ihren Emotionen und begreift, dass das immerwährende Gefühl, »sich nie genug zu fühlen«, aus ihrer Kindheit stammt. Sie beginnt, einen neuen Umgang damit zu finden.

Wie Zoé gibt es viele junge Frauen in Deutschland, die sich auf dem Weg zum Erwachsenwerden spezifisch weiblichen Herausforderungen gegenübersehen und darauf ängstlich reagieren. Sie fühlen sich permanent minderwertig, nicht gut genug, nicht schlau, nicht fleißig genug. Schaut man sich in der Gesellschaft um, könnte man meinen, das sei ein grundsätzliches Problem von Mädchen und Frauen. Doch stimmt das überhaupt? Was weiß die Wissenschaft darüber? Welche geschlechtsspezifischen Aspekte wirken auf die Angstentstehung?

Warum haben Frauen häufiger Existenzängste oder Angst vor Altersarmut? Welche Rollenbilder sind heute noch wirksam, und wie beeinflussen Geschlechterstereotype die Ausbildung, die Karriereplanung und die Beziehungsgestaltung von Frauen? Und wie verändert Social Media den weiblichen Selbstwert und das Körperempfinden? Im Folgenden erfährst du, welche sozialen Faktoren, geschlechtsspezifischen Ursachen, psychosozialen Fakten und weiblichen Kompensations- und Bewältigungsstrategien je nach Lebensphase das Risiko für Ängste bei Mädchen und Frauen erhöhen. In diesem Kapitel gehen wir der Frage nach, wie stark sich das Patriarchat auf die weibliche Gefühlswelt auswirkt – und was das speziell für die Entstehung von weiblichen Ängsten heißt.

Frauen werden in eine paradoxe Welt geboren. Einerseits erwarten sie in vielen Teilen der Welt – aber noch längst nicht in allen – die besten Lebensbedingungen, die es je gab. Noch nie wurden Frauen hierzulande so alt wie heute. Im Schnitt beträgt ihre Lebenserwartung bei der Geburt 83,4 Jahre, Männer kommen auf 78,5 Jahre.[1] Mädchen sind Jungen prinzipiell rechtlich gleichgestellt, nach Jahrtausenden des Kampfes für die Frauenrechte. Mädchen machen Abitur, gehen wählen, studieren, werden Busfahrerin, Astronautin und Bundeskanzlerin, heiraten andere Frauen und erziehen alleine Kinder. Die Errungenschaften für Frauen der vergangenen Jahrzehnte sind immens, die Chancen auf Selbstverwirklichung waren nie größer. In demokratisch geführten Ländern können wir Frauen machen, was wir wollen. Wir können leben, wie es uns gefällt.

Gleichzeitig erwartet die Gesellschaft einiges von uns. Frauen sollen das Gesamtpaket bieten, also leistungsfähig und erfolgreich sein, dazu aber auch Mutter und Partnerin. Sie sollen schön, schlank, smart und jung sein, vorzeigbar und umsorgend zugleich. Dabei unterscheidet sich das weibliche Leben immer noch in vielen politischen, wirtschaftlichen, persönlichen und sozialen Aspekten maßgeblich vom männlichen. Frauen werden dennoch in den meisten Kulturen immer noch benachteiligt. Sie erleben alle Lebensbereiche – wie Schule, Ausbildung, Arbeitsmarkt, Familie, Gesundheitsversorgung, Einkommen und Teilhabe – anders als Männer, und das hat auch Auswirkungen auf die Entstehung von Ängsten. Mehrere Studien belegen, dass sich die Rollendifferenzen zwischen den Geschlechtern vor allem bei Frauen nachteilig auf die Entstehung von Ängsten auswirken.[2]

Soziale Wegbereiter für weibliche Ängste sind Armut, traditionelle, funktionale Ehen, das Alleinerziehen von Kindern, Arbeitslosigkeit, Stress am Arbeitsplatz, fehlende Wertschätzung für die erbrachte Leistung sowie körperlicher oder emotionaler Missbrauch und Misshandlung in der Kindheit. Berufstätige Frauen leiden zudem unter einer Rollenüberlastung durch den ungleich verteilten Mental Load.[3] Hinzu kommen politische und wirtschaftliche Bedingungen wie Krieg und Armut, die sich unterschiedlich auf die psychische Gesundheit der Geschlechter auswirken.[4] Zudem sind Frauen häufiger Gewalt ausgesetzt.

Weltweit wurden 2022 fast 89 000 Frauen und Mädchen vorsätzlich umgebracht, die höchste jemals verzeichnete Zahl in einem Jahr. Mehr als die Hälfte der vorsätzlichen Tötungen begehen Intimpartner oder (andere) Familienmitglieder. Auch in Deutschland wird jeden dritten Tag eine Frau getötet, und fast jeden Tag versucht ein Intimpartner, seine Frau umzubringen. 2022 wurden allein hierzulande 133 Frauen oder Mädchen von einem Familienmitglied oder ihrem (Ex-)Partner getötet.[5] Die Dunkelziffer der Femizide ist weitaus höher.

Die weiblichen Lebensumstände unterscheiden sich offensichtlich und in allen Bereichen nach wie vor stark von denen der Männer. Vor allem in der Summe erschweren sie das Leben vieler Frauen mitunter erheblich. Frauen haben permanent das Gefühl, nicht zu genügen, so wie sie sind. Das folgende Kapitel beschreibt, woher dieses Gefühl genau kommt – und warum bei Frauen daraus öfter Ängste resultieren, die Männer so nicht kennen.

## Mädchen lernen früh, sich anzupassen

Mädchen werden wie Jungen von der frühen Kindheit an sozialisiert, zu Hause, im Kindergarten und in der Schule. Die schulische Laufbahn beginnt meist hoffnungsfroh. Mädchen sind die besseren Schülerinnen, sie werden häufiger für das Gymnasium empfohlen, und sie machen öfter Abitur.[6] Gleichzeitig nimmt die Geschlechterungerechtigkeit schon früh ihren Lauf. Denn die Gesellschaft und oft auch die Eltern erwarten Unterschiedliches von Jungen und Mädchen (mehr zum Thema Erziehung in Kapitel 6). Ein typisches Beispiel sind Leistungserfolge in der Schule. Schülerinnen schneiden beispielsweise in Mathe schlechter ab als Jungen, und sie glauben auch von sich selbst, dass sie nicht so gut rechnen können. Schon in den ersten Jahren lernen Mädchen: Bei mir reicht es wohl nicht. Jungen hingegen überschätzen ihre Fähigkeiten, wie Studien zeigen.[7] Belegt ist zudem, dass Jungen und Mädchen das Gehirn ähnlich nutzen. Eine Zahlenschwäche hat also nichts mit dem Geschlecht zu tun.

Die Pisa-Studie von 2018 ergab, dass Mädchen sich generell für weniger talentiert halten als Jungen. Einer in der Fachzeitschrift *Science Advances* veröffentlichten Sonderauswertung zufolge stimmten 61 Prozent der Mädchen, aber nur 47 Prozent der Jungen folgender Aussage zu: »Wenn ich versage, habe ich Angst, dass ich vielleicht nicht genug Talent habe.«[8] Die Untersuchung ergab deutliche geschlechtsspezifische Unterschiede bezüglich des Talents und auch in Bezug auf das Selbstvertrauen. Die Stereotype sind laut der Studie in Deutschland stärker ausgeprägt als im OECD-Durchschnitt.[9]

Was folgt aus diesen Erfahrungen, die Mädchen und Jungen persönlich so unterschiedlich machen? Mädchen versuchen von Beginn ihrer Sozialisierung an – auch schon im Kindergarten – sich anzupassen. Sie stimmen ihrem Gegenüber eher zu, akzeptieren dessen Argumentationsstrategien und lassen den anderen durch eigene Gesprächspausen mehr zu Wort kommen. Dass sie sich häufiger als Jungs ängstlich fühlen, nehmen sie selbst als normal wahr – gleichzeitig erwartet man von ihnen, dass sie darüber sprechen.[10] So lernen Mädchen von klein auf, dass sie ihre Sorgen und Ängste ausdrücken und um Hilfe bitten. Gleichzeitig gehen sie vielleicht früh eine Liebesbeziehung ein, in der die Rollenverteilung oft unbemerkt auch patriarchalisch geprägt ist – die junge Frau wächst so in ein Leben hinein, das auch von Abhängigkeit, Ängstlichkeit, Passivität und Gehorsam beeinflusst ist.[11] Der Weg hin zu der gesellschaftlich akzeptierten weiblichen Rolle ist geebnet.

Jungen hingegen verhalten sich dominant, unterbrechen andere Jungs und drohen sich gegenseitig auch eher mal. Sie neigen dazu, ungute Gefühle und Konflikte zu verdrängen. Die Vermeidung ihrer Emotionen fühlt sich gut an.[12] Denn die Gruppe spiegelt ihnen, dass sie mit ihrem Verhalten die gesellschaftlichen Erfahrungen – mutig und stark zu sein – voll erfüllen.[13] Auch als Erwachsene dämmen sie Gefühle der Angst und Unsicherheit wahrscheinlich eher ein und konzentrieren sich darauf, Probleme lösungsorientiert anzugehen. Statt Fühlen stehen Handeln, Lösungsbereitschaft und das Erreichen von Zielen auf der männlichen Agenda. Auch Jungen erreichen so früh die Zielgerade ihrer gesellschaftlich akzeptierten Rolle.[14]

## Starke Rollenbilder in der Gesellschaft

Neben Kindergarten und Schule legt prinzipiell vor allem die Beziehung zwischen Eltern und ihren Kindern den Grundstein für die spätere Entwicklung. Forscher:innen wissen, dass die Fehleinschätzung unterschiedlicher Leistungen von Mädchen und Jungen unbewusst auch durch die Erziehung entsteht. Belegt ist zudem, dass auch viele Eltern ihre Söhne für talentierter halten.[15] Welchen Einfluss die elterliche Erziehung konkret hat, erfährst du in Kapitel 6.

Hier sei nur so viel gesagt: Jedes Kind wünscht sich die vorbehaltlose Anerkennung seiner Eltern oder Bezugspersonen. Erlebt es hingegen in der frühen Kindheit, dass diese Liebe in ihrem familiären Umfeld an Bedingungen wie beispielsweise bestimmte Leistungen geknüpft ist, wird es keine sichere Bindung zu den Eltern oder anderen Bezugspersonen aufbauen. Auch als Erwachsener wird es sich noch in vielen Situationen unsicher und ängstlich erleben. Eine unsichere Bindung kann später zu Selbstzweifeln und einem niedrigen Selbstwert mit den bekannten Folgen führen. Selbstzweifel als Folge eines geringen Selbstwertgefühls oder von Versagensängsten kann außerdem entstehen, wenn Eltern ihren Kindern beispielsweise mit überhöhten Erwartungen, zu hohen Anforderungen, harscher Kritik, Gleichgültigkeit oder emotionaler Kälte gegenübertreten und auch, wenn sie ihr Kind zu stark behüten, sodass es keine eigenen, selbstwirksamen Erfahrungen machen kann. Auch mangelndes Verständnis der Eltern, eine fehlende Unterstützung durch das Elternhaus, Konflikte zwischen den Eltern oder psychisch kranke Eltern sind ein Risikofaktor für die Entstehung von Angst beim Kind.[16]

Mädchen wachsen oft noch in einem familiären Umfeld auf, das bezüglich der eigenen Werte, Identitäten und Rollen widersprüchlich ist. Wie die Söhne sollen auch die Töchter Karriere machen und finanziell auf eigenen Beinen stehen. Eltern wünschen sich mental und körperlich starke Töchter, die selbstbewusst ein unabhängiges Leben führen werden. Gleichzeitig wirken unbewusst alte Vorstellungen vom Mädchen- und Frausein. Man denke nur an das starke Mutterbild, das in diesen Zeiten gerade wieder eine Renaissance erlebt. Oder an die Influencerinnen »Tradwives«, die sich auf TikTok und Instagram als moderne Hausfrauen feiern, die wie in den 1950er-Jahren ihren Mann umsorgen, auf eine eigene Karriere verzichten und das traditionelle Frauenbild wieder als erstrebenswertes Lebensziel inszenieren. Phänomene wie diese zeigen: Früher, als es noch keine Gleichstellungsbeauftragte, keine Frauenquote und keine MeToo-Bewegung gab, wurde Mädchen Schwäche, Unterordnung und Demut gewissermaßen anerzogen. Doch auch heute scheint das Thema aktueller denn je. Die jahrhundertealten Klischees beeinflussen unsere Denkweisen immer noch, auch wenn sich die Erziehung grundlegend geändert hat. Unabhängig davon, wie gleichberechtigt unsere Töchter heute aufwachsen oder wie feministisch junge Frauen oder deren Mütter sind – die Gesellschaft wirkt immer noch in uns alle hinein, ob wir das wollen oder nicht.

Die Rollenbilder sind ein historisches, soziales, kulturelles und familiäres Erbe, und sie führen dazu, dass Mädchen heute immer noch unbewusst die ihnen zugedachte Rolle ausfüllen. Mädchen lernen schon früh, dass sie vermeintlich verletzlicher sind, offener und sozialer, aber auch zarter und sensibler als Jungen. Jungs macht es härter und robuster, wenn sie vom Klettergerüst fallen, Mädchen sollen lieber erst gar nicht so hoch klettern. Spätestens in der Pubertät hat jedes Mädchen mitbekommen, dass es mehr auf sich aufpassen muss als ein Junge, dass es schon allein körperlich angreifbarer und fragiler ist. Auch hat Sexismus durch Social Media stark zugenommen und stellt nicht nur Mädchen und Frauen, die in der Öffentlichkeit stehen, vor große Herausforderungen, wie aktuelle Studien zeigen. Ängstlichkeit ist Teil der Identität als Frau.

Ein weiteres Risiko für weibliche Ängste sind überkritische Eltern, die ihre Töchter zu Bescheidenheit und Zurückhaltung erziehen. So lernen Mädchen, sich vor allem anzupassen und Probleme eher zu lösen, als sie zu verursachen. Klappt etwas nicht, suchen sie die Gründe zunächst bei sich. Sie halten sich für nicht gut genug, faul oder quälen sich mit negativen Selbstzuschreibungen. Frauen sind über ihre Ängste stark mit ihrer Rolle identifiziert. Zudem zeigt die Statistik klar, dass Frauen anders auf Niederlagen reagieren. Während Studenten äußere Einflüsse wie zu strenge Lehrer:innen verantwortlich machen, geben Studentinnen sich selbst die Schuld. Sie kennen schließlich das Gefühl, schuldig zu sein oder mal wieder etwas nicht geschafft zu haben, aus ihrer Kindheit. Von dem Defizitgefühl, etwas weniger gut zu können als Jungs oder schuld zu sein, wenn etwas nicht klappt, bleiben im Erwachsenenalter ambivalente Gefühle und Selbstzweifel zurück.

## Das Gefühl, weniger wert zu sein

In dieser Gefühlslage durchlaufen Mädchen und junge Frauen dann die Schule, eine Ausbildung oder ein Studium. Auch an der Universität unterschätzen Frauen, was sie selbst leisten – das in der Kindheit verinnerlichte Gefühl, nicht gut genug zu sein, taucht hier wieder auf, vor allem in Bereichen, in denen Frauen traditionell als »weniger gut« gelten, etwa in den Naturwissenschaften.[17] Vielmehr neigen Mädchen und Frauen beispielsweise im beruflichen Zusammenhang deutlich häufiger als Männer zu starker Selbstkritik, wie eine Studie der Internationalen Hochschule Bad Honnef Bonn (IUBH) zeigt.[18] Frauen stufen sich in Bereichen schlechter ein, die ein extrovertiertes und strategisches Verhalten erfordern – wie Verhandlungsgeschick, Verkauf oder Gesprächsführung. Und sie schätzen ihre Stärken geringer ein als ihr Umfeld. Die Differenz zwischen Selbst- und Fremdwahrnehmung ist bei Frauen um rund ein Drittel höher als bei Männern.

Öfter als Männer quälen sich Frauen mit Selbstzweifel, Versagensangst und Kritik. Vor allem bei den 18- bis 34-Jährigen sind viele verunsichert, einer Studie zufolge mit 44 Prozent der Befragten fast jede zweite Frau.[19] Sie quälen sich mit selbstlimitierenden Gedankensätzen wie »Ich kann das eh nicht« oder »Ich bin nicht schlau genug«. Sie grübeln, was andere von ihnen denken, wie eine weitere repräsentative Umfrage des Instituts GfK Marktforschung belegt. Jede dritte Frau räumte darin ein, sehr niedergeschlagen zu sein, wenn sie kritisiert werde. Unter Männern nahmen nur 23,7 Prozent die Kritik ähnlich persönlich.

Und es glauben nicht nur die Frauen selbst, dass sie nicht gut genug sind. In der Schule und entlang ihrer wissenschaftlichen Karriere werden sie außerdem immer wieder durch teils unbewusste Zuschreibungen diskriminiert. Das belegt die Arbeit zum *Unconcious Bias in der Wissenschaft* der Philipps Universität Marburg.[20] Dem Bericht zufolge erhalten Frauen seltener Preise, werden oftmals kritischer bewertet und unbewusst oft als weniger leistungsfähig wahrgenommen. Sowohl Professorinnen als auch Professoren fördern eher Studenten. Physikstudentinnen werden durchschnittlich schlechter bewertet als ihre männlichen Kommilitonen. Professoren werden signifikant häufiger als »Genie« oder »Star« bezeichnet, während Professorinnen als »bossy«, »schlecht organisiert« oder »nervig« gelten. Frauen bekommen auch deutlich seltener Spitzenbewertungen und werden entsprechend seltener befördert. Zudem wird Teilzeitarbeit, die überwiegend Frauen ausführen, immer noch abgewertet. In vielen Führungsetagen ist die Qualität der Arbeit immer noch eng mit der Präsenz im Büro verknüpft.[21]

Einzeln gesehen mögen all diese Erfahrungen die Situation erst einmal nur marginal beeinflussen. In der Summe ergeben sich aber signifikante und nachhaltige Folgen für die einzelnen Betroffenen. So sind Frauen auf dem Arbeitsmarkt anfangs noch in allen Berufsbranchen sehr willkommen, die Unterschiede im Einkommen sind noch gering. Bald trauen sich Frauen dann aber – inhaltlich häufig grundlos – selbst nur noch weniger zu und begegnen Herausforderungen zögerlich. Sie entwickeln eine Vorsicht und bringen sich im beruflichen Kontext eher in Situationen, die ihre bereits bestehenden Minderwertigkeitsgefühle und Ängste verstärken, als in solche, wo sie über sich hinauswachsen. Studentinnen wählen an der Universität zum Beispiel seltener technische und naturwissenschaftliche Berufe und verorten sich häufiger in sozialen Branchen, wo sie von Beginn an bereits weniger Geld verdienen.[22]

Frauen stehen sich auf ihrem Karriereweg zudem oft auch selbst im Weg. Sie bewerten ihre eigenen Kompetenzen als eher gering und halten sich bei Gehaltsverhandlungen oder bei der Bewerbung um eine Führungsposition stärker zurück. Studien zufolge haben viele Frauen beispielsweise auch regelrecht Angst vor Gehaltsverhandlungen. Treten sie eher schüchtern und zurückhaltend auf, mindert das jedoch vermeintlich ihre Führungsqualitäten. Aus dieser Gemengelage heraus kann es sein, dass sie dann tatsächlich irgendwann weniger gut performen als die männlichen Kollegen. Aus einer diffusen Angst, nicht zu genügen, wird so Realität.

So geraten mehr Frauen als Männer in ihrem Leben in Situationen, die Ängste vor dem sozialen Abstieg schüren, die Existenzängste begründen oder eine Altersarmut wahrscheinlich machen. Über das Erwerbsleben hinweg klafft die Lücke zwischen weiblichem und männlichem Verdienst immer maßgeblicher – und endet schließlich darin, dass Frauen im Schnitt deutlich weniger Rente beziehen und auch nach einer Scheidung schlechter dastehen als der Mann. Die Wissenschaft zeigt deutlich: Frauen geraten auch durch ihre eigenen Minderwertigkeitsgefühle, ihre Selbstkritik und ihre Selbstzweifel unbewusst in berufliche Situationen, die oft langfristig prekär sind und in denen sie wahrscheinlicher als Männer finanzielle Sorgen haben werden.

Verstärkt wird die Situation durch den Fakt, dass Frauen sich weniger Wissen und Fähigkeiten aneignen, um selbst finanzielle Entscheidungen zu treffen, die ihren persönlichen Bedürfnissen entsprechen. Männer lernen spätestens im jungen Erwachsenenalter, welche Aktien man kaufen sollte, wie der Finanzmarkt funktioniert und welche Form der Altersvorsorge sie wählen sollten. Zudem sind beispielsweise viele ehe- und familienbezogenen Leistungen in Deutschland immer noch auf die traditionelle Rollenteilung zugeschnitten. Die Familienpolitik setzt durch das Ehegattensplitting und die Mitversicherung in der gesetzlichen Krankenversicherung starke Anreize für nur ein (Haupt-)Einkommen im Haushalt.[23] Da wundert es nicht, dass wahrscheinlich auch viele Frauen selbst davon ausgehen, dass sie in einer Ehe mit klassischer Rollenverteilung am besten versorgt sind.

### Berufstätige Mütter sind doppelt bestraft

Bekommt eine Frau Kinder und übernimmt in einer noch weit verbreiteten traditionellen Familienkonstellation die Hauptverantwortung in der Erziehung und Sorgearbeit, minimiert das ihre eigene Existenzsicherung zusätzlich – und das Risiko für die Entstehung und Manifestation von Ängsten steigt weiter. Vor allem berufstätige Frauen mit Kindern sind – trotz Einführung der Elternzeit – viel mehr belastet als Väter. Das hat zuletzt die Pandemie gezeigt: Frauen haben dem Report des Weltwirtschaftsforums zufolge viel mehr Arbeitsstunden durch Betreuungs- und Homeschooling eingebüßt als Männer. Oder sie haben häufiger gleich ganz ihren Job verloren.[24]

In der Coronakrise lastete die Haus- und Familienarbeit zum überwiegenden Teil auf den Schultern der Frauen. In einer Untersuchung der Bertelsmann-Stiftung geben 69 Prozent der Frauen an, dass sie die generelle Hausarbeit erledigen, während das unter den Männern gerade einmal elf Prozent von sich behaupten. Ähnlich verhält es sich bei Kinderbetreuung und beim Homeschooling. Interessant ist der Bruch in der Wahrnehmung der Hausarbeit und der damit einhergehenden Arbeitsbelastung zwischen Frauen und Männern: Obwohl den Männern zum Teil auffällt, dass viele der genannten Aufgaben bei den Frauen liegen, sind sie zu 66 Prozent der Ansicht, die Aufgaben der Kinderbetreuung und Hausarbeit seien gerecht aufgeteilt.[25]

Im 21. Jahrhundert machen so noch immer die Männer das große Geld und die Karriere. Nur knapp jede dritte Führungskraft war 2022 weiblich – seit 2012 ist der Anteil gerade mal um 0,3 Prozentpunkte gestiegen.[26] Auch in den höheren Führungsetagen wissenschaftlicher Institute, großer Kliniken, Redaktionen überregionaler Leitmedien oder Ministerien sind Managerinnen noch rar. Je höher die Ebene in Unternehmen oder Institutionen ist, desto seltener finden dort weibliche Führungskräfte und CEOs ihren Platz. Erst als 2016 die Frauenquote eingeführt wurde, ist der Anteil an Frauen in Aufsichtsräten von rund 100 börsennotierten Unternehmen bis 2019 auf knapp 30 Prozent gestiegen. Derzeit beträgt der Frauenanteil in den Vorständen der DAX-Unternehmen in Deutschland 23 Prozent.[27] Selbst in der innovativen weltweiten Start-up-Szene hat bisher nur eines von drei Start-ups eine Gründerin.[28]

Frauen hingegen kochen und putzen immer noch mehr als Männer. Sie besorgen Geburtstagsgeschenke, vereinbaren den Arzttermin und holen die Kinder vom Fußball ab. Frauen machen also mehr der unbezahlten Care-Arbeit, arbeiten häufiger in Teilzeit und verfügen ohnehin über weniger Vermögen. Zudem werden sie weltweit schlechter bezahlt als Männer, vor allem wenn sie Kinder bekommen: Auch wenn die Kinder längst Teenager sind, verdienen Mütter 61 Prozent weniger als noch vor der Familiengründung. Insgesamt haben Frauen mit vergleichbarer Qualifikation, Tätigkeit und Erwerbsbiografie in Deutschland heute 18,3 Prozent weniger Geld pro Stunde Gehalt als ihre männlichen Kollegen. Man spricht vom sogenannten Gender Pay Gap.[29] Dem Global Gender Gap Report 2022 des Weltwirtschaftsforums zufolge wird es noch fünf Generationen dauern, bis Männer und Frauen gleich bezahlt werden.[30]

Doch die schlechtere finanzielle Stellung ist nur ein Aspekt. Nur weil Frauen eben Frauen sind, stehen sie heute oft auch gesundheitlich schlechter da – weshalb also auch doppelt so viele Frauen wie Männer Ängste haben. Zahlreiche Studien belegen den Zusammenhang zwischen Weiblichkeit und Angst. Sie zeigen, wie stark die geschlechtsspezifische Sozialisierung die Entstehung von Ängsten tatsächlich beeinflusst. So entwickeln beispielsweise Frauen, die über ein geringes Selbstwertgefühl verfügen, häufiger Ängste. Zudem sind Verhaltensmerkmale wie Grübeln, Neurotizismus, Verhaltenshemmung, erhöhte Sorge, Angstempfindlichkeit, Trauma – alle gelten als typisch weibliche Stereotype – mit der Entwicklung von Angst assoziiert. Interessant ist weiter, dass vor allem Frauen, die sich besonders stark an weiblichen Geschlechtsnormen orientieren, die stärkeren Angstsymptome zeigten. Frauen fühlen sich qua Geschlecht oft minderwertig. Durch ihre Sozialisierung trauen sie sich selbst weniger zu als Männer. Sie stehen mehr unter Leistungsdruck und beziehen Niederlagen auf sich. Sie entwickeln aus Unsicherheit einen Perfektionismus. Belegt ist zudem, dass die traditionelle Sozialisation von Männern deren Gesundheit eher schützt, während Frauen häufiger unter psychischen Problemen, insbesondere Stress und Angstzuständen, leiden. In einer weiteren Untersuchung hielten ängstliche Frauen Kontakt zu ihrem sozialen Umfeld aufrecht – was sie einerseits vor Einsamkeit und Depressionen schützt. Andererseits waren gerade die sozialen Beziehungen für sie eine Hauptquelle der Angst.[31]

## Selbst erfolgreiche Frauen unterschätzen sich

Selbst Frauen, die beruflich sehr erfolgreich sind, haben die gesellschaftlichen Rollenerwartungen noch verinnerlicht. Gerade Frauen, die Karriere machen, empfinden oft mehr Perfektionsdruck als Männer. Sie werden trotz gleicher Leistung das Gefühl nicht los, dass sie es weniger verdient haben, in einer bestimmten Funktion oder Stellung zu sein. Das kompetitive Umfeld, in dem es permanent um Erfolg, Konkurrenz und herausragende akademische Erkenntnisse geht, erzeugt bei ihnen massive Selbstzweifel. Offensichtlich erfolgreiche Frauen sind plötzlich trotz der jüngsten Beförderung, der letzten Veröffentlichung oder dem Lob des Chefs überzeugt, eigentlich gar nicht auf die Position zu gehören, in der sie sich befinden. Sie zermürbt der Gedanke, in Wirklichkeit zu betrügen und bald aufzufliegen.

Die amerikanischen Psychologinnen Pauline Rose Clance und Suzanne Imes verliehen dieser speziellen Art von Selbstzweifeln bereits 1978 den Namen »Impostor-Syndrom«, auch Hochstapler-Syndrom genannt. Es beschreibt das Phänomen, dass beispielsweise Studentinnen und bereits promovierte Frauen trotz herausragender akademischer Leistungen sich häufig selbst als Betrügerinnen vorkamen. Es gibt Studien, die das Impostor-Syndrom häufiger bei Frauen identifiziert haben.[32] Es sind auch viele Männer betroffen, das Impostor-Syndrom ist kein ausschließliches Frauenthema. Zudem tritt es unabhängig von Intelligenz und Alter auf und hat immer mit Leistung und Erfolg zu tun. Bei Frauen zieht es aber häufig Angstzustände oder einen Burnout nach sich.[33]

Andere Frauen wählen als Bewältigungsstrategie ihres Mangelgefühl den Perfektionismus. Sie nehmen Probleme auf ihre Schultern, und sie verbergen Gefühle von Angst oder Scheitern hinter einer perfekten Fassade. Auf den ersten Blick mag das ihr schulisches oder berufliches Fortkommen sogar optimieren. Gleichzeitig bringt der perfektionistische Verarbeitungsmodus aber auch eine trügerische Sicherheit mit sich, alles im Leben kontrollieren zu können. Für Mädchen und Frauen mit dem Hang zur Perfektion muss alles zu hundert Prozent optimal laufen, damit sie sich erfolgreich und von ihren Kolleg:innen als gleichwertig wahrgenommen fühlen.

Für viele fühlt sich das übrigens oft gar nicht falsch an. Schließlich haben sie von klein auf gelernt, dass sie immer ein bisschen klüger, schneller und besser sein müssen, um dasselbe oder mehr zu erreichen wie Jungs. Und doch besteht ein großes Potenzial für Frust, Angst und Unsicherheit.

## Was macht Social Media mit Frauen?

Und dann ist da noch Social Media. Neben der Erziehung und ihren Folgen für die Selbstwahrnehmung beeinflussen das Netz und allen voran die sozialen Medien das Leben von Frauen entscheidend. Studien zeigen, dass beispielsweise vieles gerade im Leben von Mädchen und jungen Frauen unsicherer und komplizierter geworden ist, seit sie auf Social Media sind. Viele Sorgen junger Mädchen haben heute mit der digitalen Welt zu tun oder entstehen dort. Die Themen, die Frauen und Mädchen umtreiben, betreffen sie persönlich, und sie reichen von guten Leistungen in der Schule, Online-Mobbing, körperlichem Aussehen bis hin zu sexueller Belästigung.

Mädchen und junge Frauen sind vor allem auf Instagram aktiv. Hier werden sie von Influencerinnen wie Charli D'Amelio oder Kylie Jenner umgarnt. Die Instagram-Stars bieten ihren mehreren Millionen Followerinnen eine (Schein-)Welt rund um Schönheit, Fashion und Lifestyle – und verführen ihre Fans unbewusst dazu, sich in Sachen Körper und Aussehen permanent mit ihnen zu vergleichen. Die Social-Media-Stars sind jung, schlank und schön. Sie feiern ihre Weiblichkeit und setzen sich selbstbewusst, zielstrebig und jederzeit entspannt in Szene. So als wollten sie ihren Followerinnen zeigen, wie Frauen ihre Träume leben und glücklich werden.

Bei vielen Followerinnen passiert genau das Gegenteil. Zahlreiche Studien zeigen, dass Social Media die Lebenswelt von Mädchen und jungen Frauen negativ beeinflusst. 73 Prozent der Frauen, die regelmäßig Social Media nutzen, vergleichen sich tatsächlich mit ihren Vorbildern, und jede zweite zieht aus dem Vergleich ein unvorteilhaftes Fazit für ihren Körper.[34] Studentinnen, die Selfies machten und diese posteten, waren danach schlechter gestimmt und fühlten sich selbst weniger attraktiv.[35] Studien belegen zudem, dass besonders Instagram das Frauenbild negativ beeinflusst, da es vorwiegend traditionelle Geschlechterrollen und klassische Schönheitsideale vermittelt.[36]

Social Media wirkt aber nicht nur in eine Richtung. Es gibt heute auch eine aktive Body-Positivity-Bewegung, in der sich Millionen Aktivistinnen als Reaktion auf den Online-Schönheitswahnsinn für mehr Selbstakzeptanz, soziale Gerechtigkeit, Diversität und Antidiskriminierung einsetzen. Gleichzeitig schüren die Millionen Social-Media-Beiträge und das Posten von Selfies aber die Gefahr für Selbstzweifel und ein geringes Selbstwertgefühl deutlich. Gerade bei jungen Frauen führt das vermehrt zu Depressionen und Angststörungen.[37]

Eine interne Facebook-Untersuchung, die das *Wall Street Journal* teilweise veröffentlicht hat, belegt: Vor allem Instagram ist für einen beträchtlichen Prozentsatz der Nutzer:innen, insbesondere für Mädchen im Teenageralter, schädlicher als andere Social-Media-Plattformen.[38] Die Flut an Fotos, auf denen sich die durch Filter optimierten Vorbilder in die Hirne der Mädchen und Frauen spülen, reduzieren nachweislich die selbst eingeschätzte Attraktivität erheblich. Instagram steigert bei den Followerinnen Angstzustände, depressive Symptome, ein niedrigeres Selbstwertgefühl und die Unzufriedenheit mit dem Körper.

## Social Media verändert die Körperwahrnehmung

Zudem wird die Selbstwahrnehmung des eigenen Körpers durch Instagram geschmälert – und auch daraus können selbst wieder psychische Probleme folgen. Das belegt eine britische Studie der Mental Health Foundation mit YouGov unter 4505 britischen Erwachsenen ab 18 Jahren und 1 118 britischen Teenagern[39]: Mehr als jeder dritte Erwachsene fühlt sich aufgrund seines Körperbilds ängstlich oder deprimiert, ganze 37 Prozent der Teenager waren sogar verärgert oder schämten sich wegen ihres eigenen Körperbildes. Das löst einen Teufelskreis aus: Wer von Selbstzweifeln geplagt wird, fühlt sich bald auch von seinen Peers ausgegrenzt, analog wie digital. Betroffene Frauen isolieren sich und versinken mitunter noch mehr in der digitalen Welt. Zudem fanden Forscher:innen heraus, dass auch das Gefühl der »sozialen Online-Ausgrenzung« an sich direkt in spezifischen Gehirnregionen zu einer veränderten emotionalen und sensorischen Verarbeitung führt. Eine Studie der University of Pennsylvania ergab: Wer viel auf Facebook, Snapchat und Instagram ist, sich also vor allem digital mit anderen Menschen vernetzt, wird eher einsamer, als dass er sich eingebunden fühlt.

Zudem wünschen sich Userinnen, die häufig auf Social Media sind und dort Model- oder Fitness-Blogger-Beiträge anschauen, selbst schlanker zu sein.[40] Bei ihnen wächst mitunter sogar der Wunsch, sich einer Schönheitsoperation zu unterziehen. Tatsächlich berichten immer mehr Schönheitschirurg:innen, dass Kundinnen mit Bildern von sich vor ihnen stehen – und sich Anpassungen in ihrem Gesicht und Körper wünschen, die den Anwendungen in gängigen Snapchat- und Instagramfiltern entsprechen. Mit Social-Media-Filtern lassen sich beispielsweise der Hautton und die Größe der Augen, Lippen und Wangen ändern sowie feine Linien und Fältchen mildern.

Social Media verzerrt aber nicht nur die Wahrnehmung vieler Followerinnen. Häufig entsteht bei Userinnen sogar ein verzerrtes eigenes Körperbild bis hin zu einer manifesten Körperbild- oder Körperschemastörung. Dieses Phänomen lässt sich auch bei den Frauen beobachten, die selbst Influencerinnen sind. Auch bei den Instagram-Stars hinterlässt das kulturelle Phänomen Social Media also oft eine große Leere, die Sucht nach Bestätigung, ohne die sie nicht mehr leben können, oder eine große Angst und Verunsicherung. Wissenschaftler:innen wissen längst, warum das so ist: Das Sammeln von Likes auf Facebook, Twitter oder Instagram aktiviert Bereiche im Gehirn, die für das Belohnungssystem verantwortlich sind. Wird das System nicht ständig gefüttert, schlägt es ins Gegenteil um. So absurd es klingt: Influencerinnen haben viel gemeinsam mit ihren Followerinnen. Am Ende des Tages leiden alle unter Angst.

Es gibt also eine Menge sozialer Faktoren, die deine Gefühle beeinflussen und so zu deiner Angst beitragen können. Vielleicht kann dich dieses Wissen ein wenig entlasten, und du verstehst: Wenn wir von weiblicher Angst sprechen, geht es nicht um Klischees, sondern um eindeutig nachgewiesene, sozial bedingte Tatsachen aus der weiblichen Erfahrungswelt. Damit wir Frauen zukünftig seltener in all diese Fallen tappen, brauchen wir neben persönlichen Hilfs- und Therapieangeboten auch strukturelle und gesellschaftliche Unterstützung. Nur so kann auch die hohe Prävalenz an weiblichen Angsterkrankungen gesenkt werden.

Viele Betroffene versuchen hingegen lange, allein mit ihren Problemen klarzukommen. Sie geben sich selbst die Schuld dafür, wenn sie mit sich und in dieser Welt Probleme haben, dass sie sich nichts mehr trauen und angstauslösende Situationen meiden.

Doch es ist keine Lösung, der angstauslösenden Situation aus dem Weg zu gehen. Wir müssen uns unseren Ängsten stellen, sonst vergrößern sie sich. Je mehr Priorität wir Ängsten im Alltag einräumen, desto größer ist die Gefahr, dass sie chronifizieren – also länger bestehen bleiben. Beginnen wir hingegen zu verstehen, dass in unsere Situation ein Mix an sozialen, biologischen, medizinischen und kulturellen Ursachen mit hineinspielt, können wir beginnen, unsere persönliche Situation zu akzeptieren. Wenn wir verstehen, dass weibliche Ängste zu einem großen Teil strukturell bedingt sind, können wir uns selbst verzeihen. Wir werden, wie die junge Zoé aus Berlin, lernen, unsere Ängste nicht mehr als bedrohlich zu empfinden, sondern sie anzunehmen, mit ihnen zu leben und sie zu überwinden.

# KAPITEL 5

# ANGST VOR DER ZUKUNFT

Oft wird heute der Eindruck erweckt, ein weibliches Leben sei vor allem eines: beschwerlich. Das stimmt natürlich nicht. Trotzdem sind es wir Frauen, die sich prinzipiell mehr und eher ängstigen als Männer. Dass es soziale Ursachen dafür gibt, haben wir im vorigen Kapitel erfahren. Dass auch die Erziehung sowie genetische und hormonelle Gründe mit hineinspielen, erörtern wir in späteren Kapiteln. Das Ergebnis sind verschiedene klassische Angststörungen wie die generalisierte Angst oder die Panikstörung, die Frauen im Laufe ihres Lebens ereilen können. In den letzten Jahren hat sich noch ein weiteres Phänomen hinzugesellt: Klimaängste und eine generelle Angst vor der Zukunft. Mittlerweile spüren wir die direkten Folgen der Erderwärmung mit Überschwemmungen, Waldbränden und Dürren. Seit 2019 sorgen sich Europäer:innen wie Franzosen, Niederländer und Deutsche laut Erhebungen mehr um die Umwelt als um ihren Arbeitsplatz oder die soziale Sicherheit.[1] Für die Betroffenen sind die Folgen des Klimawandels und der Umweltzerstörung erste Anzeichen einer düsteren Zukunft.

Die Ängste sind teils diffus, teils sehr konkret – und sie docken an die ursprüngliche Funktion von Angst an. Evolutionär bedingt ist Angst ein Gefühl, das das Überleben sichert – und das durch die Folgen des Klimawandels immer ungewisser wird. Dass Frauen Klima-Angst haben, ist daher heute leider sehr berechtigt. Schließlich bringt der Klimawandel auch Klima-Ungerechtigkeit mit sich: Das bedeutet, dass oft diejenigen Menschen am schwersten von der Umweltzerstörung und der Erderwärmung betroffen sind, die diese am wenigsten mitverursachen. Zu einem großen Teil sind das Frauen. Bisher gilt das vor allem noch für solche, die in ärmeren Regionen der Welt leben – und deren Leben viel mehr als das von Menschen in zivilisierten Ländern von Umweltbedingungen wie Dürreperioden, Überschwemmungen oder massiven Stürmen abhängt.

So wundert es nicht, dass auch die psychischen Auswirkungen des Klimawandels ungleich verteilt sind. In vielen Studien zeigt sich, dass der Klimawandel nicht nur für indigene Menschen, Geflüchtete, ethnische Minderheiten und Obdachlose, sondern auch für Frauen und Kinder existenzielle Veränderungen mit sich bringt – und dass genau diese Menschen besonders dazu neigen, neue psychische Erkrankungen oder eine Verschlechterung bestehender psychischer Probleme zu entwickeln.[2]

*»I'm in love with my future. Can't wait to meet her.«* Dieses Zitat der amerikanischen Singer-Songwriterin Billie Eilish klingt positiv, doch viele Frauen würden ihre persönliche Stimmung die Zukunft betreffend gerade etwas anders beschreiben. Zwar sind unsere Lebensbedingungen hierzulande und die Erwartungen für unsere Zukunft immer noch besser, als viele von uns das momentan wahrnehmen. Trotzdem sorgen wir uns und können nicht wegschauen von den Krisen unserer Zeit. Wir empfinden eher Angst statt Vorfreude, wenn wir uns fragen, was die nächsten Jahre und Jahrzehnte bringen werden – und das belastet unser persönliches Befinden. Nicht immer resultiert aus den Sorgen eine manifeste Krise oder eine Angststörung. Doch das persönliche Leben vieler Frauen hat sich auch durch die großen Krisen dieser Zeit verändert und viele Zukunftssorgen von Mädchen und Frauen haben unmittelbar damit zu tun.

## Der Klimawandel besorgt die Jugend

Ganze Regionen sind überschwemmt, Keller laufen voller Wasser, der Urlaub auf dem Campingplatz in Südfrankreich muss wegen Waldbrand abgesagt werden. Immer deutlicher spüren wir auch in Deutschland die direkten Folgen der Klimakrise. Die akuten Effekte wie Fluten, Hitze, Brände, Stürme, Luftverschmutzung und Infektionskrankheiten sind ein großes Zukunftsthema, das die Menschen physisch wie mental belastet. Der Klimawandel ist der Weltgesundheitsorganisation (WHO) zufolge die größte Bedrohung für die globale Gesundheit im 21. Jahrhundert. Die Klimakrise gibt vielen Menschen berechtigten Grund zur Sorge. Die psychische Belastung und das Risiko für psychische Erkrankungen in der Bevölkerung steigen an. Das betrifft natürlich nicht nur Mädchen und Frauen. Wie eingangs bereits erwähnt, gehören diese aber zu den vulnerablen Gruppen, die zur Entwicklung oder Verschlechterung psychischer Krankheiten neigen.

Vor allem junge Menschen, die sich mit der Klimakrise auseinandersetzen, erleben negative Emotionen wie Stress, Angst oder Hilflosigkeit. Eine große internationale Studie unter jungen Menschen aus dem Jahr 2021 belegt eine weit verbreitete Klima-Angst. Befragt wurden 10 000 Jugendliche zwischen 16 und 25 Jahren aus zehn Ländern wie beispielsweise Australien, Brasilien, Finnland, Frankreich, Indien, Großbritannien und den USA. 60 Prozent der jungen Menschen waren sehr besorgt. Mehr als jeder zweite fühlte sich traurig, ängstlich, wütend, machtlos, hilflos und schuldig.[3] Die Sorgen vor dem Klimawandel beeinträchtige ihr tägliches Leben, sagten 45 Prozent der Jugendlichen.

Ähnliche Ergebnisse zeigte die SINUS-Jugendforschungsstudie von 2022 in Deutschland. In dieser Untersuchung gaben die befragten Jugendlichen an, dass der Klimawandel bei ihnen hoch oben auf der Sorgenskala stehe. Vor allem fürchten sie sich vor der Zunahme von Extremwetterereignissen, dem Verlust von Lebensräumen, potenziellen Ressourcenkriegen, dem Abschmelzen der Polkappen – und den persönlichen Folgen für das eigene Leben. In der Studie wurden viele weitere Lebensthemen abgefragt. Auffällig ist: In allen Bereichen sorgen sich die Mädchen mehr als die Jungen.[4] Und es sind mehr Jungen als Mädchen, die generell noch mit ihrem Leben zufrieden sind.

Forscher:innen haben für die Angst vor dem Klimawandel eigene Begriffe eingeführt. So versteht man unter »Solastalgie« ein belastendes Gefühl von Trauer oder das psychische Leiden ganzer Bevölkerungsgruppen, deren Leben sich durch eine Umweltkatastrophe oder eine destruktive Industrie wie den Bergbau prinzipiell verändert hat oder die durch das Verschwinden ganzer Lebensräume, Aktivitäten und Traditionen betroffen sind. Die »Klima-Angst« (engl.: climate anxiety) – der mittlerweile populärste Terminus unter den klimabezogenen Emotionen – beschreibt hingegen die Sorge, dass die Folgen der Klimakrise das eigene Leben in der Zukunft massiv beeinträchtigen werden oder das Überleben der gesamten Menschheit gefährden.[5]

Die Öko-Angst wurzelt in der Unsicherheit über die Zukunft und der Angst vor den Folgen des Klimawandels, und sie löst Wut, Verzweiflung, Sorge, Schuldgefühle und Kummer aus. Es gibt mittlerweile einige Studien, die sich explizit mit den psychischen Folgen des Klimawandels beschäftigen. Sie zeigen, dass die Auswirkungen sehr unterschiedlich sind: Akute Ereignisse führen beispielsweise zu ähnlichen Mechanismen wie traumatischer Stress. Länger anhaltende Klimaveränderungen machen sich wie eine posttraumatische Belastungsstörung (PTBS) bemerkbar, oder sie werden sogar transgenerational weitergegeben, also von einer Generation zur nächsten.[6] Mehr dazu findest du in Kapitel 7. Fachleute rechnen mit steigenden Zahlen Betroffener und einer Zunahme des psychiatrischen Versorgungsbedarfs.[7]

Von Menschen, die Naturkatastrophen miterlebt haben, weiß man bereits, dass sie ein fast doppelt so hohes Risiko für eine psychische Erkrankung haben wie diejenigen, die verschont geblieben sind. Die Zunahme von Extremwetterereignissen wie Hitzewellen oder Überschwemmungen kann auch dazu führen, dass sich eine bereits vorhandene posttraumatische Belastungsstörung (PTBS), eine generalisierte Angststörung und Depressionen weiter verschlechtern oder neu ausbrechen.[8] Auch hier sind Frauen stärker betroffen. Schließlich kommen alle drei Krankheiten bei Frauen doppelt so häufig vor wie bei Männern.[9]

Vor allem die PTBS nimmt nach zerstörerischem Extremwetter massiv zu. 2005 litt beispielsweise fast jeder dritte Bewohner von New Orleans nach dem Hurrikan Katrina im Südosten der USA unter einer PTBS. Ein Viertel der Betroffenen entwickelte noch ein Jahr nach den großen Überschwemmungen eine Angsterkrankung. Auch begehen nach Extremwettern und Naturkatastrophen mehr Menschen Suizid. Zudem führen die indirekten Folgen des Klimawandels zu Zukunftsängsten. Die bevorstehenden ökonomischen Krisen, Nahrungsmittelunsicherheit, gewaltvollen Konflikte und die Vertreibung von Menschen stellen schon heute massive Belastungs- und Risikofaktoren für die psychische Gesundheit dar.[10]

Die Klima-Angst ist eine relativ neue Erscheinung. Im internationalen diagnostischen System der International Classification of Diseases (ICD) der Weltgesundheitsorganisation (WHO) zählt sie (noch) nicht – wie zum Beispiel eine Panikstörung, eine generalisierte Angst oder eine soziale Phobie – als eigenes Krankheitsbild. Der ICD-Code ist ein weltweit anerkanntes System, mit dem medizinische Diagnosen einheitlich benannt werden. Die Psychotherapeutenkammer versteht ausgeprägte Klimagefühle daher auch nicht als eine per se krankhafte Entwicklung, die immer behandelt werden muss. Starke Gefühle können aber jederzeit – das ist Konsens unter den Expert:innen – dazu beitragen, dass sich eine psychische Störung manifestiert, wenn die Ängste beispielsweise überhandnehmen, wenn sie ihre rationale Grundlage verlieren oder Menschen durch die Emotionen ihrem Alltag nicht mehr nachgehen können. Bei Klimagefühlen trifft das – so zeigen internationale Studien – bisher wohl trotz ihrer belastenden Qualität in den meisten Fällen noch nicht zu.[11]

### Akzeptanz statt Panik

Das gesamte Leben ist voller Unsicherheiten im Außen, die wir nicht kontrollieren können. Dazu gehören neben dem Klimawandel beispielsweise auch die wirtschaftliche Situation, die Sicherheitslage im Land oder eine Pandemie. Es kann aber auch eine Krankheit wie zum Beispiel Brustkrebs sein, vor der du berechtigterweise Angst hast, weil sie vielleicht schon bei anderen Frauen in deiner Familie aufgetreten ist. Gleichzeitig ist wichtig zu verstehen: Unsicherheiten allein verursachen noch keine Angst, sie schaffen erst einmal »nur« den Nährboden für Ängste.

Gleichwohl fordert uns die aktuelle Weltlage und der Klimawandel in diesen Zeiten besonders – vor allem diejenigen, die ihr Leben noch vor sich haben. Junge Menschen werden stärker betroffen sein von den zunehmenden Folgen des Klimawandels, und sie tragen schon jetzt die stärkere psychologische Last. Für viele junge Frauen und Männer fühlt sich das bedrohlich und herausfordernd an. Denn Jugendliche entwickeln sich noch, sowohl mental als auch körperlich. Sie wissen noch nicht wirklich, wo ihr Leben hingehen soll. Auch sind Bewältigungsstrategien, die älteren, erwachsenen Menschen in Krisensituationen helfen, bei ihnen noch nicht voll ausgereift. Jugendliche sind daher mehr noch als Erwachsene von sozialer und institutioneller Unterstützung abhängig. Sie brauchen ein sicheres äußeres Umfeld, um sich im Inneren geborgen zu fühlen und sich entwickeln können.

## Junge Frauen und Pandemie-Ängste

Die Pandemie hat – neben all dem Leid, das es durch die Coronainfektionen und ihre Folgen gab – in Bezug auf Unsicherheit eine zusätzliche, massive Herausforderung geschaffen. Denn die Lockdowns, die großen sozialen Einschränkungen und die vielen offenen Fragen bezüglich des Umgangs mit dem Coronavirus, die selbst Wissenschaftler:innen nicht beantworten konnten, haben uns gezeigt, wie fragil das Leben sein kann und wie unsicher wir uns fühlen, wenn alle Regeln, die gestern noch das soziale Gefüge strukturiert haben, heute nicht mehr gelten. Vor allem Teenager wurden in der Pandemie in ihren Grundfesten verunsichert – und auch hier deutlich mehr Mädchen.

Während der Coronakrise haben sie erfahren müssen, dass es plötzlich keine strukturelle Sicherheit mehr gab, dass »selbst die Erwachsenen nicht mehr wussten, wo es lang geht«. Zudem waren viele junge Menschen durch Homeoffice und -schooling oft erstmals länger sozial isoliert und komplett auf sich gestellt. Die Pandemie hat ihren Alltag nachhaltig erschüttert, und das blieb nicht ohne Folgen. So zeigt zum Beispiel die bundesweite COPSY-Studie, dass die psychosomatischen Beschwerden bei Kindern von 2020 bis 2021 stark zugenommen haben. Vor allem Angstsymptome sind von Sommer 2020 bis Herbst 2021 von 14,9 Prozent auf 26,8 Prozent angestiegen.[12]

Ähnliche Ergebnisse ergab der »Girls' Attitudes Survey«. Die Studie aus Großbritannien, die seit 2009 regelmäßig mehr als 2000 Mädchen und junge Frauen zwischen sieben und 21 Jahren befragt, wie sie ihren Alltag empfinden, zeigte 2023: Die Befragten fühlten sich im Stich gelassen, und sie sahen sich mit anhaltenden Problemen an vielen Fronten konfrontiert. Mehr Mädchen als je zuvor fühlen sich besorgt und ängstlich. Die Zahl der jungen Frauen, die mit ihrem Leben zufrieden und glücklich sind, sank von Jahr zu Jahr, am meisten bei Mädchen zwischen sieben und zehn Jahren.

Die Mädchen fühlen sich vielmehr oft gestresst, besorgt oder ängstlich. In den letzten 15 Jahren haben sich zudem ihre Wünsche verlagert. Weniger Teilnehmerinnen der Studie legen Wert darauf, eine feste Partnerschaft zu führen oder verheiratet zu sein. Sie möchten eher ein eigenes Haus besitzen – was in Großbritannien aber auch üblicher ist als in Deutschland –, und sie sind besorgt, dass sie sich das nicht werden leisten können. Und fast jede zweite junge Frau glaubt, dass ihre Zukunftschancen heute schlechter sind als noch vor fünf Jahren.[13]

Die jüngsten Studienzahlen geben ein Beispiel, wie der Alltag von Mädchen und jungen Frauen in Europa heute aussieht – und wie er sich grundlegend verändert hat. Dass auch Social Media das Leben junger Frauen gehörig mitbestimmt, wurde bereits im vorigen Kapitel ausgeführt. In der Pandemie hat sich die Situation noch weiter zugespitzt. Denn in der Coronakrise haben Teenager einer Umfrage im Jahr 2021 zufolge das Internet und die sozialen Medien teils exzessiv genutzt, mehr als jemals davor.

Das Internet hat aber auch viele Vorteile. Es eröffnet uns den Zugang in die große weite Welt – und ermöglicht es beispielsweise, uns zu Zukunftsfragen wie dem Klimawandel politisch zu artikulieren, stärker als bisher an Prozessen der politischen Meinungs- und Willensbildung teilzuhaben, uns mit anderen Menschen digital zu vernetzen und weltweit für ein gemeinsames Interesse aktiv zu sein.

Doch wer sich im Netz politisch zu Wort melden, die Gesellschaft mitgestalten und proaktiv soziale Verantwortung übernehmen will, muss auch bereit sein, sich mutig in der Öffentlichkeit Gehör zu verschaffen. Und genau das scheint heute nicht mehr so einfach zu sein. Gründe dafür sind unter anderem die Zunahme von Fake News und Hass gegen Frauen. So fühlen sich immer mehr Mädchen und junge Frauen durch die Masse an digitalen Fake News verunsichert, und sie reagieren beim Thema freie Meinungsäußerung – eine wichtige Säule der Demokratie – zunehmend ängstlich.

Eine internationale Studie des Kinderhilfswerks Plan International belegt, dass sich mehr als 90 Prozent der Teilnehmerinnen über die Falschinformationen im Netz und auf Social Media sorgen, 40 Prozent sind sogar »sehr« oder »extrem besorgt«. Ein Viertel der insgesamt 26 000 befragten Mädchen und jungen Frauen – 1 000 davon in Deutschland – gab an, aus Angst vor Hass unsicher zu sein, ob sie ihre eigene Meinung online teilen sollen. Jede Fünfte habe bereits ganz aufgehört, sich digital zu politischen oder zu gesellschaftlichen Themen zu positionieren.[14]

Junge Frauen werden zudem selbst immer häufiger Opfer digitaler Frauenfeindlichkeit. Frauenhass ist seit Jahrzehnten gesellschaftlich verankert – und erreicht nun über Social Media noch weitere Verbreitung. Dieser Umstand liegt darin begründet, dass die in unserer Gesellschaft zunehmend diskutierte und angestrebte Gleichstellung der Frau natürlich auch Auswirkungen auf Männer hat. Männer müssen sich neu zurechtfinden in einer Welt, die immer weniger über männliche Kontrolle, Anspruch auf Dominanz und sexuelle Verfügbarkeit funktioniert. Die männliche Vormachtstellung kommt immer mehr ins Wanken.

Unsicherheit macht sich breit, und Männer (wie auch Frauen) klammern sich wieder an längst überholt geglaubte Rollenbilder. So zeigt eine Studie aus Leipzig aus dem Jahr 2022, dass ein Viertel der Deutschen ein geschlossen sexistisches Weltbild hat. Auf Social Media wird das wohl am deutlichsten: Die Angst vor dem Verlust einer strikt patriarchalen Weltordnung hat das Phänomen einer stark vernetzen misogynen Szene im Netz hervorgebracht, in der sich narzisstisch gekränkte und frustrierte Männer über Imageboards wie 4chan oder 8kun und Incel-Foren für eine harte, emotionslose Männlichkeit und eine antifeministische Politik starkmachen. Sie lehnen alles auch nur ansatzweise Feminine ab, sehen Frauen als Sexualobjekte und gehen mit Hass gegen sie vor. Hate Speech hat sich auf Social Media so zu einer eigenen, bewusst intentionalen Kommunikationsform entwickelt, um auch Frauen und Menschen aufgrund ihrer Hautfarbe, Herkunft, Religion oder sexueller Orientierung zu diskriminieren.

Nicht selten mischen sich zu den toxischen Geschlechterideologien rechtsnationale ideologische Strömungen und Verschwörungsmythen. Es bleibt jedoch nicht beim Frauenhass im Netz. Denn das Internet wirkt, viel mehr als wir das oft glauben, tief hinein in die reale Gesellschaft: So gehen auch Diskriminierung und Frauenhass aus dem digitalen in den analogen Raum über – und äußern sich zum Beispiel in direkter frauenfeindlicher Gewalt, am häufigsten in Partnerschaften. Einer Statistik des Bundeskriminalamtes zufolge wurden im Jahr 2019 in Deutschland insgesamt 114 903 Frauen von ihren Partnern oder Expartnern bedroht, ihrer Freiheit beraubt, gestalkt, verletzt, sexuell genötigt, zur Prostitution gezwungen, vergewaltigt oder gar ermordet[15] – unabhängig von sozialer Herkunft oder Bevölkerungsgruppe.[16]

## Die Folgen des weltweiten Rechtsrucks

Mädchen stehen heute selbstbewusst für ihre eigenen Rechte ein, und sie lassen sich nicht mehr unterkriegen. Das ist erst einmal eine gute Nachricht. Doch wir Frauen *müssen* auch weiterhin und unerlässlich für uns selbst eintreten. Denn es gibt nicht nur etliche Felder, in denen wir noch längst nicht gleichberechtigt sind. Selbst in Europa ist es vielen Frauen zum Beispiel nicht erlaubt, eine Schwangerschaft abzubrechen, sehr restriktiv ist das Recht beispielsweise in Polen, Irland und auf Malta. Zudem gehören weltweit Rassismus, Gewalt und Sexismus für viele Frauen zum Alltag. Immer noch haben Millionen Frauen keinen ausreichenden Zugang zu Bildung und Gesundheitsversorgung, die Arbeitssicherheit für Frauen hat sich verschlechtert, und sie werden in ihrem alltäglichen Leben diskriminiert. Frauen sind häufig noch Opfer von Menschenhandel und ertragen körperliche oder sexuelle Gewalt in ihrem Alltag. Frauen sind öfter als Männer von Armut betroffen.

Gleichzeitig gibt es Bestrebungen, die Errungenschaften des Feminismus zurückzuschrauben, und die erst jüngst erkämpften Standards für ein gleichberechtigtes Leben von Frauen wieder massiv einzuschränken. Durch die politischen Entwicklungen der letzten Jahre sehen wir uns – selbst in westlichen Demokratien – in vielen weiteren Bereichen wieder erneut mit eigentlich längst überwunden geglaubten Missständen konfrontiert. So ist beispielsweise eine Abtreibung in den USA in vielen Staaten seit Kurzem wieder verboten. Die Türkei trat aus der Istanbul-Konvention aus, ein zentrales Instrument zur Bekämpfung geschlechtsspezifischer Gewalt und zur Gewährleistung der Rechte von Betroffenen in Europa. In Afghanistan dürfen Frauen sich – seit der Machtübernahme der Taliban 2021 – nur in Begleitung eines männlichen Vormunds an ihren Arbeitsplatz begeben oder in der Öffentlichkeit bewegen. Mädchen, die älter als zwölf Jahre sind, haben keinen Zugang zu Bildung.[17]

Weltweit übernehmen populistische und erzkonservative Akteure das Zepter. In vielen Ländern der Welt steht es auf der Tagesordnung, die Autonomie und Teilhabe von Frauen wieder einzuschränken und Frauen in längst überholte traditionelle Frauenrollen zurückzuzwingen. Die politischen Veränderungen der letzten Jahre, mit einem Erstarken von Populismus, Nationalismus und Konservatismus, bedeuten einen erheblichen Rückschritt für die persönliche Lebensgestaltung von Millionen Frauen und haben nachhaltige, tiefgreifende Auswirkungen auf unsere Gesellschaft – und das wirkt sich wiederum negativ vor allem auf die psychische Gesundheit von Mädchen und Frauen aus.

Zum Beispiel Rassismus: In einer Studie beschreiben US-amerikanische Studentinnen, dass seit dem Amtsantritt der Trump-Regierung 2017 der Rassismus gegenüber People of Color an der

Universität deutlich zugenommen habe. Die befragten Frauen mit dunkler Hautfarbe litten zudem häufiger unter Depressionen und Angstzuständen als weiße Frauen.[18]

Oder die »Anti-Gender«-Bewegung[19]: Setzten sich früher vor allem religiöse Gruppen dafür ein, dass Frauen ihrer traditionellen Rolle in der Familie weiter treu bleiben und sich um Kinder und Haushalt kümmern, führen heute auch Rechtskonservative Krieg gegen liberale und linke Ideen, emanzipatorische Bewegungen oder die »gleichgeschlechtliche Elternschaft«. Rechtspopulistische Bewegungen organisieren Kampagnen gegen sexuelle und reproduktive Rechte, von Russland bis in die USA. Ultrakonservative Politiker wettern gegen Geschlechtergleichheit und sexuelle Vielfalt. Fragen von Geschlecht und Sexualität werden zunehmend wie auf einem politischen Schlachtfeld verhandelt.

Der Widerstand gegen »Gender« sei zu einem Schlüsselelement des Aufstiegs des Rechtspopulismus geworden, schreiben die polnischen Soziologie-Professorinnen und Gender-Expertinnen Agnieszka Graff und Elzbieta Bekiesza-Korolczuk in ihrem Buch *Anti-Gender Politics in the Populist Moment.* Rechtspopulismus habe sich die durch den Neoliberalismus verursachte Angst, Scham und Wut erfolgreich zunutze gemacht und drohe die liberale Demokratie zu zerstören. Das heißt konkret: In den 1980er- und 1990er-Jahren versprachen Politiker in vielen Ländern ihren Bürgern, dass die Globalisierung und der Neoliberalismus ihnen bessere Arbeitsbedingungen und ein leichteres Leben bringen werden. Doch dazu kam es nicht. Im Gegenteil: Die Kluft zwischen arm und reich wurde immer größer. Viele Länder ächzen heute unter der finanziellen (Schulden-)Last und sind wirtschaftlich am Ende.

Populisten und die Anti-Gender-Bewegung machen sich die Enttäuschung und den Frust der Menschen zunehmend zu eigen. Sie kreieren eine Atmosphäre der Angst bei den betroffenen Menschen und führen bewusst Hasskampagnen gegen sexuelle Minderheiten. Das wirkt sich schon heute politisch durch Gesetze aus und macht in bestimmten Ländern Homo-/Bi-/ und Transphobie gesellschaftsfähig. In Russland hat kürzlich der Oberste Gerichtshof entschieden, die internationale, öffentliche LGBTQ-Bewegung als extremistische Organisation anzuerkennen. Lesbische und schwule Paare müssen seitdem täglich fürchten, verhaftet zu werden.

## Lindert Feminismus weibliche Ängste?

Was aber hat das alles mit deiner persönlichen Angst zu tun? Auf den ersten Blick vielleicht nicht so viel. Prinzipiell verdeutlicht der Einblick in die jüngsten Entwicklungen von Politik und Wirtschaft bei uns und in der Welt jedoch, dass das Befinden von Frauen immer noch unmittelbar und maßgeblich von gesellschaftlichen Zuständen beeinflusst wird – und dass dieser Einfluss, die strukturelle Benachteiligung und die sexualisierte Gewalt an Frauen gemeinhin noch völlig unterschätzt werden. So ist beispielsweise bisher noch nicht ausreichend wissenschaftlich untersucht, wie patriarchale Strukturen im Gesundheitssystem wirken, in dem mehr Frauen als Männer eine Angstdiagnose bekommen, oder generell in Institutionen. Womit wir direkt bei der Frage landen: Was bedeutet Feminismus heute eigentlich noch? Und kann der Feminismus dabei helfen, dass zukünftig weniger Frauen mit Ängsten leben müssen?

In den 1960er- und 1970er-Jahren kämpften Feministinnen weltweit zum Beispiel für die Legalisierung von Abtreibungen. In einigen Ländern sogar noch für das Frauenwahlrecht – das es in Deutschland und den USA bereits seit 1918 bzw. 1920 gibt. Die Stoßrichtung war klar: weniger Kinder, mehr Selbstbestimmung. Die Emanzipation ging mit einem Aufbegehren gegen bestehende Hierarchien, den Kapitalismus und das patriarchale System an sich einher. Heute hat sich das Spektrum erweitert. Viele Feministinnen sind Mütter, sie haben studiert, arbeiten als Filmemacherinnen, Ärztinnen und Unternehmerinnen und sind – obwohl sie immer noch in einem patriarchalen System leben – vermeintlich unabhängig. Vermeintlich deswegen, weil die Realität oft anders aussieht, wie wir am Beispiel des Gender Pay Gaps gesehen haben.

Frauen kämpfen für Selbstverwirklichung, Frauen-Empowerment und Entscheidungsfreiheit. Doch viel besser geht es ihnen damit zumeist nicht. Ihr hart verdientes Geld geht für die Tagesmutter drauf, und wenn die Kinder krank sind, bleiben in der Regel die Mütter und nicht die Väter zu Hause. Die meisten Männer können – oder wollen – nachmittags nämlich nicht zur Kita eilen und auch nicht länger als zwei Monate Elternzeit nehmen. Spätestens die Coronapandemie hat gezeigt: Wir Frauen stecken überwiegend immer noch in traditionellen Rollen fest. Und wir tragen häufig schwer an dieser Doppelbelastung mit all ihren (psychischen) Folgen – auch wenn man das auf den ersten Blick vielleicht gar nicht so deutlich erkennen kann. Es sei denn, ein neuartiges Virus beherrscht gerade das Land.

Schaut man noch genauer hin, erkennt man, dass auch viele (junge) Männer mittlerweile unter den ungerechten Geschlechterverhältnissen leiden und dass sie erkannt haben, dass die überkommenen Geschlechterrollen auch für sie nachteilig sind. Männer haben häufiger als Frauen Herzinfarkte, begehen häufiger Suizid und leiden öfter als gedacht – weil unbemerkt – an Depressionen. Sie wollen zudem nicht mehr nur noch möglichst viel arbeiten, Stärke und Durchsetzungsvermögen zeigen, sondern auch oder gemeinsam mit ihrer Partnerin oder ihrem Partner entscheiden, wie, wann und wie viel sie arbeiten oder wann sie sich um ihre Kinder, ihre Familie, ihre Freunde und ihr persönliches Wohlbefinden kümmern.

Spätestens seit der Pandemie sollten wir als Gesellschaft also eigentlich gelernt haben: Die Gleichstellung der Geschlechter geht uns alle an, Frauen und Männer. Die bestehende strukturelle Ungleichberechtigung können wir nur beheben, wenn wir uns gemeinsam für einen grundsätzlichen Wandel einsetzen – und dabei groß denken. Sich heute mit Feminismus zu beschäftigen heißt, sich auch mit Themen wie Kapitalismus, Kolonialismus, Rassismus, Umwelt-Aktivismus und sexueller Gewalt im Patriarchat auseinanderzusetzen. Alles hat mit allem zu tun.

So hat Feminismus auch etwas mit dem Klimawandel zu tun. Die Folgen des Klimawandels betreffen nämlich, wie eingangs bereits erwähnt, viel mehr Frauen als Männer. Daher kann sich die psychische Befindlichkeit von Frauen weltweit nur verbessern, wenn die Gesellschaft auch den Klimawandel in den Griff bekommt. Weltweit gesehen trifft die Klimakrise die Menschen in den Ländern des Globalen Südens stärker als die des Globalen Nordens. Nachweislich sind es dort Frauen und Mädchen, die häufiger größeren Risiken durch Naturkatastrophen und Belastungen durch Wetterextreme ausgesetzt sind als Männer und Jungen. So starben beispielsweise 2004 bei dem Tsunami in Südostasien viermal so viele Frauen. Denn im Gegensatz zu Männern konnten sie nicht schwimmen und trugen traditionelle lange und enganliegende Kleidung, in der sie schwerer flüchten konnten. Während die meisten Männer zudem arbeiten waren, wurden die Frauen zu Hause später gewarnt.

Damit es für benachteiligte Frauen zukünftig weniger Anlass für Ängste gibt, muss die Gesellschaft auch den Klimawandel in den Griff bekommen. Die UN Women, eine Arbeitsgruppe der Vereinten Nationen, die sich für die Gleichstellung der Geschlechter und die Stärkung von Frauen und Mädchen einsetzt, fasste 2022 zusammen: »Der menschengemachte Klimawandel ist eine der größten Herausforderungen unserer Zeit. Alle Aspekte der Klimakrise haben eine Gender-Dimension: Frauen und Männer tragen unterschiedlich zu den Ursachen bei, werden unterschiedlich von den Auswirkungen getroffen und wählen unterschiedliche Lösungen zur Eindämmung des Klimawandels, wenn sie die Wahl haben.«[20]

Bisher gibt es erst wenige Daten, die den Einfluss des Klimawandels auf die Geschlechterverteilung zeigen. Doch es geht voran, und das Engagement der Frauen- und feministischen Bewegungen für Umwelt- und Klimathemen nimmt zu. So forderte zum Beispiel der Weltklimarat (IPCC) kürzlich von politischen Entscheidern, Frauen und alle marginalisierten Gruppen mehr zu stärken, damit diese sich mit ihren Kenntnissen besser an den Klimawandel anpassen können. Denn, so schreibt der IPCC in seinem Bericht, nahezu die Hälfte der Weltbevölkerung sei hochgradig verwundbar und werde unter den dramatischen Folgen der Erderwärmung leiden. Und diese hohe Vulnerabilität sei nicht nur auf zerstörte Ökosysteme zurückzuführen, sondern auch auf sozio-ökonomische Ungleichheit und Diskriminierung.

Die Herausforderungen für Menschen im Globalen Norden – also in den geographischen Breiten, in denen wir leben – sind andere. Doch der Klimawandel geht uns alle an und ist auch bei uns nicht geschlechterneutral. Frauen leben und konsumieren anders als Männer, essen beispielsweise im Vergleich weniger Fleisch und verbrauchen weniger Benzin. Sie leben daher weniger klimaschädlich als Männer, die nachweislich rund 16 Prozent mehr klimaschädliche Emissionen verursachen.[21] Gleichzeitig sorgen sich junge Mädchen und Frauen eher um die Folgen des Klimawandels – und treffen andere Folgeentscheidungen als Männer: Schaut man sich beispielsweise genauer an, wer den Umwelt-Aktivismus hierzulande anführt, dann fällt schnell auf: Der Protest gegen den Ausverkauf des Planeten ist überwiegend weiblich.

TEIL II

# DIE ALLTÄGLICHE ANGST

## KAPITEL 6

# STARKE ELTERN, STARKE TÖCHTER

Mädchen wachsen heute in einem besonders herausfordernden Umfeld auf. Schulische Schwierigkeiten, körperliche Veränderungen, Freundschaften und die erste Liebe müssen Mädchen heute wie damals bewältigen. Derzeit sind sie zusätzlich mit der Klimakatastrophe, Pandemien und der rasant wachsenden Digitalisierung konfrontiert. Sie kommen scheinbar leicht mit der digitalen Vernetzung, den Forderungen nach Nachhaltigkeit und den sexuellen Freiheiten zurecht. Aber ist das tatsächlich so?

Insbesondere die Coronapandemie hat gezeigt, dass gerade Mädchen verstärkt mit Angststörungen, Depressionen und Essstörungen zu kämpfen haben. Bis heute sind psychische Erkrankungen bei Mädchen auf einem hohen Niveau. Besonders betroffen sind Mädchen im Alter von 15 bis 17 Jahren. Laut dem Kinder- und Jugendreport 2022 wurden im Jahr 2020 und 2021 ungefähr 35 Prozent mehr Mädchen in dieser Altersspanne wegen Angststörungen stationär behandelt als in den Jahren 2018 und 2019.[1]

Den Generationen Z und Alpha wird sogar eine allgemeine Lebensuntüchtigkeit zugeschrieben. Viele junge Menschen haben Schwierigkeiten damit, selbstständig zu werden. Und genauso, wie es viele Eltern gibt, die sich gar nicht kümmern, werden andere Mädchen von überängstlichen Helikoptereltern umkreist und kontrolliert und leben ihre sozialen Beziehungen hauptsächlich im Internet.

Die Verantwortung der Eltern ist enorm. Auch sie sind konfrontiert mit komplexen Arbeitswelten sowie der Vereinbarkeit von Familie und beruflicher Entwicklung. Einer Forsa-Umfrage zur Kinderförderung zufolge haben viele Eltern starke Zukunftsängste für ihre Kinder.[2] Die meisten Eltern sorgen sich um die gesellschaftlichen Entwicklungen und wie sich diese auf das Leben ihrer Kinder auswirken werden. Doch auch die Umweltverschmutzung, der schulische Leistungsdruck und der Klimawandel machen fast der Hälfte der befragten Eltern »eher große Angst«.

Insbesondere Frauen haben dazu oft noch den Anspruch, alles richtig machen zu wollen in der Erziehung und Fürsorge der Kinder. Häufiger als früher fragen sie sich, ob sie ihre Kinder ausreichend fördern. Doch Musikschule, Sportverein, Nachhilfe und dazu noch das Sprachcamp im Sommer können manchmal auch zu viel sein.

Schnell verlieren wir dabei aus den Augen, was das Wichtigste im Umgang mit unseren Kindern ist – die Beziehung. Doch wie wir diese Beziehung gestalten, hängt wiederum davon ab, was wir selbst als Mütter und Väter für individuelle Lebenserfahrungen gemacht haben und in welchen Realitäten wir leben. Mädchen orientieren sich an den Eltern, und dabei an der Mutter noch einmal anders als am Vater. So besprechen Töchter persönliche Dinge am liebsten mit ihrer Mutter. Das konnte eine Studie zeigen, die Beziehungen in Familien untersucht hat. Nur 15 Prozent der befragten Mädchen wenden sich regelmäßig an den Vater. Doch die Mutter-Tochter-Beziehung ist trotz aller Nähe auch von vielen Konflikten geprägt. Vor allem in der Pubertät, in der wir unsere eigene Identität finden, grenzen sich Töchter stark ab. Die Ablösung ist wichtig, kann aber von Ängsten auf beiden Seiten begleitet sein.

Wenn Mädchen nun in einem besonders ängstlichen Umfeld aufwachsen, kann das bei ihnen Ängste schüren. Auch wenn Situationen vermieden oder verboten werden, kann das bei ihnen Angst erzeugen.

Martha, eine 24-jährige junge Frau, fasst den Entschluss, eine Psychotherapie zu machen. Sie leidet unter Agoraphobie. Immer wenn sie in die U-Bahn oder den Bus steigen möchte, beginnt das Herzrasen, und sie hat das Gefühl, keine Luft mehr zu bekommen. Der Leidensdruck wird immer stärker, da sie so nicht zur Uni kommt.
In der Psychotherapie erkennt sie, dass sie schon seit der Grundschule diffuse Angstgefühle hatte. Gemeinsam mit der Therapeutin stellt sie einen Zusammenhang zwischen den verschiedenen Erwartungen ihrer Eltern an sie her. Die Mutter, selbst ängstlich und zurückgenommen, konnte ihrer Tochter nur wenig Freiheiten zugestehen. Sie sorgte sich, dass Martha etwas zustoßen könnte, zum Beispiel im Straßenverkehr. Auch hat sie Martha lange verboten, bei Freundinnen zu übernachten. So hat sie Martha bis in die 6. Klasse auf dem kurzen Schulweg begleitet und sie von der Schule abgeholt. Sie versuchte, sie umso enger an sich zu binden, je stärker die Tochter ihre eigenen Wege gehen wollte. Insbesondere in der Pubertät wurde die Mutter sehr streng zu Martha. Der Vater wiederum gestand ihr viele Freiheiten zu, verhielt sich gleichzeitig aber sehr kontrollierend. Mit 17 Jahren hatte Martha eine erste romantische Beziehung. Der Vater reagierte auf den Freund von Martha eifersüchtig, und die Mutter versuchte Martha, auch wenn das heute eher altmodisch daherkommen mag, zu vermitteln, wie wichtig es sei, so früh wie möglich zu heiraten.
In der Therapie lernt Martha, sich mit der Ängstlichkeit der Mutter und dem ambivalenten Verhalten des Vaters auseinanderzusetzen und auch ihren Ärger über die unterschiedlichen Erwartungen der Eltern auszudrücken. Die Agoraphobie wird daraufhin weniger, und sie kann öffentliche Verkehrsmittel wieder ohne Angst benutzen. Vor allen Dingen wird sie sicherer darin, ihre eigenen Entscheidungen hinsichtlich ihrer individuellen Wünsche zu treffen.

Haben die Eltern von Martha etwas falsch gemacht? Nein. Zumindest nicht bewusst. Sie hätten die Individualität von Martha respektieren müssen, bringen aber eben auch ihre eigenen Biographien, Beziehungserfahrungen und Ängste in die Beziehung zu ihrer Tochter ein.

Eltern zu sein ist nicht einfach. Der gesellschaftliche Druck und der eigene Anspruch, stets die richtigen Entscheidungen für das Kind zu treffen, sind groß. Der britische Kinderarzt und Psychoanalytiker Donald W. Winnicott (1896–1971) sprach in diesem Zusammenhang von der »good enough mother«. Die »ausreichend gute« Mutter sorgt sich um die Bedürfnisse ihres Kindes. Dazu gehört auch, dass ein Kind unbedingt die Erfahrung braucht, dass nicht alle Bedürfnisse sofort erfüllt werden und die Mutter auch Freiräume lassen kann. Winnicott meint damit, dass wir unseren Kindern Unzufriedenheit und Fehler zugestehen müssen, damit sie sich ausprobieren und Erfahrungen sammeln können. Es geht nicht darum, in der Mutter- oder Vaterrolle für die Tochter perfekt zu sein. In den Augen unseres Kindes sind wir sowieso perfekt. Eltern zu sein bedeutet, dem eigenen Kind etwas zuzutrauen, ihm zuzuhören und ihm einen sicheren Raum zur Entfaltung zu bieten.

Rein historisch gesehen ist das eine junge Erkenntnis. Vor 2500 Jahren sprach Sokrates von Kindern noch als »Tyrannen. Sie widersprechen ihren Eltern, kleckern beim Essen und ärgern ihre Lehrer!«[3] Die Bedürfnisse eines Kindes und dessen Individualität waren auch in der weiterführenden Erziehungsgeschichte nicht zentral. Kinder mussten gehorchen und sich den Regeln der Eltern anpassen. Insbesondere Mädchen litten unter den patriarchalen Regeln. Wobei die Erziehung weitgehend den Müttern vorbehalten war. In den meisten Fällen hatten diese aber kaum Zeit, sich über das Versorgen der Kinder hinaus um deren individuelle Bedürfnisse zu kümmern. Die Kinder erzogen sich weitgehend selbst, indem sie die Verhaltensweisen der Eltern beobachteten und übernahmen. Eine Ausnahme bildeten Kinder aus gehobenen Schichten. Deren Erziehung und Bildung wurde in die Hände von Hauslehrer:innen gegeben. Erst in der Zeit der Reformpädagogik, Ende des 19. Jahrhunderts bis 1933, rückte die Individualität des Kindes in den Vordergrund. Man begann, insbesondere die Kreativität und den eigenen Ausdruck von Kindern zu fördern. In den 1970er-Jahren entwickelte sich in den westlichen Ländern die antiautoritäre Erziehung, die die freie Entscheidung von Kindern in allen Lebenslagen in den Mittelpunkt stellt. Vielen Kindern fehlte dadurch aber ein Rahmen, in dem sie sich sicher bewegen konnten. Die bevorzugte Methode blieb bis zur ersten Hälfte des 20. Jahrhunderts die traditionelle Erziehung. Kinder sollten tun, was ihnen gesagt wurde. Diese Tradition wirkt in vielen Familien bis heute – oft unbewusst – nach.

Heutige Erziehungsmethoden möchten hingegen demokratische Prozesse und das Wissen um Bindung in den Umgang mit Kindern einbeziehen. Insbesondere die Gleichberechtigung von Mann und Frau findet sich in der Erziehung wieder. Eltern wollen in der Regel keine Unterschiede zwischen Söhnen und Töchtern machen. In der Realität ist das nicht so einfach. Töchtern wird zum Bespiel durch die sozialen Medien ein Frauenbild vermittelt, das gerade beim Thema Gleichberechtigung völlig konträr und nahezu altbacken ist. Doch wie vermitteln wir unseren Töchtern diesen Widerspruch? Was brauchen Töchter, um selbstbewusst und stark zu werden? Wie bleiben Eltern stark in der Erziehung ihrer Töchter?

## Was hat Angst mit Bindung zu tun?

Starke Töchter brauchen eine sichere Basis, von der aus sie die Welt erobern können. Diese sichere Basis erhalten sie von den Eltern schon in frühester Kindheit. Wenn es zu Irritationen oder Unsicherheiten in der Beziehung zu den Eltern kommt, dann kann das zu Ängsten und sogar Angststörungen führen.

John Bowlby, britischer Kinderarzt und einflussreicher Bindungsforscher, postulierte, dass die Mutterliebe genau wie die Zufuhr an Nahrung für die seelische Gesundheit essenziell ist. 1950 bezog sich die Theorie John Bowlbys ausschließlich auf die Bindung zwischen Mutter und Kind. Den Vater erachtete er als nur bedingt wichtig, und wenn, dann auch erst ab dem zweiten Lebensjahr des Kindes. Er wurde für seine Sichtweise heftig kritisiert. Der britische Entwicklungspsychologe H. Rudolph Schaffer untersuchte ungefähr zeitgleich Männer in ihrer Vaterrolle. Er beobachtete, dass die kindliche Entwicklung unabhängig vom Geschlecht der Bezugspersonen von einer guten Bindung profitiert. In den 1970er-Jahren zeigten weitere Studien Schaffers, dass es sich nicht negativ auf die Bindung zum Kind auswirken muss, wenn die Mutter berufstätig ist. Im Gegenteil: Zufriedene berufstätige Mütter hatten einen positiven Einfluss auf die Entwicklung ihrer Kinder. Bei aller Kritik an John Bowlby bleibt die Bindungstheorie eine wichtige Grundlage und Inspiration für weitere Forschung, um die Beziehungsgestaltung zwischen Eltern und Kind zu verstehen.

Die ersten Bindungserfahrungen eines Kindes sind deshalb so wichtig, weil damit die grundlegenden Voraussetzungen geschaffen werden, wie ein Kind sich selbst und die anderen erlebt. Die erste positive Beziehungserfahrung wird zur Blaupause für das spätere Leben eines Kindes.

Luise, 44 Jahre, hat zwei Töchter. Sie sind 10 und 13 Jahre alt. Sie hat sich viel Gedanken gemacht über die Beziehung zu ihren Kindern, auch schon bevor sie Mutter wurde. Sie hat beispielsweise ihren Beruf so gewählt, dass sie möglichst viele Freiheiten hat und nicht ständig auf Dienstreisen fahren muss. An erster Stelle sollte die Bindung zu ihren Kindern stehen können. Sie will so flexibel wie möglich auf die Bedürfnisse ihrer Töchter eingehen können. Klar war immer, dass auch Abstriche möglich sein müssen.

Eine sichere Bindung bedeutet für sie, dass die Töchter sich ihre eigenen Räume erschließen können und darin ein Gefühl von Selbstwirksamkeit erleben. Nur so werden ihre Töchter so wenige Ängste wie möglich haben, weil sie sich viel zutrauen und neugierig auf das Leben sind. Orientiert hat sich Luise dabei am »attachment parenting«[4] und »responsive parenting«[5]. Auch wenn die Theorie manchmal weit von der Realität entfernt scheint. Das hat Luise auch festgestellt. Im Alltag kommt sie oft an ihre Grenzen. Soll sie sich nach den Bedürfnissen ihrer Töchter richten oder nach ihren eigenen? Es ist immer ein Abwägen und neu Ausbalancieren der Grenzen und Möglichkeiten. Bin ich eine gute Mutter, wenn ich mich an die erste Stelle setze, fragt sich Luise manchmal. Doch sie hat festgestellt, dass ihre Töchter davon profitieren, wenn sie auch mal zurückstecken müssen. Die Beziehung zwischen ihnen wird dadurch nicht gefährdet.

Die amerikanische Psychologin Mary Ainsworth entwickelte in ihrer Zusammenarbeit mit John Bowlby in den 1950er-Jahren das Konzept dreier unterschiedlicher Bindungsstile. Später wurde das Modell der drei Bindungstypen um einen weiteren Typ erweitert. Das Testverfahren, das Mary Ainsworth für ihre Forschung nutzte, bezeichnete sie als »Die fremde Situation«. Auch in aktuellen Forschungen wird dieser Test noch angewandt.

In diesem Test beobachten Psycholog:innen die Interaktionen zwischen einer Mutter und ihrem einjährigen Kind in einem Raum voller Spielzeug. Neben der Mutter ist noch eine fremde Person im Raum. Nach einer festgelegten Zeit verlässt die Mutter den Raum, kurze Zeit später kommt sie zurück. Die fremde Person kann das Kind trösten, verlässt später aber auch den Raum. Während des Tests wird die Reaktion des Kindes beobachtet: Wie verhält es sich, wenn die Mutter im Raum ist, wenn sie den Raum verlässt, wenn sie wiederkommt etc. Die Kinder reagierten auf unterschiedliche Weise.

Kinder, die bekümmert sind und sich der Mutter nach ihrer Rückkehr erleichtert und vertrauensvoll zuwenden, gelten als sicher gebunden (Bindungstyp B).

Unsicher-vermeidend gebundene Kinder zeigen sich für das Alter wenig beunruhigt, wenn die Mutter nicht da ist, und lassen sich von der fremden Person trösten. Manchmal ignorieren sie die Mutter auch beim Wiedersehen (Bindungstyp A).

Kinder, die untröstlich bei der Trennung von der Mutter sind und sich nach deren Rückkehr kaum beruhigen lassen und die Nähe zur Mutter ablehnen, sind unsicher-ambivalent gebunden (Bindungstyp C).

Der vierte Bindungsstil, unsicher-desorganisiert, wurde von der amerikanischen Psychologin Mary Main in den 1990er-Jahren ergänzt. Kinder mit diesem Bindungstyp fallen mit inadäquaten Verhaltensweisen auf. Sie zeigen häufig hohe Stress- und Angstreaktionen.

In den Untersuchungen von Mary Ainsworth und John Bowlby zeigte sich, dass die meisten Kinder sicher gebunden waren.

Die Bindungsstile bleiben über die Entwicklung relativ stabil, insbesondere bei sicher gebundenen Kindern. Eine sichere Bindung ist die Basis für die Entwicklung eines stabilen Selbstbildes und einer guten Beziehungsfähigkeit. Unsicher gebundene Kinder werden hingegen wahrscheinlicher Ängste entwickeln. Insbesondere Trennungsängste werden auf einen unsicheren Bindungsstil zurückgeführt. Unter Trennungsangst versteht man, dass ein Kind in Bezug auf enge Bezugspersonen emotional gestört ist. Eine Trennungsangst kann Erwachsene jedoch gleichermaßen betreffen wie Kinder.

Bei Kindern gehört die Trennungsangst zwischen dem Alter von acht Monaten und zwei Jahren zur normalen Entwicklung dazu. Wenn Kinder in frühen Jahren eine unangemessene Trennungsangst entwickeln, birgt das ein hohes Risiko für eine spätere klinisch relevante Angststörung wie eine Panikstörung oder eine Agoraphobie. Die Betroffenen sind in ihrer alltäglichen Lebensgestaltung stark eingeschränkt. Kinder können beispielweise die Schule nicht mehr besuchen oder sorgen sich übermäßig, dass ihren Eltern etwas zustoßen könnte. Erwachsene zeigen ausgeprägte Angstsymptome, wenn sich zum Beispiel der Partner oder die Partnerin von ihnen trennt. Nicht selten entwickeln sie dann auch somatische Symptome wie beispielsweise Magen- und Darmbeschwerden. In den meisten Fällen haben erwachsene Personen mit Trennungsangst ähnliche Symptome schon vor dem zehnten Lebensjahr entwickelt.[6]

Trennungsangst als emotionale Störung kommt bei Jungen und Mädchen gleich häufig vor. Anders sieht es bei anderen Angststörungen im Kindes- und Jugendalter aus. Generalisierte Angststörung, Agoraphobie, Panikstörung und soziale Angststörungen treten bei Mädchen doppelt so häufig auf wie bei Jungen. Zu den einzelnen Angststörungen kannst du in Kapitel 12 mehr erfahren.

Alle Bindungstypen lassen sich zum Beispiel mithilfe einer Psychotherapie positiv beeinflussen. Gleichwohl ist es nicht unerheblich für die Entstehung einer Angststörung, welchen Bindungstyp man hat. Kinder mit einem unsicher vermeidenden Verhalten (Bindungstyp A) werden wahrscheinlicher eine Angststörung entwickeln als Kinder mit einem sicher gebundenen Verhalten (Bindungstyp B), da sie insgesamt verletzlicher sind. Denn immer spielen auch zusätzliche Faktoren wie Genetik, Schwellensituationen wie zum Beispiel der Übergang auf weiterführende Schulen, Angsterkrankungen der Eltern und der elterliche Erziehungsstil ein Rolle.

Wichtig ist, dass Eltern – aus Sicht der Bindungstheorethiker:innen – natürlich auch Fehler machen dürfen. Sie müssen nicht perfekt sein. Eltern dürfen auch mal genervt oder ärgerlich sein. Das hilft Kindern, die eigenen Gefühle einzuordnen, im Sinne des Modellernens. Auch dürfen Eltern durchaus mal keine Zeit haben und müssen das Bedürfnis des Kindes nicht sofort erfüllen. Kinder haben so die Chance zu lernen, mit Frustration umzugehen. Entscheidend für heranwachsende Kinder sind die Erfahrungen, dass sie geliebt und von ihren Eltern unterstützt werden. Wenn Mädchen spüren, dass ihre Eltern ihre Individualität anerkennen, können sie zu sicheren jungen Frauen heranwachsen. Konkret brauchen Mädchen das Gefühl, sie selbst sein zu dürfen, nicht ständig verglichen zu werden und Platz zu haben, um ihre eigenen Wünsche frei entfalten zu können. Doch nicht nur die Eltern können die Vulnerabilität ihrer Töchter beeinflussen. Das Rollenbild, das sich uns anhand gesellschaftlicher Normen und Moralvorstellungen vermittelt – und von dem auch die meisten Eltern nie ganz frei sind –, sowie patriarchale Strukturen haben einen ebenso großen Einfluss auf die Entwicklung von Mädchen und jungen Frauen.

## Eltern als Modelle für ihre Töchter

Es ist unbestritten, dass Kinder andere Familienmitglieder beobachten und nachahmen. Dieses Verhalten nennt man Lernen am Modell. Pionier dieser Theorie ist Albert Bandura, ein kanadischer Psychologe. Von Geburt an sind Kinder von Menschen umgeben, die sich auf verschiedene Art und Weise ausdrücken und verhalten. Kinder lernen, indem sie andere Menschen beobachten, die Beobachtungen abspeichern und so schon einmal im Geiste proben. In passenden Situationen ahmt der Nachwuchs das beobachtete Verhalten dann nach.

Wenn also Vater oder Mutter eher ängstlicher Natur sind, dann kann sich das auf die Kinder übertragen. Im Sinne des Modelllernens können die Kinder die Ängste der Eltern übernehmen und ihr eigenes Verhalten daran anpassen. Natürlich sind Kinder in ihrer Persönlichkeit sehr unterschiedlich. Das Verhalten der Eltern hat aber einen großen Einfluss. Ein Kleinkind an der Hand der Mutter merkt, wenn diese ängstlich ist. Es wird ihre Anspannung oder vielleicht den Schweiß auf der Hand spüren. Diese Veränderung überträgt sich auf das Kind, es ist verunsichert. Auch sehen Kinder an den Gesichtern der Erwachsenen, ob diese Angst haben. Aufgerissene Augen signalisieren dem Kind, dass es sich vorsehen muss. Ein Kind, das schon sehr hoch auf dem Klettergerüst sitzt, wird an der Mimik der Eltern sehen, ob es sich noch weiter nach oben bewegen kann. Sind die Eltern eher ängstlich, wird es möglicherweise wieder nach unten klettern, entgegen seinem eigentlichen Wunsch. Auf einen motivierenden Gesichtsausdruck hin wird das Kind dagegen eigene Ängste überwinden können und weiterklettern.

Flora ist 42 Jahre alt und hat eine fünfjährige Tochter, die sie gemeinsam mit ihrem Partner erzieht. Flora beschreibt sich als selbstbewusst, beruflich erfolgreich und fest im Leben stehend. Seit der Geburt ihrer Tochter macht sie sich allerdings stärker Sorgen und empfindet sich immer wieder als ängstlich. Das bezieht sich nicht unbedingt auf konkrete Situationen, sondern drückt sich in allgemeiner innerer Unruhe aus. Sie erklärt es sich damit, dass mit der Geburt von Clara viele neue Themen und damit neue Herausforderungen in ihr Leben getreten sind. Ihr ist aufgefallen, dass sie sich als Mutter mehr mit dem Altern und der eigenen Sterblichkeit auseinandersetzt und häufiger an ihre Grenzen kommt. Sie sagt: »Da ist jetzt eine Person, die mir genauso wichtig ist wie ich mir selbst. Dafür muss ich die doppelte Energie aufbringen.«

Auch die große Verantwortung, die sie für Clara empfindet, bereitet ihr Sorgen. Diese Verantwortung wird ihr insbesondere bewusst, wenn Clara Verhaltensweisen, Gesten und Ausdrücke von ihr kopiert. Die übernimmt Clara nicht nur von ihr, sondern auch vom Vater. Manchmal erkennt sich Flora selbst in Clara wieder. Die Ordnungsliebe hat Clara schon von ihrer Mutter übernommen. Für sie muss immer alles sehr sortiert und klar sein. Darüber macht sich Flora aber keine Sorgen, da sie ihr eigenes Bedürfnis nach Struktur nicht als Hemmnis in ihrem Leben empfindet. Schwieriger für sie ist, wenn sie sieht, dass Clara ungünstige Verhaltensweisen wie Ungeduld übernimmt. Sie hat dann die Sorge, dass sie ein schlechtes Vorbild für ihre

Tochter ist und fühlt sich nicht gut damit. Sie wünscht sich, dass Clara in stressigen Situationen von ihr lernt, ruhig zu bleiben.
Für eine besondere Situation hat Flora eine Strategie entwickelt. Sie selbst hat eine Spritzenphobie, und diese Angst soll Clara auf gar keinen Fall übernehmen. Damit Clara die Angst und die damit verbundene Aufregung von ihr nicht »erbt«, gibt es eine Absprache mit dem Vater. Er übernimmt alle Termine beim Kinderarzt, die mit Impfungen oder Blutentnahmen verbunden sind. Flora ist es wichtig, dass ihre Tochter die Unruhe und Anspannung in diesen Situationen nicht spürt. Flora arbeitet aktiv dagegen und hat sich diesbezüglich auch therapeutische Hilfe gesucht.
Auch in anderen Situationen ist ihr sehr bewusst, welche Verantwortung sie als Modell für ihre Tochter hat. Wenn der Vater von Clara wütend ist und unangemessen laut wird, dann ist es ihr wichtig, sein Verhalten zu korrigieren. Clara soll einordnen können, was angemessen ist und was unangemessen. Sie hat die Erfahrung gemacht, dass sie damit Unsicherheiten ihrer Tochter kompensieren kann. Umgekehrt funktioniert das auch gut. Für Flora ist klar, dass sie ihre Tochter dann gut unterstützen kann, wenn es ihr selbst gut geht. Sie nennt es Ressourcenfässer, die ab und zu auch wieder aufgefüllt werden müssen.

## Ängste bei Kindern

Im Kindesalter gibt es viele Ängste, die zunächst nicht krankhaft sind und die sich von Angststörungen Erwachsener unterscheiden. Sie gehören zu einer normalen altersgerechten Entwicklung dazu und sind nicht von Dauer. Ein typisches Beispiel ist das Fremdeln. Bis zum Alter von zwei Jahren reagieren Kindern dabei auf fremde Personen sehr ablehnend. Dieses normale Verhalten zeigt, dass das Kind nun zwischen bekannten und unbekannten Personen unterscheiden kann und das zum Ausdruck bringt. Im Kindergartenalter etwa äußern sich die entwicklungsbedingten Ängste zum Beispiel darin, dass Kinder sich vor Einbrechern fürchten, die nachts in die Wohnung kommen könnten. Diese Phase wird auch als magisches Denken bezeichnet. Wer kennt sie nicht, die Monstersuche unter dem Bett? In der magischen Phase zwischen dem dritten und fünften Lebensjahr versuchen Kinder, sich so die Welt und ihre Zusammenhänge zu erklären. Wenn ein Kind dann in die Schule kommt, verändern sich die Ängste noch einmal: Jetzt bezieht sich das Kind auf seine Peergroup und hat erstmals vielleicht Angst, nicht gut genug zu sein, im Sport zu versagen oder nicht dazuzugehören. Die Themen rund um die Zugehörigkeit halten noch weiter an: Vor allem in der Pubertät machen sich viele Kinder Gedanken, ob sie wirklich im Freundeskreis integriert sind. Fühlen sie sich nicht zugehörig, passiert es nicht selten, dass sie soziale Ängste entwickeln. Ein Gedicht vor der Klasse aufsagen empfinden viele Jugendliche dann als eine große Herausforderung. All das gehört zur Entwicklung. Treten diese alterstypischen Ängste aber dauerhaft auf und verstärken sich über die verschiedenen Entwicklungsphasen, dann haben wir es wahrscheinlich mit einer Angststörung zu tun. Nach ICD-11 gibt es vier Angststörungen bei Kindern.[7]

1. Trennungsangststörung: intensive Ängste, sich von den Bezugspersonen zu trennen
2. Spezifische Phobien: ausgeprägte Ängste vor Tieren, Objekten und Situationen, zum Beispiel Spinnen, lauten Geräuschen oder großen Menschenmengen
3. Soziale Angststörungen: Ängste mit starkem Leidensdruck, sich vor anderen zu blamieren, verbunden mit der Verweigerung des Schulbesuches sowie starke leistungsbezogene Ängste
4. Generalisierte Angststörung: sorgenhafter Dauerzustand bezogen auf verschiedenste Situationen, meist in Form von Gedankenketten, die nicht abgestellt werden können

In der Pubertät ist es – auch ohne eine Angststörung – normal, wenn das Kind oder der Teenager sich mal sozial isoliert oder über andere Beschwerden klagt. Die oben beschriebenen Symptome zeigen sich also oft nicht eindeutig. Wenn die Tochter sich aber plötzlich nicht mehr mit ihren Freund:innen treffen möchte oder immer häufiger am Abend vor dem nächsten Schultag über Kopf- und Bauchschmerzen klagt, können das erste Warnzeichen sein.

Haben Kinder und Jugendliche zudem langanhaltende, unrealistische und alltagseinschränkende Ängste, die über die beschriebenen phasentypischen Ängste hinausgehen, sollten die Beschwerden unbedingt kindgerecht diagnostiziert werden. Dafür gibt es zum Beispiel spezielle Befragungen und Tests, die ärztliche und psychotherapeutische Kinderexpert:innen – neben anderen diagnostischen Mitteln – einsetzen. Immer beziehen sie auch die Eltern oder andere Bezugspersonen mit in die Diagnostik und Behandlung ein.

Mädchen sind häufiger von Angststörungen betroffen als Jungen. Der DAK-Kinder- und Jugendreport von 2023 lieferte alarmierende Zahlen.[8] Seit 2018 sind Angsterkrankungen bei Mädchen

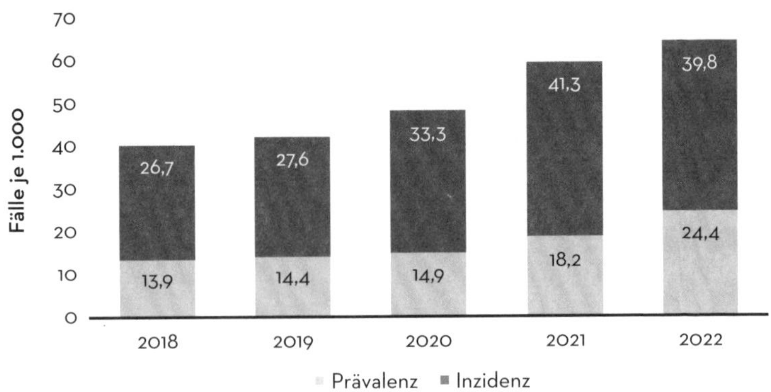


**Vorkommen und Anzahl der neu aufgetretenen Angststörungen bei DAK-versicherten Mädchen (15 – 17 Jahre)**[9]

stetig angestiegen. Durch die Belastungen der Pandemie hat sich diese Prävalenz ab 2020 sogar sprunghaft in die Höhe entwickelt. Die Anzahl an Mädchen, die erstmals erkrankten (Inzidenz), war 2022 dann wieder leicht rückläufig, bleibt jedoch im Vergleich zu den vorpandemischen Jahren hoch.

Eine unbehandelte Angststörung im Kindes- und Jugendalter geht in der Regel nicht von allein weg. Sie kann sich bis ins Erwachsenenalter fortsetzen und sich auch in anderen Erkrankungen wie Depressionen oder psychosomatischen Beschwerden manifestieren.

## Angstfreie Erziehung – ein Balanceakt

Es liegt in der elterlichen Natur, das eigene Kind beschützen zu wollen. Die eigenen Töchter jedoch davor zu bewahren, dass sie im Laufe ihres Lebens Ängste erleben oder gar eine Angststörung entwickeln, sehen heute viele Eltern als eine besondere Herausforderung an.

Catherine hat drei Töchter. Sie sind sieben, zehn und 15 Jahre alt. Sie wünscht sich für ihre Töchter, dass sie glücklich werden im Leben. Sie sollen ihr Potenzial und ihre Talente entfalten können und, wenn sie erwachsen sind, in die Welt hinausgehen. Gleichzeitig fürchtet sich Catherine schon jetzt davor, sie gehen zu lassen. Sie macht sich viele Gedanken, ob sie ihre Töchter gut genug auf deren späteres Erwachsenleben vorbereitet hat. Dabei beschäftigt sie vor allem die immer noch existierende Ungerechtigkeit Mädchen und Frauen gegenüber, und sie versucht, ihren Töchtern ein gutes Selbstvertrauen zu vermitteln. Wichtig ist ihr, dass sie sich nicht begrenzen lassen in ihren Träumen und nein sagen können. Sie möchte, dass ihre Töchter selbstbewusst werden. Gleichzeitig hat sie festgestellt, dass sie sich seit der MeToo-Bewegung stärker darum sorgt, mit welchen Themen ihre Töchter konfrontiert werden können. Ihnen keine Angst zu machen und sie gleichzeitig für bestimmte Gefahren zu sensibilisieren, sei ein nicht immer leichter Balanceakt. Durch die breite öffentliche Aufmerksamkeit und Achtsamkeit für dieses Thema ist es einfacher, mit anderen Eltern darüber ins Gespräch zu kommen. Es hilft Catherine, deren Sorgen und Gedanken zu erfahren und zu sehen, wie sie mit ihren Töchtern darüber sprechen. »Insgesamt vertraue ich meinen Töchtern und traue ihnen viel zu. Ich habe beobachtet, dass sie aus sich selbst heraus stark sind. Jede auf ihre Weise. Ich glaube, dass das auch mit mir zu tun hat. Ich lebe ihnen ja Selbstständigkeit und Selbstfürsorge vor.«

Wollen Eltern ihre Töchter zu starken jungen Frauen erziehen, müssen sie den Mädchen zumuten, Fehler zu machen. Nur so können Töchter lernen, schwierige Situationen zu bewältigen. Verhalten sich Eltern hingegen übermäßig protektiv und versuchen, die Kinder vor schwierigen Erfahrungen zu beschützen, führt das dazu, dass Kinder nicht Schritt für Schritt lernen, in herausfordernden Situationen Gefühle von Unsicherheit auszuhalten. Werden die Kinder dann tatsächlich mit schwierigen und ungewohnten Situationen konfrontiert, kann es passieren, dass sie Ängste entwickeln. Oft verinnerlichen Kinder die ängstliche Haltung ihrer Eltern. Wenn diese sorgenvoll auf alles schauen und ständig mit dem Abwägen von Risiken beschäftigt sind – »was wäre wenn« –, übernehmen die Kinder diese Haltung, da sie sie bei ihren engsten Bezugspersonen beobachtet haben.

Auf der anderen Seite können Kinder bei einer sehr hohen Erwartungshaltung ihrer Eltern auch Ängste entwickeln, diesen nicht gerecht zu werden. Häufig ist das verbunden mit der Angst zu enttäuschen. Im späteren Leben kann der Druck in der Kindheit dazu führen, dass Menschen an sich selbst und andere hohe Anforderungen stellen und keine Fehler tolerieren. Das kann das Leben in unserer Leistungsgesellschaft gefährlich machen, weil die Betroffenen an den (eigenen) hohen Erwartungen scheitern und schnell ausbrennen und unter Umständen psychische Störungen und zwischenmenschliche Probleme bekommen.

Außerdem brauchen Kinder Unterstützung, um ihre Gefühle ausdrücken zu können. Wenn ihnen dafür kein sicherer Raum geboten wird oder sie sogar Desinteresse spüren, dann werden sie ihre Gefühle nicht mehr zeigen. Zudem verunsichert es sie zutiefst und sie wissen nicht mehr, ob sie ihren eigenen Gefühlen trauen können. Heranwachsende brauchen die Resonanz ihrer Eltern oder anderer Bezugspersonen, damit sie lernen, dass das Grummeln im Bauch Ärger ist und – sehr wichtig – dass dieser Ärger da sein darf. Genauso wichtig ist es, Kindern, die sich ängstlich fühlen, zu vermitteln, dass auch das in Ordnung ist. Sätze wie »Das macht doch nix, da muss man doch keine Angst haben« oder »Das ist doch kein Grund, traurig zu sein« vermitteln dem Kind hingegen eher, dass es mit seinem Gefühl falschliegt. Dass es nicht okay ist, ängstlich zu sein. Kinder dürfen wütend, traurig, ängstlich und fröhlich sein und sich mit ihren Gefühlen auch ausdrücken.

Zudem verunsichert es Kinder, wenn sie von ihren Bezugspersonen nicht konsistente, uneindeutige Botschaften bekommen und eine Situation damit im Ungefähren bleibt. Viel sicherer fühlen sie sich hingegen, wenn es klare Regeln gibt, an die sie sich halten können. Regeln geben Sicherheit. Ein Kind fühlt sich dann gut aufgehoben, wenn es die Reaktionen der Eltern vorhersehen kann, wenn es sich also auf eine klare Haltung der Mutter oder des Vaters verlassen kann. Töchter entwickeln sich nur dann zu selbstständigen jungen Frauen, wenn sie sich auch selbstständig verhalten dürfen. Ständiges Mikromanagement der Eltern verhindert hingegen eine gesunde Autonomieentwicklung.

Eltern tun ihren Kindern keinen Gefallen, wenn alles immer organisiert und vorbereitet ist. Kinder brauchen das Vertrauen ihrer Eltern, um sich auszuprobieren. Gibt es in der Familie keinen Raum für diese freie Entfaltung des kindlichen Selbst, frustriert das die Kinder und die Eltern und die Kinder entwickeln weniger Neugierde.

Damit sich Kinder sicher in ihrem gewohnten Umfeld zu eigenständigen Menschen entwickeln können, ist überdies entscheidend, wie Eltern ihnen ihre eigenen Unsicherheiten vermitteln. Insbesondere in der Pandemiesituation war das für viele Eltern eine große Herausforderung: Sie waren selbst zutiefst besorgt, wollten ihre Kinder aber nicht übermäßig ängstigen. Dabei ist es wichtig, ihnen gegenüber die eigenen Ängste zu äußern. Denn nur so lernen Kinder, die Sorgen ihrer Eltern einzuordnen.

Ab dem Teenageralter sollten Eltern auch darauf vertrauen, dass sich ihre Töchter bei ihren Freund:innen Unterstützung holen. Catherines älteste Tochter hat, nachdem sie mit einer Gruppe gleichaltriger Jungs unterwegs war, ihrer Mutter völlig erstaunt und irritiert erzählt, dass die Jungs kaum miteinander sprechen. Und wenn sie sprechen, dann sei das nicht verständlich für sie gewesen. Irgendwie goofy. Mit ihren Freundinnen erlebe sie das anders, da werde immer geredet. Über alles.

Eine angstfreie Erziehung ist ein Balanceakt für Töchter und Eltern. Um sie hinzubekommen, ist der erste Schritt, dass die Bezugspersonen ihre eigenen Angstmuster reflektieren. Kinder haben feine Sensoren für die Sorgen der Erwachsenen, und sie dürfen und wollen einbezogen werden. Dann haben alle gemeinsam auch die Chance zu erleben, wie man positiv mit Sorgen in diesem Leben umgehen kann. Denn auch da wirkt das Modelllernen.

## KAPITEL 7

# WIE NEUROBIOLOGIE, GENE UND HORMONE UNSERE ÄNGSTE BEEINFLUSSEN

In den vorigen Kapiteln haben wir gesehen, dass Angststörungen bei Frauen eine komplexe Angelegenheit sind. Dass Ängste soziale, psychosoziale und lebensgeschichtliche Ursachen haben. Dass es historisch und kulturell verschiedene Konzepte von Angst gibt und dass Angst meist das Zusammenspiel all dieser Faktoren ist. In diesem Kapitel widmen wir uns der Frage, welche neurobiologischen, genetischen und hormonellen Ursachen und welche Umweltfaktoren es für Angst gibt – und wo diese sich geschlechtsspezifisch unterscheiden. Es ist wichtig, die biopsychosozialen Zusammenhänge von Angststörungen zu kennen, um die Ursachen, die Entstehung und den Verlauf der Erkrankung einordnen und besser damit umgehen zu können. Wenn wir beispielsweise verstehen, wie unser vegetatives Nervensystem auf einen Angstauslöser reagiert, können wir die körperlichen Folgeemotionen eher nachvollziehen. Wenn wir wissen, dass wir durch soziale Begegnungen weniger Stresshormone ausschütten, können wir uns öfter mal verabreden – und so das eigene Stresslevel senken.

## Die Neurobiologie der Angst

Um zu verstehen, auf welchen Ebenen sich die verschiedenen Ursachen für weibliche Ängste abspielen, vergegenwärtigen wir uns noch einmal kurz, was bei Angst im Gehirn und im Körper passiert (siehe auch Kapitel 2).

Angst entsteht, wenn es einen für dich relevanten Reiz gibt, auf den dein Körper meist reflexartig reagiert. Der Schlüsselreiz versetzt den Körper in einen Alarmzustand, der dir helfen soll, die (vermeintliche) Gefahr abzuwenden. Im Gehirn wird dabei die sogenannte Stressachse aktiviert. Die Wissenschaft spricht von der Hypothalamus-Hypophysen-Nebennierenrinde-Achse (HPA-Achse). Über diese Achse werden das Hormon Corticotropin (CRH) im Hypothalamus (im Mittelhirn) und das Hormon ACTH in der Hypophyse (Hirnanhangdrüse) ausgeschüttet. Die Hormone gelangen ins Blut, in der Folge schüttet die Nebennierenrinde das Stresshormon Cortisol aus.

Neben der HPA-Achse wird im Falle einer Bedrohung zusätzlich der Sympathikus des vegetativen Nervensystems aktiviert. Ihn haben wir schon im Zusammenhang mit dem Kampf-oder-Flucht-Modus kennengelernt. Schnell kommt es – durch eine direkte Nervenverbindung vom Gehirn über das Rückenmark zum Nebennierenmark – dort zu einer Ausschüttung von Noradrenalin, Adrenalin und Dopamin. Diese Botenstoffe helfen, den Körper in den besagten Kampf-oder-Flucht-Modus zu versetzen: Die Herzfrequenz erhöht sich, die Gefäße verengen sich, die Muskeln werden besser durchblutet, die Erregung steigt. Der Körper hat jetzt genug Energie, um aus einer gefährlichen Situation zu fliehen oder um zu kämpfen. Nachdem die Gefahr vorüber ist, beruhigt der Organismus sich wieder. Der Kampf-oder-Flucht-Modus ist eine evolutionäre Warn- und Schutzfunktion, um unser Überleben zu sichern.

Zudem gibt es sogenannte Neurotransmitter, die Reize zwischen den einzelnen Nervenzellen vermitteln – und zum Beispiel verstärkend wirken. Für die Entstehung von Angst sind die Neurotransmitter Glutamat, Acetylcholin sowie Serotonin und GABA (Gamma-Aminobuttersäure) wichtig.

Bei Frauen mit Angststörungen funktioniert das System nicht richtig. Angst führt zu einer Dysbalance der Neurotransmitter, und es kommt zu einer gestörten Verarbeitung des Angstreizes im Furcht- und Angstnetzwerk. Betroffene Menschen reagieren dann zum Beispiel schreckhafter und empfinden Ängste in Situationen, in denen andere Menschen noch gar nicht registrieren, dass es überhaupt einen Auslöser gibt.

Das Furcht- und Angstnetzwerk ist im Gehirn über mehrere Strukturen verteilt. Diese haben wir in Kapitel 2 erklärt. Wir erinnern uns: Mit am wichtigsten ist das Limbische System mit der Amygdala, auch Mandelkern genannt, und dem Hippocampus. Die Amygdala ist das Angstgedächtnis, der Hippocampus der Teil des Gehirns, in dem Angst erlernt und bewertet wird. Hier werden Emotionen verarbeitet und gespeichert, positive wie negative. Zum Angstsystem gehören außerdem der Hypothalamus und der präfrontale Cortex. Hier wird eine Situation interpretiert und im Falle einer Bedrohung die vegetative und hormonelle Kaskade in Gang gesetzt (siehe Abb. Kapitel 2).

Wissenschaftler:innen wissen noch nicht ganz genau, welche neurobiologischen Faktoren konkret mit dafür verantwortlich sind, dass Frauen doppelt so häufig Ängste haben wie Männer. Einige Studien zeigen, dass es viele geschlechtsspezifische Unterschiede im Gehirn gibt, sowohl strukturell, funktionell als auch physiologisch. So schütten die Geschlechter zum Beispiel unterschiedlich viel Stresshormon Cortisol im Speichel aus.[1] Beim gleichen Schlüsselreiz – das kann zum Beispiel eine schriftliche Aufgabe sein, die Proband:innen in kurzer Zeit bewältigen sollen – wurde bei Frauen die HPA-Achse stärker aktiviert.[2] Anderen Studien zufolge scheinen Frauen hingegen generell nicht stressempfindlicher zu sein. Die verschiedenen Untersuchungen haben nur geschlechtsspezifische Stressoren ausfindig gemacht – auf die Frauen und Männer wiederum hormonell unterschiedlich reagieren. Frauen fühlen sich beispielsweise gestresster durch Konflikte im sozialen Kontakt. Männer reagieren eher gestresst, wenn sie zum Beispiel öffentlich reden sollen oder unter Leistungsdruck stehen.[3]

Bekannt ist zudem, dass das weibliche Geschlechtshormon Östrogen sowohl die Aktivität der HPA-Achse beeinflusst und darüber hinaus auch die Funktionen im Furcht- und Angstzentrum des Gehirns verändert: Das begünstigt angstähnliches Verhalten und anhaltende Angstzustände. Sind Frauen beispielsweise in der zweiten Zyklushälfte ihrer Regel, also kurz nach dem Eisprung, schütten sie bei Stress ähnlich viel Cortisol aus wie Männer. Kurz nach der Blutung oder bei Einnahme der Pille ist das Level an ausgeschüttetem Cortisol in einer stressigen Situation niedriger als bei Männern.[4]

Die Forschung geht überdies schon lange davon aus, dass das Gehirn von Männern und Frauen dimorph ist.[5] Das bedeutet, dass es strukturelle und funktionelle Unterschiede mehrerer Regionen im Gehirn je nach Geschlecht gibt. Mit bildgebenden Verfahren konnten Wissenschaftler:innen zum Beispiel zeigen, dass das auch für die angstrelevanten Hirnregionen wie den präfrontalen Kortex (PFC), den Hippocampus und die Amygdala gilt. Bestimmte Strukturen, wie Areale der linken Hemisphäre, sind bei Frauen im Vergleich größer, bei Männern sind es Gebiete der rechten Hemisphäre. Strukturen wie die linke zentrale Amygdala werden bei Frauen bei negativen Emotionen stärker aktiviert, bei Männern hingegen bei positiven Gefühlen.[6] Um gelesene Worte oder Sprache zu entschlüsseln, benutzen Männer vor allem die linke Gehirnhälfte, Frauen meist beide.[7]

Neben den Differenzen in der Struktur und Funktion von bestimmten Hirnregionen gibt es auch neurophysiologische Unterschiede: Bei Frauen fließt mehr Blut durch das Gehirn, auch braucht das weibliche Gehirn mehr Zucker (Glukose) als Brennstoff. Die Gründe sind noch nicht gänzlich verstanden. Zudem gibt es Unterschiede in Bezug auf Serotonin. Der Neurotransmitter steuert die Übertragung von Informationen zwischen den Gehirnzellen. Männer können sehr viel mehr Serotonin produzieren.[8] Bei Frauen hingegen braucht es ein hohes Level an weiblichem Östrogen, damit sie viel Serotonin produzieren und ausschütten.[9]

Bei Ängsten und Depressionen gibt es eine Dysbalance im Serotoninhaushalt. Denn Serotonin ist vor allem für die Stimmung und die Reaktion auf stressige Situationen wichtig. Serotonin ist daher auch mitverantwortlich, dass Frauen anders als Männer mit Herausforderungen umgehen und sich auch emotional anders verhalten.

Andere Forschungen geben Hinweise darauf, dass sogar weiter entfernte Körperbereiche das Gehirn beeinflussen: So ist wahrscheinlich die Zusammensetzung der Bakterien im Darm ein geschlechtsspezifischer Risikofaktor für Ängste. Bei Frauen ist das Mikrobiom (früher Darmflora genannt) anders zusammengesetzt als bei Männern. Über die sogenannte Darm-Hirn-Achse werden mithilfe bestimmter Botenstoffe Informationen zwischen dem Darm und dem Gehirn ausgetauscht. Das Mikrobiom kann also Abläufe im Gehirn und damit unser Verhalten beeinflussen und umgekehrt. Bei Frauen verändern sich die Darmbakterien unter dem Einfluss der weiblichen Geschlechtshormone und anderen Umwelteinflüssen ständig. Man nimmt daher an, dass auch das sich immer verändernde weibliche Mikrobiom mit dazu beträgt, dass sich im Gehirn von Frauen mehr Angstzustände, Traumata und stressbedingte Störungen entwickeln.[10] Experimente haben gezeigt, dass die Darmflora von Menschen beispielsweise mit einer sozialen Angststörung tatsächlich anders zusammengesetzt ist als bei Gesunden.

Was auch immer konkret im Gehirn bei Frauen als Reaktion auf einen Schlüsselreiz passiert: Klar ist, dass das in der Folge die Emotionsverarbeitung verzerrt. Auch wenn von einem Fahrstuhl offensichtlich keine Gefahr ausgeht, machen Frauen mit einer Panikstörung oft einen großen Bogen um ihn. Verschlimmert sich die Angst, können sie irgendwann auch die Treppe nicht mehr nehmen. Gab es früher den Säbelzahntiger, vor dem unsere Vorfahren begründet Angst haben mussten, wollten sie überleben, sind die heutigen Reize bei Angststörungen in den allermeisten Fällen nicht gefährlich. Die betroffenen Frauen fühlen das aber so. Angstpatientinnen empfinden für sie bedrohliche Reize zudem schneller und intensiver – und sie schätzen diese auch eher als gefährlich oder negativ ein. Haben sie zum Beispiel Angst, in der Dunkelheit überfallen zu werden, kann es sein, dass sie nachts immer mit Licht schlafen – obwohl in ihrem Schlafzimmer weit und breit niemand ist, der ihnen zu nahekommen könnte. Zum anderen nehmen ängstliche Frauen soziale Signale sensibler wahr und interpretieren beispielsweise ein überraschtes Gesicht eher als negativ.[11]

## Die Vererbung von Angst

Neben den neurobiologischen Faktoren spielen Gene bei der Entstehung von Angststörungen eine wichtige Rolle. Damit sich ein genetisches Risiko aber ausprägt, braucht es Hunderte bis Tausende von Genen. Besteht dann eine solche veranlagte genetische Konstellation, machen die Angst-Gene einen Anteil von bis zu 50 Prozent der Risikofaktoren aus.[12] Was nicht bedeutet, dass sie automatisch vererbt werden. Die DNA, also das Erbgut, ist eher mit einer bestimmten Empfindsamkeit ausgestattet. »Die Angst-Gene schlafen gewissermaßen«, sagt Katharina Domschke, ärztliche Direktorin der Klinik für Psychiatrie und Psychotherapie am Universitätsklinikum Freiburg im *Anti-Angst Buch* von Prof. Dr. Gustav Dobos. »Sie haben eine Art chemische Schlafmütze aufgesetzt, die sie schützt.« Kommt es zu einer Krise in der Familie, zu Mobbing oder einer Trennung, kann die Angst dann plötzlich, vermutlich über das Stresshormon Cortisol, wachgerufen werden.[13]

Die Vererbung variiert von Angststörung zu Angststörung: Bei spezifischen Phobien gegen Spinnen oder auch Flugangst ist zum Beispiel der Anteil mit 30 Prozent kleiner, bei der Agoraphobie, also der Angst in großen Menschenmengen, öffentlichen Verkehrsmitteln oder auf öffentlichen Plätzen, mit 67 Prozent größer. Die verantwortlichen Risikogene sind über das gesamte Erbgut verteilt. Wenn sie mutieren, führt das beispielsweise dazu, dass sie überaktiviert sind und mehr Eiweiße als nötig produzieren. Dadurch verändert sich der Stoffwechsel – und auch die physiologischen Funktionen in den beteiligten Hirnregionen.

Die Angst-Gene – das weiß man aus Untersuchungen an Tieren und Verstorbenen – beeinflussen überwiegend einerseits die Neurotransmitter wie Noradrenalin, Serotonin oder auch GABA, andererseits das endogene Stresssystem. Genexperten konnten zum Beispiel in Maus-Modellstudien nachweisen, dass die Veränderung bestimmter Gene im Furcht- und Angstzentrum dazu führt, dass weniger ACTH und Cortisol ausgeschüttet werden – und die Ängstlichkeit sinkt. Oder dass die serotonergen Signalwege gestört sind – und sich somit die Stimmungsregulation verändert.

Auch weiß man mittlerweile durch spezielle Studien genauer, welche Gene eher bei Frauen oder bei Männern für die Entstehung von Ängsten mitverantwortlich sind. Beispiel: Spezielle Genvarianten erhöhen vor allem bei Patientinnen die Wahrscheinlichkeit für eine Panikstörung und beeinflussen, wie gut bestimmte Medikamente bei ihnen wirken (mehr dazu siehe Kapitel 13). Auch zeigte sich, dass bestimmte Signalwege, die mit dem Botenstoff Serotonin arbeiten, bei Frauen öfter gestört sind – was das Auftreten von häufigeren körperlichen Beschwerden mit erklären könnte.[14] Zudem deuten Studien daraufhin, dass auch die unterschiedliche Ausschüttung des Hormons Cortisol auf Stress bei Frauen genetisch mit bedingt ist.[15]

## Wie das Leben die Gene verändert

Gene sind allerdings kein starrer Code. Wie könnte es sonst sein, dass sich eineiige Zwillinge, die mit identischen Genen geboren werden, unterschiedlich entwickeln: Die eine Zwillingsschwester wird Pilotin, die andere leidet unter Flugangst. Wie ist das möglich? Unser Leben wird durch unsere Erfahrungen beeinflusst, unsere Umwelt, unsere Freund:innen, durch das, was wir essen und ob wir lieber Netflix gucken oder joggen gehen. Wie aber erklärt es sich, dass auch die Kinder des Zwillings mit Flugangst ein erhöhtes Risiko für alle möglichen Angststörungen haben?

Die Antwort heißt Epigenetik. Diese Forschungsrichtung gibt es seit den 1940er-Jahren. Doch erst seit den 2000er-Jahren zeigen zahlreiche neue Erkenntnisse, dass wir unser Schicksal in viel größerem Ausmaß in der Hand haben als bisher gedacht.[16] Wissenschaftler:innen hoffen, zukünftig mithilfe von epigenetischen Biomarkern früher vorhersagen zu können, wer an welcher Störung erkranken wird und wie Risikokandidat:innen ihre Gesundheit aktiv mitbestimmen und eine Störung vielleicht sogar verhindern können.

Anders als die Genetik – die Erbanlagen untersucht – erforscht die Epigenetik bestimmte Eigenschaften von Genen, die sich nicht durch die DNA – die Trägerin der Erbinformationen – selbst ausprägen, sondern dadurch, wie die genetischen Informationen in der DNA, also im Innern des Zellkerns, konkret in RNA-Moleküle umgesetzt werden. Anders als das Genom ist das sogenannte Epigenom dynamisch und wandelbar. Durch das Epigenom werden zum Beispiel auch Erfahrungen, die ein Mensch macht, an die nächste Generation weitergegeben. Außerdem verändern sich die Eigenschaften der Gene durch das, was wir essen, wie viel wir schlafen und uns bewegen – schlicht, wie wir unser Leben führen. Die Forscher:innen der Epigenetik analysieren all das anhand von Biomolekülen wie Methylgruppen und Histonen, die die Gene umgeben und, je nach Lebensstil, wie chemische Schlösser den Zugang zu DNA-Sequenzen verwehren oder freigeben. Expert:innen sprechen von Methylierung. Die Methylierung ist sozusagen die chemische Schlafmütze, die die Angst-Gene, wie bereits oben erwähnt, aufhaben.

Kommt es dann zu einem stressigen Ereignis im Leben der Genträgerin – ein Todesfall in der Familie oder die Diagnose einer schweren Krankheit –, rutscht die Schlafmütze hinunter und das Angst-Gen ist weniger methyliert und damit aktiver. Denn je nachdem, ob ein Angst-Gen in seiner Steuerungsregion methyliert ist oder nicht, ist es unterschiedlich aktiv. Ein Beispiel ist das Monoaminoxidase-A-Gen (MAO-A-Gen). Es überträgt Informationen für den Aufbau der Substanz MAO-A, die die Botenstoffe Serotonin und Noradrenalin abbaut. Durch das Monoaminoxidase-A-Gen werden also Proteine in der DNA hergestellt, die dann dazu führen, dass der Körper über MAO-A Serotonin und Noradrenalin produziert. Ein Mangel an Serotonin wiederum kann Ängste begünstigen. MAO-A spielt dabei wahrscheinlich eine wichtige Rolle, denn, auch das weiß man heute, Angststörungen sind beispielsweise mit einer verminderten Methylierung des Monoaminoxidase-A-Gens assoziiert. Ein weniger methyliertes MAO-A-Gen ist daher ein Risikofaktor oder ein Marker für Angst und Depression.[17]

Menschen mit Ängsten können aber auch ihre eigene Krankheit oder das Leben ihrer Kinder epigenetisch zum Beispiel mit einer gesunden Lebensführung oder einer Psychotherapie positiv beeinflussen (mehr dazu siehe Kapitel 13 und 14). Ein gesunder Lifestyle wirkt sich auch auf die Methylierung der Gene unserer Nachkommen positiv aus – und zwar sowohl der bereits geborenen als auch der ungeborenen Kinder. Praktisch beeinflussen schon jedes gesunde Frühstück und jede Joggingrunde, ob Gene abgelesen werden. Wichtig ist aber, den Lifestyle nachhaltig positiv zu gestalten. Sonst gleicht der Effekt dem einer Tablette: Setzt man das Medikament wieder ab, verpufft auch die Wirkung auf das Genom schneller.

Andersherum können auch negative Lebenserfahrungen epigenetisch an die Nachkommen weitergegeben werden. In der Epigenetik sind viele Expert:innen mit der generationenübergreifenden Vererbung von Traumata an nachfolgende Generationen beschäftigt. So werden beispielsweise unverarbeitete traumatische Kriegserlebnisse als transgenerationale Traumata an Kinder, Enkelkinder und die Gesellschaft weitergegeben. Menschen, die solch ungelöste Konflikte in sich tragen, fühlen sich oft unsicher, rastlos, beschämt und voller Schuldgefühle – ohne zu wissen, warum. Weitere Symptome transgenerationaler Traumata können diffuse Ängste, erinnerte Bilder ohne konkreten Bezug zur eigenen Geschichte, depressive Phasen oder scheinbar grundloses Leid sein – als weitreichende körperliche und seelische Folgen. Zudem erleben viele Überlebende zum Beispiel von sexualisierter (Kriegs-)Gewalt die Auseinandersetzung mit ihrem Problem als ein Stigma und Tabuthema, und sie haben oft große Mühe, eine professionelle Unterstützung zu finden.

Birgit hat das so erlebt:

»Ich habe diffuse Angstgefühle, die mich meist aus heiterem Himmel befallen. Das letzte Mal kamen sie allerdings, als ich an Corona erkrankt war. Als es mir körperlich besser ging, ich aber noch zu Hause bleiben musste, hatte ich viel Zeit und war auf mich selbst zurückgeworfen. Da kam das Gefühl. Am ehesten ist das ein körperliches Gefühl, mein Herz schlägt dann schnell, und ich muss mich hinsetzen. Gleichzeitig verliere ich in der Situation den Bezug zur Realität. Es kommen Existenzängste auf. Was ist, wenn ich jetzt mit 58 Jahren schwer erkranke oder auf die Hilfe anderer angewiesen bin? Ich habe mich dann mit Themen wie Krankengeld, Altersvorsorge und Versicherungen auseinandergesetzt und so die Ängste reduzieren können. Die Angst hat nie wirklich meine Lebensqualität beeinflusst, dennoch begleitet sie mich als ein diffuses, mulmiges Gefühl. In meiner Kindheit hatte ich oft Angst, wenn meine Eltern Streit hatten. Mein Vater konnte sehr aufbrausend sein. Ich habe mich hilflos gefühlt. Heute beunruhigt mich die aktuelle politische Situation, insbesondere im Nahen Osten. Und ich verbinde das Angstgefühl mit meiner Familiengeschichte. Ich habe jüdische Wurzeln und bin nur am Leben, weil meine Großmutter in den 30er-Jahren nach London emigriert ist. Wir haben in der Familie immer offen über die Fakten gesprochen, aber nicht emotional. Ich glaube, dass es ums Funktionieren und die Übernahme von Verantwortung ging. Angst zu haben oder darüber zu sprechen, hat sich niemand erlaubt. Vielleicht hängt das ja alles miteinander zusammen?«

Wie beeinflusst nun aber das Geschlecht die Ausprägung bestimmter Gene und deren Interaktion mit der Umwelt? Studien zeigen, dass die Lebenserfahrungen, die Frauen und Männer typischerweise unterschiedlich machen, einen deutlichen Einfluss darauf haben, wie die genetischen Informationen im Zellkern abgelesen und in Proteine übersetzt werden – und wie entscheidend das zur Entwicklung von vielen Geschlechtsunterschieden im Gehirn beiträgt. So gibt es zum Beispiel epidemiologische Studien, die nahelegen, dass sexueller Missbrauch, Vergewaltigung und Vernachlässigung in der frühen Kindheit das Risiko für Depressionen und Angstzustände im Erwachsenenalter erhöhen.[18]

Zudem beeinflusst kindlicher Missbrauch die biologische Stressachse negativ und macht das Gehirn anfälliger für die Entwicklung von sogenannten affektiven Störungen wie eine Depression oder Manie.[19] Sexueller Missbrauch in der Kindheit kommt bei Mädchen doppelt so häufig vor wie bei Jungen, und Mädchen erleben häufiger mehrere Formen von Kindesmissbrauch und sozialer Vernachlässigung, zum Beispiel in der Familie.[20] Eine große amerikanische Studie mit 68 505 Frauen ergab, dass 57 Prozent von irgendeiner Form von körperlichem oder sexuellem Missbrauch in der Kindheit betroffen waren.[21]

Dass auch Traumata in der frühen Kindheit das Risiko erhöhen, an schweren Angststörungen zu erkranken, ist seit langer Zeit bekannt. Der molekulare Mechanismus dahinter war allerdings bisher ungeklärt. Mittlerweile kennt man eine ganze Reihe von dauerhaften Veränderungen der Gehirnphysiologie – die wiederum dazu führen, dass beispielsweise von sexuellem Missbrauch betroffene Frauen eine extrem übersteigerte Emotionalität entwickeln. Sie zeigen oft starke, übertriebene Gefühle und verhalten sich eher intuitiv und dramatisch als analytisch und zielgerichtet.

Tierstudien legen zudem nahe, dass auch die Trennung Neugeborener von ihrer Mutter die Gehirnentwicklung stört und die Kinder als Reaktion auf diese frühe soziale Erfahrung verwundbarer und weniger widerstandsfähig macht. Nach der Trennung von ihren Müttern kommt es zu einer dauerhaften Neuregulierung der Gene. Die Mäusebabys schütten vermehrt Stresshormone aus und legen somit den Nährboden für Erkrankungen wie Ängste oder Depressionen.[22] Entsprechende epigenetische Veränderungen können das neuronale System aber auch noch später beeinflussen. Etwa wenn Jugendliche oder junge Erwachsene ein schlimmes Erlebnis haben. Da die epigenetischen Veränderungen in beide Richtungen funktionieren – das heißt Lebenserfahrungen verändern Gene und Gene verändern Lebenserfahrungen –, könnte das außerdem erklären, warum Männer durch ihre geschlechtsspezifische Sozialisierung weniger anfällig für Ängste sind, und Frauen umso mehr (siehe auch Kapitel 4, Rollenbilder).

## Das Diktat der Hormone

Und dann sind da neben der Neurobiologie und den Genen noch die Geschlechtshormone. Vor allem das Leben von Mädchen und Frauen wird – anders als bei Männern – in den meisten Lebensphasen maßgeblich auch von diesen weiblichen Geschlechtshormonen mitbestimmt. Generell sind Frauen in Phasen hormoneller Veränderungen vulnerabler – was sich häufig negativ auf ihre emotionale Stabilität auswirkt.

### Pubertät

Alles beginnt mit der weiblichen Pubertät und der Menarche, wie die erste Monatsblutung genannt wird. Die Menarche ist im Hinblick auf die Entwicklung von Angststörungen eine entscheidende Zeit. Denn mit der ersten Monatsblutung zeigen sich erstmals geschlechtsspezifische Unterschiede in der Angst. Leiden einer dänischen Studie zufolge vor der Pubertät mehr Jungs an Ängsten, dreht sich das mit dem Beginn der Monatsblutung um: Ab sofort leiden doppelt so viele Mädchen und Frauen. Und die weiblichen Ängste bleiben auch länger bestehen.[23]

Ab dem Zeitpunkt der Pubertät schwanken die weiblichen Steroidhormone wie Progesteron und Östrogene bis zu den Wechseljahren monatlich – und sie beeinflussen, wie bereits erwähnt, auch Prozesse im zentralen Nervensystem. Denn die Hormone aus dem Eierstock sind neuroaktiv, das heißt, sie wirken auch im zentralen Nervensystem. Expert:innen gehen daher davon aus, dass die Hormonschwankungen bei der Entwicklung von Ängsten eine Rolle spielen.[24] Dass die Geschlechtshormone auch im Gehirn wirken, zeigt sich besonders in der zweiten Zyklushälfte: 80 von 100 Frauen haben hier mindestens eine Stimmungsschwankung, körperliche Beschwerden oder Angstsymptome. Etwa fünf von 100 Frauen leiden sogar an einer besonders heftigen prämenstruellen dysphori-

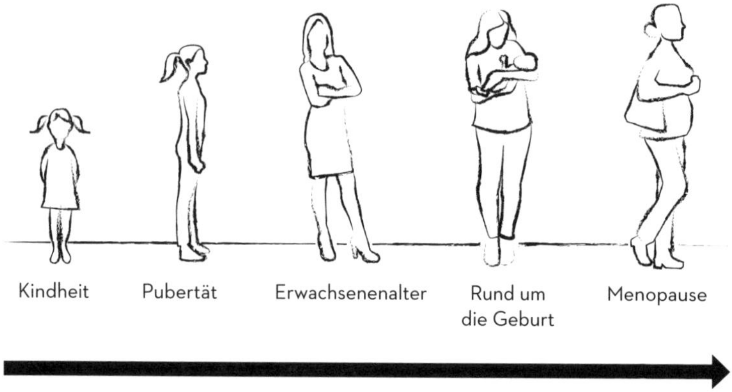


**Kindheit**
Ängste sind bei Mädchen und Jungen noch gleich häufig. Bei Mädchen ist das Risiko für Missbrauch höher. Frühkindlicher Stress kann spätere psychische Probleme mit beeinflussen.

**Pubertät**
In der Pubertät treten geschlechtsspezifische Unterschiede auf. Das Gehirn wird umgestaltet, Mädchen haben monatliche Menstruationszyklen, die Hormone und Stimmungen schwanken.

**Erwachsenenalter**
Einige Frauen leiden im Rahmen des monatlichen Zyklus unter Ängsten, andere durch hormonelle Verhütungsmittel.

**Rund um die Geburt**
Angststörungen rund um die Geburt sollten behandelt werden, wenn sie länger andauern. Die Beschwerden sind oft schwer von physiologischen Ängsten während der Schwangerschaft und des Wochenbetts zu unterscheiden. Unbehandelt können sie das Neugeborene beeinflussen.

**Menopause**
Die nachlassende Hormonproduktion der Eierstöcke kann körperliche und seelische Beschwerden zur Folge haben. Die Wechseljahre verlaufen in 5 Phasen und können mehrere Jahre andauern.

**Geschlechtshormone orchestrieren alle Phasen des weiblichen Lebens**

schen Stimmungsstörung (PMDD). Sie ist häufig mit Angststörungen verbandelt. Ursache kann eine erhöhte Angstempfindlichkeit durch ein labiles vegetatives Nervensystem sein.[25]

### Schwangerschaft und Wochenbett

In der Schwangerschaft steigen die Hormonspiegel von Östrogen und Progesteron stark an – um nach der Entbindung innerhalb weniger Stunden wieder abzusinken. Das Hormonkarussell in dieser besonderen Zeit kann sowohl die Mutter als auch die Entwicklung des Kindes bis ins Erwachsenenalter beeinflussen. Zudem geht es oft nicht spurlos an Neugeborenen vorüber, wenn ihre Mütter vor und während der Schwangerschaft Ängste haben. Die Kinder von Schwangeren mit sehr starken Angstzuständen haben später ein zweifach erhöhtes Risiko für eine Störung im Verhalten oder ihrer seelischen Befindlichkeit. Einer Metaanalyse zufolge besteht zudem möglicherweise ein Zusammenhang zwischen Angststörungen und Frühgeburten oder einem niedrigen Geburtsgewicht.[26]

Von einer postpartalen Depression spricht man, wenn Symptome wie starke Gemütsschwankungen, Traurigkeit und zwiespältige Gefühle dem Neugeborenen gegenüber auch nach 14 Tagen nicht vorübergehen. Bei einer postpartalen Angststörung stehen eher vage Ängste und Panikgefühle im Vordergrund, die oft durch unbewusste Reize ausgelöst werden. Viele betroffene Frauen sorgen sich vor allem um ihr Kind – und fürchten, dass sich die Erkrankung auf das Baby auswirken könnte. Das ist allerdings nur der Fall, wenn die postpartale Depression (PPD) lange unbehandelt bleibt.[27]

### Wechseljahre

Die Wechseljahre – die meist um die Fünfzig auftreten – werden durch den sich neigenden Vorrat an Follikeln in den Eierstöcken ausgelöst. Die weiblichen Geschlechtshormone sinken auf ein Minimum. Die Regel bleibt aus. Ein normaler Vorgang im weiblichen Körper, so wie die Pubertät. Und einer, der ausschließlich Frauen betrifft: Weder Männer noch beispielsweise Hunde kommen in die Wechseljahre. Das Klimakterium, was griechisch so viel bedeutet wie Stufe oder Treppe, ist nicht nur der langsame Übergang von der fruchtbaren Phase in eine Zeit, in der keine Schwangerschaft mehr möglich ist.

Jede Frau erlebt diese Zeit – die mehrere Jahre anhalten kann – anders. Die eine empfindet sie wie eine ungewollte Sackgasse, als gesellschaftliches Abstellgleis. Sie fürchtet den Verlust des »Frauseins« und leidet körperlich und seelisch. Die andere ist gespannt auf einen neuen Lebensabschnitt ohne Monatsblutung.

Am Anfang dachte Monika, dass alles nur eine Phase sei. Dass sie einfach gestresst ist, nur ein bisschen entspannen müsse - und dann wieder ganz die Alte sei. Doch es kam anders: Ihr vertrautes Körpergefühl schwand. Auf ihrer Oberlippe zeichnete sich ein zarter Hauch von Schnurrbart ab. Das Unterhautfettgewebe im Gesicht schwand, die Haut am Hals hing teigig hinab. Dann kamen die psychischen Probleme. Monikas Lebenszufriedenheit war weg, sie weinte ständig und ohne Grund und starrte beinah den ganzen Tag über aus dem Fenster. Auch Ängste machten sich plötzlich breit - bisher war Monika eher eine mutige Frau. Doch sie erwischte sich dabei, dass sie immer häufiger die U-Bahn mied und auch viele Freundinnen nicht mehr treffen wollte. Ärzte, die sie schließlich aufsuchte, diagnostizierten zunächst einen Burn-Out. Dann kamen Schlafstörungen, Hitzewallungen, eine trockene Scheide hinzu. Auch wenn Monika selbst sehr schnell die Wechseljahre als Grund für ihre Krise ausmachte, hat es zwei Jahre gedauert, bis eine aufmerksame Ärztin ihr helfen konnte, mit den typischen Beschwerden und einer entsprechenden Behandlung einen Umgang zu finden.

Die Auseinandersetzung mit den Wechseljahren stößt meist der eigene, sich wandelnde Körper an. Die Beschwerden treten immer individuell unterschiedlich auf. Jede dritte Frau merkt fast nichts von der hormonellen Veränderung der Wechseljahre, also keine oder kaum Symptome oder Beschwerden. Ein weiteres Drittel hat leichte Beschwerden, jede dritte Frau quält sich. Viele Frauen treffen die Wechseljahre unerwartet von heute auf morgen. Hitzewallungen und Schlafstörungen hat fast jede zweite. Jede Frau hat ihre persönliche Haltung und entscheidet selbst, ob sie gegen Beschwerden zum Beispiel Hormone nimmt.

Da Geschlechtshormone auf Botenstoffe im Gehirn wirken, beeinflussen die abnehmenden Östrogen- und Progesteronspiegel in den Wechseljahren auch oft die Stimmung. Vermehrte Angst- und Depressionssymptome sind vor allem hormonell bedingt. Hinzu kommen Sorgen, dass die Jugend vorbei, das Leben endlich und die eigene Attraktivität vorüber ist. Ängste können in den Wechseljahren zunächst zunehmen, danach aber auch wieder verschwinden. Der epidemiologischen Längsschnittstudie *Study of Women's Health Across the Nation* zufolge trifft das auf Frauen zu, die vor der Menopause eher weniger Ängste hatten.[28] Mehrere Untersuchungen deuten außerdem darauf hin, dass es einen Zusammenhang zwischen Hitzewallungen und Angstsymptomen gibt.[29] Für viele Frauen kann der Übergang in die Wechseljahre auch mit einem erhöhten Stresslevel einhergehen – und damit auch die Basis für vermehrte Ängste legen.

## KAPITEL 8

# DIE SCHWELLEN DES WEIBLICHEN LEBENS

Im Laufe ihres Lebens erleben Mädchen und Frauen mehrere einschneidende Phasen, in denen unterschiedliche Anforderungen auf sie warten. In jeder dieser Lebensphasen können Ängste auftauchen. Mädchen werden zu Frauen, Müttern und Rentnerinnen. Sie leben als Single oder in einer Partnerschaft, sind berufstätig oder alleinerziehend oder beides. Anders als bei Männern ist die weibliche Lebenspanne auch durch hormonelle Phasen wie die Entwicklung zur jungen Frau, die monatliche Regelblutung, eventuelle Schwangerschaften und die Wechseljahre mitbestimmt (siehe auch Kapitel 7). Das Leben von Mädchen und Frauen ist damit voller sogenannter Lebensübergänge. Je nach Sozialisation, Bildung, Resilienz und Umfeld gehen Frauen mit diesen spezifisch weiblichen Herausforderungen individuell anders um. Da sich Angststörungen bei Frauen häufig am Übergang von der einen zur anderen Lebensphase zeigen oder verschlimmern, beschäftigen wir uns in diesem Kapitel mit den Schwellen des weiblichen Lebens.

## Ängste in der Kindheit

Ängste gehören zu einer natürlichen kindlichen Entwicklung dazu. Babys, die zu Füßen ihrer Eltern krabbeln, reagieren ängstlich, wenn diese das Zimmer verlassen. Viele Kleinkinder fürchten sich, wenn nach dem Vorlesen das Licht gelöscht wird. Auch die Angst vor Ungeheuern oder großen Tieren, Insekten oder Spinnen ist bei Drei- bis Fünfjährigen nichts Ungewöhnliches. Eine wirkliche Angststörung wie beispielsweise eine generalisierte Angststörung oder eine Trennungsangst tritt nur bei etwa drei Prozent der Sechsjährigen auf (mehr zu kindlichen Ängsten siehe Kapitel 6).[1] In der Schule verlagern sich zwar die Themen, doch auch in dieser Lebensphase sind Kinder nicht vor Ängsten gefeit. Aus Studien weiß man, dass im Kindes- und Jugendalter das Risiko am höchsten ist, eine Angststörung zu entwickeln. Etwa die Hälfte aller Angststörungen beginnen bis zum elften Lebensjahr.[2] Bis zu diesem Alter trifft die Angst noch gleich viele Mädchen und Jungen. Danach trifft es doppelt so viele Mädchen und später junge Frauen. 75 Prozent der Ängste entwickeln sich bis zum 21. Lebensjahr. Nicht nur deshalb ist es wichtig, alle Symptome ernst zu nehmen und gegebenenfalls rechtzeitig fachliche Hilfe zu suchen. Denn leben die Kinder mit der Angst, ohne dass diese behandelt oder ins Leben integriert wird, kommen im Laufe der Zeit meist noch weitere Probleme hinzu. So zeigen Untersuchungen, dass Kinder mit einer Angststörung auch ein erhöhtes Risiko für spätere Depressionen, suizidales Verhalten, Drogen- und Alkoholabhängigkeit und Schwierigkeiten im Studium haben.[3]

Außerdem breiten sich Ängste oft weiter aus. Scheuen betroffene Kinder sich zum Beispiel zunächst, mit dem Bus zur Schule zu fahren, steigen sie irgendwann auch nicht mehr ins Auto – und verlassen bald gar nicht mehr das Haus. Statt draußen mit Freund:innen zu spielen und mit dem Fahrrad durch die Nachbarschaft zu streifen, bleiben sie allein. Ihr Bewegungsraum, der sich für gewöhnlich mit jedem Lebensjahr erweitert, verengt sich zunehmend und schränkt bald die ganze Familie ein.

Smilla ist zehn und hat noch nie bei ihrer Freundin geschlafen. Sie hat oft Albträume und traut sich auch nur selten allein auf einen Kindergeburtstag, wenn sie dort nicht alle Kinder kennt. Sie mag es nicht, alleine zu sein. Wenn sie tagsüber zu Hause ist, macht sie immer in der Küche Hausaufgaben, in ihrem Zimmer hält sie es allein nicht aus. Wenn sie eine Freundin besucht, begleitet sie ihre Mutter. Sie mag auch nicht allein bei ihrer Oma bleiben. Wenn ihre Eltern sie dort verabschieden, stampft sie mit den Füßen auf und schlägt weinend um sich. Smilla hat Angst, dass ihre Eltern nie wiederkommen, dass sie im Auto von einem Baum erschlagen werden. Auch zur Schule geht Smilla nicht mehr gern. Sie hat oft den ganzen Sonntag Bauchweh und darf dann bei ihrer Mutter im Bett schlafen. Oft streiten die Eltern danach, weil der Vater das nicht möchte. Manchmal lässt ihre Mutter auch die Arbeit ausfallen, um mit ihrer Tochter zu Hause bleiben zu können. Smilla hat eine Freundin, die gern einmal nur mit ihr ins Kino gehen möchte. Aber das traut sich Smilla nicht zu. Seitdem fragt die Freundin nicht mehr, ob sie nachmittags Zeit hat.

Die Ursachen für Trennungsangst stehen ausführlich in Kapitel 6. Interessant ist, dass Frauen, denen als Mädchen eine Trennungsangst diagnostiziert wurde, ein signifikant höheres Risiko haben, später an einer Panikstörung oder unter einer anderen Angsterkrankung zu leiden.[4]

Andererseits gibt es Kinder, die mit einem ängstlichen Temperament geboren werden. Diese Kinder sind sehr emotional, vermeiden eher herausfordernde Situationen, als dass sie sich in diese stürzen, und sind bei Gefahr schnell körperlich und seelisch aufgeregt. Wie stark sich das genetisch bedingte Temperament ausbildet, hängt von der Umwelt ab, in der sie leben. Wenn die Eltern beispielsweise versuchen, ihr Kind vor jeglichem Stress zu bewahren und ihm erlauben, beim leisesten Anflug von Angst – wenn beispielsweise ein Vortrag ansteht, ein Klassenausflug oder wenn die beste Freundin krank ist und das Kind allein auf der Schulbank sitzen muss –, nicht zur Schule zu gehen, wird das Kind auch andere unklare oder fremde Situationen als bedrohlich erleben und neue Reize meiden. Diese und ähnliche Beispiele lernt kennen, wer das Buch *Verhaltenstherapie mit Kindern und Jugendlichen* im Beltz Verlag liest. Kommt dann eine einschneidende, belastende Erfahrungen hinzu, die das Kind verarbeiten muss – wie zum Beispiel der Tod eines Verwandten, eines Freundes oder eines Haustieres –, kann sich eine andauernde Angst manifestieren. Auch der Umzug in eine andere Stadt, die Trennung der Eltern oder ein Schulwechsel können ein Auslöser sein.

## Angst vorm Erwachsenwerden

Die Pubertät stellt das Leben vieler Mädchen erstmals richtig auf den Kopf. Die Geschlechtshormone verändern den Körper bis zur geschlechtlichen Reife. Auch die Psyche ist im Umbruch, es kommt zu seelischen und psychologischen Herausforderungen, das Denken und Fühlen verändern sich – und gleicht mitunter einem Gefühlschaos. Die Lust auf Sich Ausprobieren steigt, Mädchen entdecken ihren eigenen Körper, die Lust und Neugierde auf Sex, Alkohol und Feiern nimmt zu. In der Peergroup wird die Rangordnung unter den nun jungen Frauen und gegenüber dem anderen Geschlecht neu verhandelt.

Doch Teenager sein ist auch anstrengend. Viele Mädchen erleben unter Freund:innen Mobbing und Ausgrenzung. Zudem stresst die digitale Welt – junge Frauen fühlen sich durch Social Media permanent bewertet (siehe Kapitel 4). Mobbing im Netz ist zu einem gewöhnlichen Alltagsphänomen geworden. Die betroffenen jungen Frauen fühlen sich erschöpft und hilflos und sind es leid, permanent um soziale Anerkennung zu kämpfen. Oft fehlt gleichzeitig die emotionale und kognitive Reife, um die teils täglichen Konflikte wirklich zu durchblicken. In Bezug auf Ängste zeigen Studien gerade in dieser Schwellensituation zum ersten Mal große Unterschiede zwischen den Geschlechtern: Mit der Pubertät entwickeln deutlich mehr Mädchen Ängste als Jungen. Ihre Sorgen drehen sich jetzt vermehrt um soziale Anerkennung, Sexualität, aber auch die Umwelt und das politische Weltgeschehen.

Untersuchungen zeigen, dass nach der Covid-Pandemie 24 Prozent der Teenager über Ängste klagten.[5] Weltweit waren Studien zufolge während der Pandemie bis zu 37 Prozent gar depressiv und ängstlich, Mädchen sind doppelt so häufig betroffen.[6] Je eher die Pubertät einsetzt, desto ausgeprägter entwickelt sich auch die Angst. Die Pubertät ist eine Zeit großer persönlicher und sozialer Umbrüche, die für viele junge Frauen mit Unsicherheiten verbunden ist. Einer amerikanischen Studie zufolge erhöht ein Trauma wie zum Beispiel eine Flüchtlingserfahrung, eine Entführung, eine schwere Verletzung oder ein körperlicher oder sexueller Übergriff während der Pubertät – und damit einhergehend großer Stress – das Risiko für die Entwicklung einer Angststörung um das Doppelte.[7] Auch psychosozialer Stress wird daher für die Entstehung von Angst mitverantwortlich gemacht. Die genauen Zusammenhänge müssen noch weiter erforscht werden.

Es beginnt jeden Morgen, wenn der Wecker klingelt. Die 14-jährige Anna sucht nach dem Handy und drückt dreimal in Folge die Schlummertaste. Sie kann nicht aufstehen, ihre Beine sind wie gelähmt. Sie hat Bauchschmerzen und will nicht in die Schule. Schließlich wühlt sie sich aus den Federn und steht dann lange vor dem Kleiderschrank. Was kann sie anziehen, damit sie bloß nicht auffällt? Welche Jacke ist am wenigsten peinlich? Anna greift mit zittriger Hand nach der Jeansjacke. Ihr Kopf ist leer, sie will einfach nur den Tag überstehen. So wie jeden Schultag. Am Wochenende, wenn sie in ihrem Zimmer sein kann, geht es ihr besser. In der Schule sitzt sie ganz hinten, allein auf einer Zweierbank. Anna wundert das nicht, denn sie ist überzeugt, dass sie eh niemand mag. Ständig hat sie das Gefühl, dass die anderen über sie lachen. Wenn sie im Unterricht aufgerufen wird, bringt sie kaum ein Wort heraus und liest mit gesenktem Kopf ihre Hausaufgaben vor. Am schlimmsten ist es, wenn sie vorne an der Tafel etwas vorrechnen soll. Nach der Schule eilt sie schnell allein nach Haus – und fürchtet sich schon vor dem am nächsten Schultag.

Eine der typischen Ängste, die sich bei Mädchen in der Jugendzeit entwickeln können, ist wie bei Anna die soziale Phobie. Anlässe für Sorgen gibt es zuhauf: Die jungen Frauen möchten nicht im Zentrum der Aufmerksamkeit stehen. Sie haben Angst davor, Fehler zu machen, etwas Lächerliches zu sagen oder sich peinlich oder unangemessen zu verhalten. Sie sorgen sich um ihre eigene Unzulänglichkeit, können diese aber nicht abstellen. Wie Anna beschreiben manche jungen Frauen eine oft völlige Gedankenleere im Kopf. Nichts fürchten sie mehr, als von den anderen als dumm, schwach oder ängstlich wahrgenommen zu werden – auch wenn es offensichtlich keinen Anlass dafür gibt. Sie haben Angst vor fremden Personen und dass diese sie negativ bewerten. Meist kommt die Angst, wenn sie vor der Klasse sprechen sollen. Wird die Angst größer, schwänzen die Mädchen die Schule, schreiben Prüfungen nicht mit oder bekommen direkt während der Tests regelrecht Panik, dass sie die Fragen nicht beantworten können, obwohl sie gut vorbereitet sind.

Einige junge Frauen vermeiden schließlich alle angstbesetzten Situationen. Sie treffen sich nicht mehr mit Freund:innen, gehen nicht mit ins Kino oder zum Shoppen, sondern igeln sich zu Hause in ihrem Zimmer ein. Selbst Telefonieren kann für die Betroffenen problematisch sein. Viele junge Frauen mit sozialer Phobie sprechen sehr leise und vermeiden Blickkontakt zu anderen Menschen. Die soziale Phobie äußert sich auch körperlich. Sie geht häufig mit Bauchschmerzen, Kopfweh, vermehrtem Schwitzen, einem beschleunigten Herzschlag, Zittern und ständigem Erröten einher.

Eine soziale Phobie kann wirksam behandelt werden, zum Beispiel mit einer kognitiven Verhaltenstherapie. Kümmern sich betroffene Mädchen und junge Frauen beziehungsweise deren Eltern jedoch nicht darum, wird die Angst bald nicht nur ihre weitere persönliche Entwicklung beeinträchtigen, sondern sich auch bis ins Erwachsenenalter fortsetzen. Mädchen und junge Frauen mit sozialer Phobie haben es schwerer, Freundschaften zu knüpfen. Sie verpassen es damit oft, wichtige Erfahrungen mit Gleichaltrigen zu haben um so ihre eigene Persönlichkeit zu entwickeln. Oft gelingt es ihnen nicht, enge Beziehungen zu halten, was häufig dazu führt, dass sie auch in schweren Zeiten ganz auf sich allein gestellt sind. Denn Freundschaften sowie die Eltern und speziell Mütter sind mit die wichtigsten emotionalen Ressourcen, die gerade in Krisen sehr hilfreich sein können.

## Die Partner:innenwahl

Nina ist in ihren Dreißigern. Sie lebt frei und selbstbestimmt in einer großen Stadt, macht täglich Workout, kleidet sich ausgefallen, jettet arbeitsbedingt viel durch Europa – und hat überall und jederzeit Dates. Eigentlich sucht sie etwas Festes, eigentlich will sie endlich einen netten Mann kennenlernen, aber der richtige kommt einfach nicht vorbei. Es ist verrückt: Sobald Nina einen Mann kennenlernt, mit dem sie sich mehr als eine Affäre vorstellen kann, scheint der nicht mehr ernsthaft interessiert. Plötzlich taucht er unter oder macht beim nächsten Besuch klar, dass außer Sex bei ihm nichts zu holen ist. So ist es immer bei Nina: Alle Männer, auf die sie abfährt, wollen entweder nicht, oder sie können nicht, weil sie zum Beispiel

noch verheiratet sind oder noch einer anderen Frau hinterhertrauern. Die Männer, die mit ihr eine Beziehung wollen, findet sie meist zu langweilig, zu harmlos, zu nett.
Sie verliert die Lust am Daten, ihre Stimmung wird schlecht. Warum will sie niemand? Nina bezieht alle Absagen auf sich, ist fest davon überzeugt, dass sie irgendwas falsch macht, dass sie nicht sexy genug ist, nicht cool und klug genug. Als auch noch die Agentur, für die sie arbeitet, plötzlich Stellen streicht – und sie nun nur noch halbtags im Homeoffice arbeitet –, gerät sie in eine Krise. Sie fühlt sich hässlich, lässt niemanden mehr an sich heran und empfindet es erstmals als ein Makel, Single zu sein. In einer Psychotherapie lernt sie, warum ihr Unglück viel weniger mit den Männern als vielmehr mit ihr selbst zu tun hat.

Nina sucht nach der großen Liebe, nach einer Partnerschaft, in der sie sich geborgen und sicher fühlt. Und doch bleibt die selbstbestimmte Frau trotz aller Bemühungen allein. Die Frage nach der Partner:innenwahl bestimmt nach dem Teenageralter und neben dem beruflichen Werdegang die nächste Schwelle im Leben von Frauen. Und wie bei Nina ist das für Millionen Betroffene nicht einfach. Rund jede dritte Frau hierzulande ist Single.[8] 68 Prozent davon sind unfreiwillig allein.[9] Im Schnitt hatten 13 Prozent aller weiblichen Singles noch nie einen festen Partner oder eine feste Partnerin. Je glücklicher die Singles sind, desto aktiver sind sie bei der Partnersuche. Nur elf Prozent der äußerst glücklichen Singlefrauen suchen keine Beziehung. Ein Fünftel der Singlefrauen, die mit ihrem Leben unzufrieden sind, lehnen die Partnersuche von vorneherein ab.[10]

Doch nicht nur Singles suchen oft vergeblich nach der passenden, beglückenden Verbindung. Auch viele Frauen, die in einer Partnerschaft leben, fühlen sich in ihrer Beziehung oft unzufrieden und leben in großer Unsicherheit.[11] Einer amerikanischen Studie zufolge entwickelt sich für 84 Prozent der Frauen ihre Ehe schlechter, als sie erwartet haben. Eine weitere repräsentative Untersuchung hat ergeben, dass jede dritte liierte Frau Trennungsangst hat, 27 Prozent haben oft Selbstzweifel und grübeln, ob sie ihrem Partner wirklich reichen. Vier von zehn Frauen sind unsicher, weil sie bereits Erfahrungen mit einer toxischen Beziehung gemacht haben, die ihnen geschadet hat. Mehr als jede Dritte hat sich schon einmal in einer Beziehung emotional manipuliert gefühlt.[12] Zudem boomen die Dating-Apps seit Jahren, und mindestens jede dritte Ehe wird wieder geschieden.[13]

Was steckt dahinter, wenn Frauen sich gar nicht erst auf eine Beziehung einlassen oder in einer solchen nicht das finden, was sie suchen? Gibt es tatsächlich so etwas wie Bindungsangst bei Frauen und Männern, die verheiratet sind oder in einer Partnerschaft leben, selbst wenn das keine klassische Angststörung ist?

Auch wenn jede Beziehung individuell verläuft, gibt es Denk- und Verhaltensmuster, die Frauen möglicherweise verinnerlicht haben und die damit etwas zu tun haben. So suchen sich Frauen mit Bindungsangst oft unbewusst Männer, die sich ebenso nicht binden wollen. Aus Studien und Erfahrungsberichten wissen wir, dass viele Frauen sich mehr Nähe, Geborgenheit und Verbindung innerhalb einer Partnerschaft wünschen. Doch egal, was sie auch tun – es will sich einfach kein wirkliches Vertrauen entwickeln. Sie befinden sich in einem Zustand, in dem sie unbewusst auf die nächste Ablehnung warten und sich gleichzeitig innerlich auch nicht niederlassen und entspannen können. Stattdessen sind sie ständig auf der Hut, weil sie unbewusst erwarten, gleich (wieder) enttäuscht, betrogen, anderweitig verletzt oder verlassen zu werden. Sind sie mit einem Partner oder einer Partnerin zusammen, fühlen sie sich vielleicht nicht allein – im Herzen aber bleiben sie einsam. Sie haben Sex und fühlen sich im Kontakt mit einem Mann, ihrem Partner oder ihrer Partnerin auch kurzzeitig gut. Gleichzeitig gibt es viel Eifersucht, Misstrauen, Skepsis, ob er oder sie es wirklich ernst meint, sowie Streit und Momente, wo sie sich – obwohl vielleicht gerade im Arm des anderen Menschen liegend – verlassen und abgeschnitten fühlen.

Als gäbe es da eine imaginäre Brücke, die man zusammen überschreiten müsste, es aber irgendwie nicht schafft. Statt auszusprechen, wie es ihnen wirklich geht, schlucken viele Frauen die Unsicherheit hinunter – und hoffen, dass es in der nächsten Situation besser wird. Oft trauen sie sich über Jahre oder Jahrzehnte nicht, sich gegenüber ihrem Partner oder ihrer Freundin wirklich zu öffnen, ihre eigenen Ängste, Verzweiflungen und Unsicherheiten auszusprechen und sich für die eigenen emotionalen Bedürfnisse einzusetzen. Sie klammern sich lieber an das Gewohnte, was da ist, selbst wenn sie damit nicht glücklich sind. Sie haben also gleichzeitig Angst vor wirklicher Nähe und dem erneuten Alleinsein. So verhindern sie selbst, dass sie ein wirkliches emotionales Zuhause finden.

Es gibt in der Psychologie mehrere Modelle, die die Herkunft dieser Gefühle beschreiben. Prinzipiell spielen immer persönliche Überzeugungen, familiäre Erwartungen, gesellschaftliche Normen und biologische Realitäten eine Rolle, wenn es um das Singledasein oder eine Partnerschaft geht. Wichtig sind überdies aber auch Erlebnisse, die wir als Kinder mit unseren Bezugspersonen gemacht haben – und die sich auch später wieder im Beziehungsverhalten zeigen. Eine ganze Sparte in der Psychologie beschäftigt sich mit der Frage, wie Bindungserfahrungen aus der Kindheit sich auf das Verhalten als Erwachsene auswirken (mehr dazu in Kapitel 6). Denn wie wir als Erwachsene unsere Beziehungen leben, hat vor allem damit zu tun, wie wir als Kinder eingebunden und emotional aufgehoben waren.

Grob gesagt kann man zwei Gruppen von Bindungstypen unterscheiden: Menschen, die sich in ihrer Kindheit geborgen, sicher, bedingungslos geliebt und aufgehoben fühlten. Sie entwickeln einen sicheren Bindungsstil, haben Urvertrauen und sind auch als Erwachsene in der Lage, sich in einer Beziehung zu öffnen. Urvertrauen beschreibt das tiefe Vertrauen darin, dass eine Beziehung stabil sein kann. Je mehr wir als Kind gelernt haben, zu vertrauen, desto besser können wir uns auch als Erwachsene zeigen, wie wir sind – und eine wirkliche Verbindung zu uns selbst und anderen Menschen spüren. Schätzungen zufolge haben etwa die Hälfte aller Paare einen sicheren Bindungsstil.[14]

Menschen, die ihre Bezugspersonen in der Kindheit hingegen als unzuverlässig, emotional abgekühlt und unsicher erlebt haben, entwickeln eine unsichere Bindung. Sie sind geprägt von einem Urmisstrauen: Sie sind schnell verunsichert, trauen anderen Menschen weniger über den Weg, glauben nicht daran, dass es Verlässlichkeit gibt, sondern erwarten eher immer das Negative. Menschen, die unsicher gebunden sind, halten es nicht für selbstverständlich, geliebt zu werden, sondern sie haben als Kind gelernt, dass sie sich dafür sehr anstrengen müssen. Die unsichere Bindung kann sich im Erwachsenenalter dann wiederum in zwei Varianten ausprägen. Unsicher gebundene Menschen neigen entweder zu einem ängstlichen, Nähe suchenden Verhalten – betroffene Frauen klammern sich an ihren Partner. Die zweite Variante der unsicheren Bindung ist die, in der Nähe und emotionale Wärme vermieden werden. Betroffene haben in der Kindheit schlechte Erfahrungen gemacht, und die eigenen Bezugspersonen als nicht warm und verlässlich erlebt. Durch den unsicher-vermeidenden Bindungsstil sorgen sie als Erwachsene dafür, dass das nicht noch einmal passiert: Die Partnerin oder der Partner wird auf Distanz gehalten – um sich selbst vor den Verletzungen, die man aus der Kindheit kennt, zu schützen.

Menschen, die diesen unsicher-vermeidenden Bindungsstil haben, sind die ganze Zeit im Selbstschutzmodus aktiv, sie lassen keinen anderen Menschen wirklich an sich heran. Beschäftigen sie sich allerdings mit ihrer Bindungsangst, zum Beispiel in einer Psychotherapie, können sie das Muster auflösen – und eine glückliche Partnerschaft führen. Bleiben ihnen ihre Bindungserfahrungen hingegen unklar, werden sie eher ein Leben lang »Single« sein – und dass, obwohl sie in einer Partnerschaft leben. Auch wenn alle Bindungstypen bei Frauen und Männern vorkommen, neigen bei der unsicher gebundenen Variante die Frauen eher zum ängstlichen, klammernden und Männer eher zum vermeidenden Verhalten.[15]

Generell beschreibt eine Bindungsangst die tief verwurzelte, misstrauische Befürchtung, von einem anderen Menschen nicht geliebt und zurückgewiesen zu werden. Aus dieser Angst heraus versuchen die einen Partner, sich sehr eng zu binden, und andere suchen genau das Gegenteil: Sie vermeiden Nähe. Der unsichere Bindungsstil ist ein häufiger Grund, wenn es für Frauen nicht mit den Männern klappt. Studien zeigen zudem, dass ein unsicherer Bindungsstil in der Kindheit auch ein potenzieller Risikofaktor für spätere Angsterkrankungen ist.[16] Eine andere Untersuchung belegt: Der Familienstand »alleinlebend« ist ebenso ein klarer Risikofaktor für beispielsweise eine soziale Angststörung.[17]

Wie stark beeinflusst der Bindungstyp, den man als Kleinkind erworben hat, nun als Erwachsener konkret beispielsweise die Partnerwahl? Wie viele Singles und wie viele liierte Menschen leiden unter einer Bindungsangst? Eine Studie der Ruhr-Universität Bochum ist dieser Frage nachgegangen. Die Untersuchung zeigt: Im Vergleich zu liierten Personen sind Singles tatsächlich bindungsängstlicher. Auf einer siebenstufigen Skala weisen sie durchschnittlich einen Wert von 3,52 und Liierte einen Wert von 2,46 auf. Zudem sind Frauen, die nicht in einer Partnerschaft leben, ebenso weitaus bindungsvermeidender als Frauen, die eine Beziehung führen. Aus der Befragung von 643 Personen geht hervor, dass Singles sich von Menschen in einer Beziehung vor allem darin unterscheiden, dass sie mehr Bindungsvermeidung und Bindungsangst erleben. Beides steht in hohem Zusammenhang mit einer unsicheren partnerschaftlichen Bindung und mit einer als weniger positiv erlebten Beziehung. Zudem sind liierte Menschen – und hier vor allem Frauen – eher dazu bereit, Opfer für Partnerschaften zu erbringen und ihr Selbst und ihr Leben positiver einzuschätzen.[18] Die Forschung macht aber auch Hoffnung: Wer sich mit der Problematik beschäftigt, hat gute Chancen, die eigenen verinnerlichten Verhaltensmuster zu sehen, anzunehmen und dann zu verändern – so wie auch Nina das in der Psychotherapie gelernt hat.

Die junge, selbstständige Frau weiß heute, dass auch sie verinnerlicht hat, möglichst wenig wirkliche Nähe zuzulassen. Sie hat sich unbewusst nur in Beziehungen mit solchen Männern gestürzt, die von vornherein nicht verfügbar waren, und gleichzeitig vermieden, nach ihren eigenen Bedürfnissen zu schauen. Ninas Bindungsangst hat dafür gesorgt, die oft klaren Signale der Männer – dass diese nämlich keine Beziehung suchen – zu verdrängen. Sie hat einfach gehofft, dass mehr daraus entstehen würde. So hat sie unbewusst sichergestellt, dass sie nicht an einen Mann gerät, der zu einer wirklichen Beziehung bereit ist. Damit lief sie nicht Gefahr, plötzlich in einer Situation zu sein, die auch von ihr Nähe und Verbundenheit und eine Auseinandersetzung mit ihren persönlichen Bedürfnissen erfordert hätte. Und sie konnte die Schuld an ihrem Singledasein weiter auf die Männer schieben, die sie alle nicht wollten.

Nina ist nun bereit, sich mit ihren Bedürfnissen, Wünschen und Erfahrungen zu beschäftigen. Sie führt erstmals in ihrem Leben eine Beziehung mit sich selbst und ist daher in der Lage, auch eine potenzielle Beziehung zu den Männern zu spüren, die zu ihr passen könnten. Nina ist überzeugt, dass ihr Unterbewusstsein die Bindungsangst kreiert hat, um Nina zu zwingen, näher hinzuschauen und zu realisieren, was wirklich bei ihr los ist. Sie musste erst ihr eigenes Bindungsmuster aus der Kindheit kennenlernen und auflösen, um sich einer anderen Person anvertrauen und emotional öffnen zu können. Im Laufe der Therapie wagt Nina wieder, mit Männern auszugehen. Anders als früher datet sie nun aber nur noch diejenigen, mit denen sich der Kontakt von Beginn an stimmig anfühlt, wo sie sich gesehen und gemeint fühlt – und wo sie keine Anzeichen beim Gegenüber erkennt, dass er gar keine Beziehung sucht.

## Kinder bekommen und wieder loslassen

Kaum ist die Frage der Partnerwahl geklärt, steht für viele Frauen die nächste potenzielle Herausforderung im Raum: die Frage nach eigenem Nachwuchs. Wobei es immer mehr Frauen gibt, die sich auch ohne Partner oder Partnerin für ein Baby entscheiden. Und auch diese Schwellensituation ist heute für viele Frauen keine einfache Hürde. Wenn Frauen sich entscheiden, ob sie Kinder in diese Welt setzen oder nicht, spielen viele Faktoren eine Rolle. Gibt es einen liebevollen Partner und verlässlichen Vater oder eine Partnerin für das Kind? Kann ich mir ein Kind leisten? Was ist mit meiner beruflichen Zukunft und Karriere? Möchte ich in diese Welt überhaupt Kinder setzen? Es ist normal, dass eine Schwangerschaft bei der werdenden Mutter auch mit Ängsten und Sorgen einhergeht. Vor allem bei der ersten Schwangerschaft kann der Gedanke an die Geburt oder das Muttersein Ängstlichkeit auslösen. Diese Ängste sind in dieser Schwellensituation normal und nicht gleichbedeutend mit einer Angststörung.

Gleichzeitig gibt es aber auch viele Angstpatientinnen, die wie viele gesunde Frauen in einem bestimmten Alter einen natürlichen Kinderwunsch haben. Manchmal fällt die Frage nach der Familienplanung sogar genau in die Zeit, in der gerade eine Angststörung diagnostiziert wurde. Prinzipiell schließen sich eine Angststörung und eine Schwangerschaft nicht aus – auch wenn Frauen, die unter Ängsten leiden, sicher noch mehr Unsicherheiten fühlen, als sie ohne diese Ängste schon haben. Viele Angstpatientinnen fürchten, dass sie nicht die liebevolle und umsorgende Mutter sein können, die sie gern sein möchten. Sie haben Sorge, dass ein Kind sie überfordern könnte und dass sie zu wenig Unterstützung bekommen.

Wenn du betroffen bist, fragst du dich vielleicht: Was, wenn da ein Kind ist und es mir gerade richtig schlecht geht? Oder wenn ich dem Kind schade, meine Ängste gar übertrage? Auch fürchten viele, sozial beäugt und bewertet zu werden, oder dass andere Menschen sich zum Beispiel skeptisch dazu äußern könnten, wenn eine Angstpatientin ein Kind bekommt. Manche Frauen mit Ängsten fürchten gar, dass sich der Staat einmischen und ihnen das Kind wegnehmen könnte. Viele Frauen mit Ängsten, die Medikamente nehmen, haben Panik vor Nebenwirkungen für ihr Kind während der Schwangerschaft oder Sorge, dass sie auf andere Medikamente umstellen müssen, mit denen es ihnen selbst schlechter geht. Und was passiert, wenn ich mich nicht darüber freuen kann, Mutter zu sein?

Kerstin in ihren Vierzigern ist beruflich stark engagiert, hat aber keine Freude mehr an ihrem Beruf. Sie hat ihr Leben lang für ihre Karriere gearbeitet, alles darauf ausgerichtet, wollte eine herausragende Wissenschaftlerin werden. Das hat sie geschafft. Doch seit sie vor fünf Jahren ein Kind geboren hat, leidet sie unter massiven Ängsten, einer inneren Anspannung und Sorgen bezüglich ihrer Lebenssituation. Sie hat immer wieder Panikattacken. Außerdem kann sie nachts nicht schlafen, fühlt sich selbst unsicher und hat sich von ihrem Freundeskreis weitgehend zurückgezogen. Die Beschwerden traten erstmals auf, als Kerstin ihre Tochter geboren hat. Die mit der Geburt verbundenen Veränderungen und die Verantwortungsübernahme haben dazu geführt, dass sie heute wieder regelmäßig Panikattacken hat, die sie bereits aus ihrer Kindheit kennt. Mit ihrem Partner fühlt sie sich sehr glücklich. Doch seit der Geburt ist nichts mehr wie vorher. Kerstin wünscht sich nichts sehnlicher, als sich wieder so wohlzufühlen wie vor der Geburt ihres Kindes. Gern würde sie wieder Pläne für ihre Zukunft schmieden und einfach wieder mehr Spaß am Leben empfinden. Doch da ist nichts als eine innere Leere und ausgeprägte Ängste, so dass sie beispielsweise noch nicht einmal mehr mit ihrer Tochter auf den Spielplatz gehen kann.

Es gibt viele Fragen, die eine Frau mit Ängsten zum Thema Familienplanung umtreibt. Doch wer sagt, dass sie deswegen eine schlechte Mutter wird? Viele dieser Zweifel entstehen auch, weil es in der Gesellschaft immer noch eine klare Vorstellung davon gibt, wie eine Mutter zu sein hat: glücklich, engagiert und begeistert von der neuen Rolle. Dabei zeigen Studien mittlerweile sehr deutlich: Für sehr viele Mütter, auch viele ohne Angststörung, ist es mit großem Stress verbunden, wenn sie – wie in unserem Beispiel Kerstin – sich diesen Druck zu eigen machen, wenn sie selbst glauben, perfekt sein zu müssen und die Erwartungen der eigenen Eltern und der Gesellschaft erfüllen zu müssen. Für Frauen mit Ängsten ist der hohe gesellschaftliche Druck oft noch belastender. Statt über ihre Sorgen zu sprechen, sind sie oft vorsichtiger und vermeiden ein Gespräch.

Expert:innen zufolge treten Ängste während der Schwangerschaft recht häufig auf. Entweder weil eine Angstsymptomatik aus früheren Zeiten wieder zurückkehrt oder eine vorher bestehende Angst sich verschlimmert. Ursächlich sind psychologische Faktoren, hormonelle und körperliche Veränderungen sowie im Fall einer Medikation die Umstellung der Arzneimittel während einer Schwangerschaft. Es gibt aber zum Beispiel viele Frauen mit Ängsten, die in der Schwangerschaft keine Probleme haben – und wo die Panikattacken beispielsweise nach der Geburt (wieder)kommen. Bei vielen Frauen verbessert sich die Situation umgehend, wenn sie frischgebackene Mutter sind. Bei anderen nehmen die Ängste in der Schwangerschaft zunächst zu – und verbessern sich dann nach der Geburt. Für viele Frauen wirkt ein Kind seelisch stabilisierend. Da aber jede Angststörung und auch jede Schwangerschaft anders verläuft, gibt es keine allgemeingültige Regel.

Wenn Frauen therapeutisch gut begleitet werden, sind die Angststörungen aber nichts, was einer Schwangerschaft entgegensteht. Studien beschreiben bisher auch keinen belastbaren Zusammenhang zwischen Angsterkrankungen und spezifischen Schwangerschafts- oder Geburtskomplikationen.[19] Weiter erforscht werden muss noch die Frage, ob eine Schwangerschaft ein spezifischer Risikofaktor für Panikstörungen ist.

Wichtig ist, dass Schwangere aussprechen, was sie belastet – und sich sowohl Hilfe in ihrem privaten wie auch im professionellen Umfeld suchen. Wenn du diese Zweifel also kennst und vielleicht auch schon einmal darüber nachgedacht hast, ob du ein Kind bekommen möchtest, dir das aber nicht zutraust, ist es wichtig, vor allem erst einmal über deine Skepsis und deine Sorgen zu sprechen. Dann wirst du merken, dass du nicht allein bist. Es kann entlastend sein, sich über Schwierigkeiten und offene Fragen zum Kinderwunsch mit anderen Frauen auszutauschen. Keine Frau sollte sich zudem mit ihren Ängsten durch die Schwangerschaft quälen. Ansonsten besteht das Risiko, dass die Beschwerden danach chronifizieren. Stattdessen hilft es, sich zum Beispiel Hilfe in Form einer Psychotherapie zu holen. Eine Angst während und nach der Schwangerschaft ist meist gut zu behandeln.

## Wenn die Kinder das Nest verlassen

Das Leben mit Kindern verändert alles. Viele Frauen können sich bald nicht mehr vorstellen, wie es ohne war. Und so schnell, wie sie sich an die Kinder gewöhnt haben, so schnell vergeht auch die Zeit, bis diese schon wieder weg sind – ganz egal, ob es sich um eigene Kinder oder zum Beispiel adoptierte oder die aus einer Patchwork-Beziehung handeln. Der Ablöseprozess von Kindern ist eine weitere wichtige Schwelle im Leben von Frauen – und er beginnt, lange bevor die Kinder erwachsen sind und studieren, arbeiten und selbst Kinder bekommen. Der Tag, an dem die flügge Jugend mit dem Möbelwagen davonfährt, macht vielen Frauen spätestens dann bewusst, dass wieder eine Lebensphase zu Ende geht, die ihr noch Jahre zuvor unendlich erschien.

Es gibt keine Regeln, wie man das Loslassen der eigenen Kinder vorbereitet oder darüber hinwegkommt. Vor allem für Frauen mit Ängsten und psychischer Instabilität kann das sogenannte »Empty Nest« aber eine harte Zeit bedeuten. Das Empty-Nest-Syndrom ist keine Krankheit im eigentlichen Sinne, sondern es wird eher verstanden als eine emotionale Reaktion in einer wichtigen Übergangsphase im Leben aller Eltern. Wenn das Kind von zu Hause auszieht, leiden häufig vor allem die Mütter unter der Trennung. Denn meist sind es die Frauen, die persönliche Erfolge im Berufsleben für die häusliche Harmonie zurückgestellt haben. Oft fällt die Trennung von den Kindern auch mit den Wechseljahren und der bevorstehenden Rente zusammen – was das Risiko für psychische Krankheiten und Ängste zusätzlich erhöht.

Das Empty-Nest-Syndrom ist von Traurigkeit, Ängsten und Verlustgefühlen gekennzeichnet. Wenn diese Gefühle länger anhalten, kann es sich auch auf das tägliche Leben auswirken und zu einer manifesten Angststörung, zu Panikattacken, psychosomatischen Beschwerden und Schlafstörungen führen. Manchmal greifen betroffene Mütter auch vermehrt zu Alkohol oder sie nehmen Medikamente.[20]

»Ob nach der Kindererziehung eine schmerzvolle Lücke klafft, hängt nicht davon ab, ob eine Mutter voll oder nicht gearbeitet hat, sondern eher davon, ob ihre persönliche Zufriedenheit vor allem aus einer funktionierenden Familie gespeist wird«, sagt Heike Buhl von der Universität Paderborn in einem *Stern*-Artikel über das Empty Nest. Die Psychologie-Professorin erforscht die Beziehung zwischen Eltern und erwachsenen Kindern. Zudem gibt es Situationen, bei denen sich nach dem Weggang der Kinder eine ungesunde Beziehung offenbart. Buhl spricht von »Parentifizierung«, wenn

Kinder beispielsweise zum Partnerersatz werden – und mit ihren Müttern über Dinge sprechen, die sie eigentlich nicht interessieren sollten. »Bauen beispielsweise Alleinerziehende eine solch enge, oft ungesunde Beziehung zum Kind auf, kann der Auszug für das Elternteil problematisch werden.« Wird die Ablösung als dramatisch erlebt, sprechen Expert:innen von einer Anpassungsstörung.[21]

Mit dem Erwachsenwerden ihrer Tochter erlebt Susanne seit vielen Jahren erstmals mehr Freiheit: Keine Schulbrote mehr schmieren, ausschlafen, wenn auch nur eine halbe Stunde länger, vor dem Computer oder im Stehen essen. Und doch fiel es ihr fast zwei Jahre lang schwer, vor sich selbst zuzugeben, dass sie den Schmerz über die Ablösung abgewehrt hat. Statt das Kind ziehen zu lassen, hat sie ihr Netzwerk spielen lassen und der Tochter alles ermöglicht: ein Ticket für ein ausverkauftes Konzert ihrer Lieblingsband, ein Praktikum bei einer Designerin in New York, gemeinsame Städtereisen. »Ich habe immer reingegrätscht und erst spät gemerkt, dass ich aus Angst, bloß kein Problem mit ihrem Erwachsenwerden zu bekommen, total übergriffig war.«
Wenn sie zurückblickt, merkt sie, dass die schmerzvolle Ablösung von ihrer Tochter eigentlich schon Jahre vor deren Auszug begonnen hat, sozusagen mit deren Pubertät. Als die Tochter mehr und mehr ihrer eigenen Wege ging, spürte Susanne viel Traurigkeit, war gereizt und entwickelte Ängste, wie sie klarkommen soll, wenn das Kind irgendwann wirklich ausziehen würde. Sie war selbst überrascht, wie verunsichert sie plötzlich bei allem war. Sicher spielte auch mit hinein, dass sie zeitgleich in die Wechseljahre kam und ihren Körper als weniger belastbar und attraktiv empfand. Erstmals in ihrem Leben hatte sie aber vor allem Angst, nicht mehr gebraucht zu werden und allein nicht mehr in ihrem Alltag zurechtzukommen. Sie traute sich nicht mehr, abends alleine im Restaurant zu sitzen – was sie früher mit großer Freude getan hatte. Sie fühlte einen großen Verlust und den Anfang vom Ende

ihrer glücklichen Zeit als Mutter. Sie litt wie ein Hund – obwohl sie ja wusste, wie wichtig es ist, dass das Kind sich abgrenzt und abnabelt. Erst als sie andere Mütter mit ähnlichen Geschichten sprach, wurde ihr klar, dass es besser ist, die Ängstlichkeit und die Trauer über das näher rückende Ende des Lebens zuzulassen, zu umarmen und nicht zu verdrängen. In ihrer Gesprächstherapie lernt Susanne, dass das Empty Nest auch nur ein Auslöser ist – und die Angstgefühle, die der Weggang der Tochter provoziert hat, schon viel älter sind.

Wie bei Susanne hat das eigene Kind oft eine bestimmte Funktion auch für die Mutter erfüllt. Es steigert den Selbstwert und gibt ihr das Gefühl, gebraucht zu werden. Die Psychologin Felicitas Heyne hat beobachtet, dass oft auch die Instrumentalisierung des Kindes zum Problem wird, wenn zum Beispiel das eigene Kind das mütterliche Selbst verlängert, quasi die Krönung ihres Lebens ist. »Betroffen sind oft Karrierefrauen, in deren Leben alles perfekt läuft, samt dickem Auto, großem Haus«, ergänzt die Fachfrau mit eigener Praxis in Rheinland-Pfalz. Das Kind sei Leistungsträger, müsse stromlinienförmig mitschwimmen und quasi beweisen, dass die Mutterschaft perfekt laufe. »Werden die Kinder größer und versuchen sich zu entziehen, kommt es zu Machtkämpfen. Der Aspekt des Schuldgefühls beim Kind wird beim Thema Empty Nest oft unterschätzt.« Vor allem junge Frauen möchten sich von der kontrollierenden Mutter abnabeln, trauten sich aber nicht. »Nicht selten entwickeln auch sie Ess-, Angst- oder sexuelle Störungen, die typischerweise eher in der Pubertät auftreten.« Heynes Rat, um all das zu verhindern: »Sich vom Tag der Geburt an bewusst zu machen, dass Kinder wieder gehen.« Ziel müsse sein, sie im positiven Sinne zu begleiten und die Sprösslinge zur Selbstständigkeit zu erziehen. Und zwischendrin überprüfen, ob man noch auf der Zielgeraden ist. »Schafft ein Paar das gemeinsam, umso besser und die Mutter trägt nicht allein die Last.«[22]

## Im Alter nehmen klassische Ängste ab

Dann sind die Kinder irgendwann aus dem Hause, die Menopause ist überstanden, und vielleicht steht die Rente vor der Tür. Und nun? Es beginnt eine Lebensphase, auf die sich viele Frauen, die viel und lange gearbeitet haben, zunächst freuen. Doch schnell wird oft klar: Der Übergang zum Altwerden ist nicht selten auch mit mehr Furcht und Sorge als mit Spaß am Leben verbunden.

Ingeborg ist eine stille Frau, die sich nicht beschwert. Sie versucht sich nicht aufzuregen, das macht ihr Herz nicht mit. Unruhig und zitterig fühlt sie sich ohnehin schon ständig. Sie versucht jeden Tag, zu funktionieren und wenigstens einigermaßen gesund zu bleiben. Denn ihren Körper und ihr Herz braucht die 68-Jährige noch. Auch wenn das Herz längst gebrochen ist – so fühlt es sich für die ältere Dame mit dem gekrümmten Rücken seit dem Tod ihres Mannes zumindest an. Die Witwe ist sehr allein und jeden Tag voller Angst. Sie fühlt sich einsam, aussortiert, alleingelassen und in ihrer Würde verletzt. Schließlich hat sie ihr Leben lang gearbeitet – und liegt nun nur knapp über dem Betrag, ab dem sie Grundsicherung – eine Art Sozialhilfe für Rentner:innen – beantragen könnte. Sie fragt sich, wie alles wohl weitergehen soll, wenn sie – ähnlich wie ihr Mann in den letzten Jahren – auch mal auf Hilfe und Unterstützung angewiesen ist. Wie lange wird sie es noch morgens um sechs aus dem Bett schaffen, um mit dem Bus in das Industriegebiet der Kreisstadt zu fahren und dort am Fließband Lebensmittel zu sortieren? Was soll sie machen, wenn die Zeitarbeitsfirma nicht mehr anruft, weil sie zu alt ist und nicht mehr so schnell am Fließband?
Ingeborg ist Rentnerin, doch das Geld, das sie zur Verfügung hat, reicht nicht aus. Seit nun auch noch ihr Mann verstorben ist, quälen sie Existenzängste. Für Ingeborg kommt es am Ende des Lebens noch einmal dicke. Sie muss sich nicht nur daran gewöhnen, nach

50 Jahren Ehe wieder ganz auf sich allein gestellt zu sein. Sie muss auch damit leben, dass sie noch weiter jeden Tag arbeiten gehen muss, um über die Runden zu kommen. Ingeborg hat Angst vor der Zukunft und dem Tag, an dem sie es nicht mehr frühmorgens aus dem Bett schafft.

Mit dieser Sorge ist Ingeborg nicht allein. Jeder zweite Deutsche hat mittlerweile Angst vor Altersarmut. Und die Zahlen steigen weiter. Die Altersarmut trifft vor allem Frauen. Ein Lebensabend in Würde ist vielen Frauen nicht vergönnt, obwohl sie viel für die Gesellschaft getan haben, ohne dafür angemessen bezahlt worden zu sein.[23] Die Angst bestimmt jeden Tag, ohne dass die Betroffenen sich aus dem beklemmenden Gefühl befreien oder die Altersarmut noch abwenden könnten. Ängste im Alter sind wie eine chronische Krankheit, an der man nichts mehr groß verändern kann und die nicht heilbar ist. Auch fürchten viele ältere Frauen, dass sie die Kontrolle über ihr Leben verlieren und keine soziale Anerkennung mehr von anderen bekommen, wenn sie zum Beispiel bis ins hohe Alter arbeiten müssen. Jede noch so kleine finanzielle Investition erhöht den Stresspegel und kann Panikattacken oder Depressionen auslösen. Betroffene Frauen fühlen sich macht- und kraftlos und außerstande, die Probleme anzugehen. Viele Frauen, die sich vor Altersarmut fürchten, entwickeln auch Kopf- oder Rückenschmerzen, Atemnot oder Herzrasen.

Das Älterwerden wirkt sich im Vergleich zu anderen Lebensphasen dennoch widersprüchlich auf die Entwicklung von Angsterkrankungen aus, wie Angstexpert:innen im *Praxishandbuch Angststörungen* schreiben. Einerseits fühlen viele Frauen eine starke Existenzangst, eine Furcht vor der Endlichkeit des Lebens, und auch das Risiko für körperliche Erkrankungen steigt objektiv.[24] Wie eine Studie belegt, gibt es zwischen Mitte 60 und älter noch einmal viele Frauen mit einer generalisierten Angst. Auch die Agoraphobie, die

Angst, wie in der U-Bahn oder dem Fahrstuhl eng auf andere Menschen zu treffen, ist bis ins hohe Alter weit verbreitet. Gleichzeitig nehmen aber beispielsweise spezifische Phobien, soziale Angststörungen und die Panikstörung im Alter tendenziell eher ab.[25] Auch unterscheiden sich die Ängste in ihrer Zahl und Ausprägung nicht mehr signifikant bei älteren Männern und Frauen.[26] Die *Studie zur Gesundheit Erwachsener in Deutschland* zeigt, dass elf Prozent der über 65-Jährigen Ängste erleben, die mindestens zwölf Monate andauern.[27] Am häufigsten sorgen sich Senior:innen um ihre Gesundheit, körperliche Behinderungen und dass sie anderen zur Last fallen.

Wir können davon ausgehen, dass es vor allem ältere Frauen sind, die häufig Angst vor Altersarmut haben. Denn sie trifft es am Lebensabend öfter ähnlich hart wie die Rentnerin Ingeborg. Laut aktueller Daten der Bundesagentur für Arbeit ist jede dritte in Vollzeit arbeitende Frau von Altersarmut bedroht.[28] Die Ursachen sind vielfältig: Frauen arbeiten in Branchen, die schlechter bezahlt werden. Sie bekommen Kinder, sind länger in Elternzeit und arbeiten öfter in Teilzeit (siehe Kapitel 4). Zudem scheinen Frauen ihren Lebensabend seltener finanziell vorzubereiten: Fast jeder dritte Mann sorgt aktiv für den Ruhestand vor, im Vergleich dazu tun das lediglich 23 Prozent der Frauen. Hier muss unbedingt ein Umdenken stattfinden. Denn ein Mann ist keine Altersvorsorge, und auch die Politik müsste viel stärker darauf reagieren, damit nicht die Frauen, die die immer noch die meiste unbezahlte Care-Arbeit leisten, am Ende auch noch dafür bestraft werden.

Interessant ist, dass Frauen, die Erfahrungen mit der Ungleichheit der Geschlechter gemacht haben und die sich dieser bewusst sind, tatsächlich auch mehr Angst vor dem Altern entwickeln – und zwar in allen Lebensbereichen. Frauen, die wissen, dass es geschlechtsspezifische Differenzen gibt, haben Studien zufolge auch im Alter mehr soziale und wirtschaftliche Ängste sowie Angst vor dem Verlust ihrer Weiblichkeit, ihrer Gesundheit und den körperlichen Veränderungen als alternde Frau als solche, die darüber nicht aufgeklärt sind.[29] Stimmt es also, dass sie auch umso ängstlicher werden, je mehr sie wissen? Man kann diese Frage noch nicht beantworten, die Gründe sind noch nicht erforscht. Die Hypothese aber wird durch weitere Studien gestützt, die davon ausgehen, dass es vor allem eher individuelle und gesellschaftliche Faktoren sind und nicht das Alter selbst, die als Risikofaktoren gelten.[30]

In unserer Gesellschaft zu altern, ist für viele Frauen generell eine Herausforderung. Denn obwohl mit der Rente und dem Lebensabend scheinbar alles wieder möglich wird und ein neuer, nie dagewesen freier Lebensabschnitt beginnt, fühlen sich viele Frauen desorientiert, verunsichert und in Sackgassen gefangen, wie die emeritierte Professorin und Psychologin Pasqualina Perrig-Chiello in ihrem Buch *Own your Age* schreibt.[31] Je nach Persönlichkeit leiden sie still weiter vor sich hin, verharren in der alten Rolle und entwickeln auch Ängste. Perrig-Chiello zufolge liegt die Lösung in einer ehrlichen, kritischen Selbstanalyse, die jedoch maßgeblich von der Persönlichkeitsstruktur abhängt. Gelingen kann sie Menschen, die sich, vielleicht sogar trotz schwieriger Biografie und zahlreicher negativer Lebensereignisse, für eine selbstverantwortliche Auseinandersetzung mit sich selbst entscheiden. Die eine Persönlichkeitsstruktur mit einer hohen emotionalen Stabilität und Offenheit für Neues haben. Diese Menschen sind wenig ängstlich und selbstbezogen, sie haben die besten Chancen für einen Neuanfang, auch im Alter. Weniger gut gelingt die Neuausrichtung des Lebens hingegen denen, die nicht bereit sind, die eigene Verantwortung für ihr Leben bisher und in der Zukunft zu übernehmen und stattdessen in Unzufriedenheit und dem Gefühl gefangen bleiben, vieles im Leben verpasst zu haben.[32] Wie so oft, ist auch die Bewältigung des Alters eine Frage der Einstellung und Haltung zum Leben generell.

Die Behandlung älterer Angstpatientinnen ist oft komplex, denn ältere Menschen und auch Frauen mit Angst haben generell viele Begleiterkrankungen (siehe Kapitel 11). Zudem reagieren ältere Menschen anfälliger auf Nebenwirkungen von Medikamenten.

Expert:innen sprechen sich dafür aus, dass mehr ältere Menschen eine Psychotherapie beispielsweise eine Verhaltenstherapie machen. Bisher sind viele ältere Menschen wegen Vorurteilen und Stigmata noch zögerlich. Noch nicht einmal ein Prozent der älteren Menschen, die sich mit psychischen Störungen in Psychotherapie begeben, ist älter als 70 Jahre.[33] Vielleicht würde die Scham sinken, wenn noch mehr Therapeut:innen speziell für ältere Patient:innen ausgebildet würden und älteren Menschen damit eher Therapieplätze angeboten werden könnten. Und wenn psychische Befindlichkeiten in unserer Gesellschaft nicht mehr als Tabu und Betroffene als krank abgestempelt würden, sondern als etwas, das wie alle anderen Befindlichkeiten zum Leben dazugehört.

## KAPITEL 9

# GESUNDE ANGST

Im vorherigen Kapitel haben wir erfahren, wie viele Schwellensituationen es in einem weiblichen Leben gibt – und wie oft diese auch von Ängsten begleitet sein können. Doch Angst ist ein Alleskönner und hat auch viele positive Seiten. Angst kann zum Beispiel den Geist und Körper vor einer Prüfung ankurbeln. Angst macht aufmerksam in bedrohlichen Situationen. Sie regt zur Reflexion der eigenen Person an und hilft dabei, den Fokus auf den Körper als Ganzes und verschiedene körperliche Zustände zu richten.

Nina Weniger kennt all diese Seiten der Angst – sie beschäftigt sich als Coachin und Rhetorik-Regisseurin beruflich mit dieser Emotion.[1] Zu Nina Weniger kommen Menschen, die ihre Kompetenzen zeigen wollen und denen dabei die Angst im Wege steht. Vielen Menschen, die diese Situation kennen, fehlt das Gefühl der Selbstwirksamkeit. Sie können sich nicht vorstellen, dass sie etwas bewirken können, dass sie selbst etwas an ihrer Situation ändern können. Etwa zwei von drei der Betroffenen sind weiblich. Nina Weniger bietet genau für diese Situation und zum Thema Selbstwirksamkeit verschiedene Workshops für Frauen aller Altersklassen an. »In meinen Gruppen sitzt die 15-jährige Schülerin neben der 76-jährigen Künstlerin«, sagt Nina, »und das funktioniert gut. Alle haben das Ziel etwas verändern zu wollen, und zwar aus sich heraus.«

Nina kennt das Bedürfnis nach Veränderung gut. Mit 40 Jahren hat sie ihr Leben umgekrempelt und ist nach Schweden gezogen, mit einem Stipendium in der Tasche. Dort hat sie an der Universität Stockholm Rhetorik studiert. Als einzige Nicht-Muttersprachlerin in einem Rhetorikseminar, da schauen einen alle an. Das war nicht so einfach, sagt sie. Aber es hat irrsinnig viel Spaß gemacht, wieder lernen zu können. Zurück in Deutschland begann sie an Universitäten Workshops und Seminare zum Thema Präsentieren zu geben. Inzwischen wird ihr Angebot von Unternehmen, Verlagen, Führungskräften und Selbstständigen aller Bereiche genutzt.

Mit ihrer Mischung aus Körperarbeit, Gruppenarbeit und Kurzvorträgen gelingt es ihr schnell, den Teilnehmerinnen die Sorge zu nehmen, sich mit ihren Ängsten zu zeigen. Atem- und Stimmübungen sind besonders hilfreich im Umgang mit Unsicherheiten. Nina erlebt viele Frauen, die während Vorträgen, Präsentationen oder Reden plötzlich eine hohe Stimme bekommen, oder denen die Stimme gänzlich versagt. Oft hat das mit der Atmung zu tun. Wer nicht frei atmen kann, der ist blockiert. Viele Teilnehmer:innen berichten, dass sie sich sonst gar nicht so kennen. In der Aufregung wissen sie nicht, wohin mit ihren Händen. Manche verlagern ihr ganzes Gewicht auf ein Bein und verknoten das andere dahinter. Die Hände landen oft hinter dem Rücken. Angst findet immer Wege, sich auszudrücken. Die Erfahrung, sich blockiert oder gar ohnmächtig zu fühlen, ist unangenehm.

Die größte Angst der Frauen in den Kursen von Nina Weniger ist es, sie selbst zu sein und sich damit zu zeigen. Wer darf ich sein? Wie viel Raum darf ich mir nehmen? Bin ich zu widersprüchlich? Wie kompetent und selbstbewusst darf ich mich zeigen? Das Coaching macht Frauen Mut, diese Fragen nicht zu verdrängen. Denn es lohnt sich, mit der eigenen Angst in den Dialog zu gehen. Angst ist ein Teil der Persönlichkeit, wie viele andere Aspekte, die auch ausgedrückt werden wollen.

Das Prinzip von Wenigers Coaching ist es zu vermitteln, dass der Umgang mit Angst befreiend sein kann. Angst haben kann sogar

Spaß machen, auch das lernen die Frauen in den Kursen – und zwar dann, wenn Frauen sie gut für sich nutzen, indem sie sich Raum und Zeit nehmen für sich selbst. Viele Frauen machen neue Erfahrungen, sie lernen sich noch einmal ganz anders kennen. So sagte zum Beispiel eine Teilnehmerin nach einem Kurs: »Ich stehe eigentlich nicht gerne im Rampenlicht, aber jetzt macht es mir Spaß.«

## Die positiven Seiten der Angst

Angst ist also mitnichten immer schlecht. Im Gegenteil: Wenn wir uns mit ihr beschäftigen, dann eröffnet sie sogar die Möglichkeit zu mehr Empowerment, zu mehr Selbstermächtigung und Selbstbefähigung. Angst kann uns so etwas wie Female Empowerment bringen – das bedeutet, sich als Frau selbstbestimmt und selbstverantwortlich im Leben zu fühlen. Female Empowerment beinhaltet weiter das Gefühl, dass wir Frauen unsere persönlichen Angelegenheiten selbst in die Hand nehmen. Dass wir mutig sind, eigene Wege zu gehen und unseren Ressourcen vertrauen. Das ist durch viele verschiedene gesellschaftliche Hintergründe für Frauen immer noch oft gar nicht so einfach, und deshalb hat die persönliche Unabhängigkeit und Selbstbestimmung für Frauen eine besondere und andere Bedeutung als für Männer. All das haben wir bereits in Kapitel 4 ausführlich beschrieben.

Häufig wird der Wunsch von Frauen nach einem unabhängigen und selbstbestimmten Leben durch Ängste behindert. Frauen fragen sich oft: Schaffe ich das? Kann ich das? Viele berichten von Ängsten, die eigene Karriere zu planen oder nach der Elternzeit wieder in den Beruf einzusteigen. Was passiert aber, wenn Frauen sich nicht von Ängsten hemmen lassen, und was sagt die Psychologie dazu?

Aus psychologischer Sicht betrachtet kann uns Angst sogar Ratschläge geben. Das sagt der bekannteste deutsche Angstforscher

Borwin Bandelow, Professor an der Psychiatrischen Klinik der Universität Göttingen und Gründer eines Forschungsinstitutes für Angststörungen. Angeborene Ängste oder Urängste, wie er sagt, bewahren uns vor lebensgefährlichen Situationen und haben das Überleben verschiedenster Arten gesichert, eben auch das unsere. Angeborene Ängste sind beispielsweise die Angst vor Spinnen, wilden Tieren und großen Höhen. Menschen ohne Angstgefühl sind daher ständig in Gefahr.

Es gibt noch einen weiteren positiven Aspekt der Angst. Menschen setzen sich manchmal ganz bewusst dem Angstgefühl aus. Ein gruseliger Film führt nicht unbedingt dazu, dass wir das Programm wechseln. Vielmehr fühlen wir uns wohl mit dem Herzklopfen und der Gänsehaut. Das liegt daran, dass in Angstsituationen Endorphine aus der Hypophyse und dem Hypothalamus ausgeschüttet werden. Endorphine werden eigentlich im Körper gebildet, um Schmerzen zu lindern. Sie sind körpereigene Botenstoffe, die darüber hinaus auch gute Laune machen und unsere Abenteuerlust entfachen. Deshalb werden sie auch als Glückshormone bezeichnet. Die Endorphine führen dazu, dass wir uns gern schaudern oder uns freiwillig (gesichert!) von einer Brücke stürzen wie beim Bungee-Jumping. Die Endorphine verbleiben im Körper, auch wenn die Angst längst vorbei ist, und bereiten uns das beschriebene Wohlbefinden.

Angst hilft auch dabei, Angstgefühle zu überwinden. Während der Coronapandemie haben die Menschen mehr Horror- und Gruselfilme geschaut als in den Jahren zuvor. Anscheinend waren sie pandemiebedingt geübter darin, ihre Angst- und Stressbelastung zu regulieren. Genau das konnten sie dann beim Horrorfilmschauen nutzen. Das hat Mathias Clasen, Professor für Kommunikation und Kultur an der Universität Aarhus, herausgefunden. In dem von ihm gegründeten Labor (Recreational Fear Lab) untersucht er, welche Auswirkungen angstbehaftetes Verhalten hat und ob dieses unsere mentale Gesundheit positiv beeinflusst. Er hat beispielsweise Menschen befragt, die gern Geisterbahn fahren. Sie nutzen die Angstgefühle beim Gruseln, um mehr über ihre eigenen Ängste und deren Regulation zu erfahren.

Michaela, 35 Jahre und beruflich sehr erfolgreich, begibt sich immer wieder auf eher riskante Urlaubsreisen. Begeistert erzählt sie von ihren ausgedehnten Anhaltertrips durch Kolumbien und Mexiko, immer allein. Sie genießt das Gefühl, sich lebendig und frei zu fühlen. Gleichzeitig bagatellisiert sie Gefahren, die es für allein reisende Frauen durchaus gibt. Die Anerkennung und Bewunderung durch andere tun ihr gut, Langeweile und Leere sind ihr ein Graus. Trotzdem fühlt sie sich nicht glücklich. Diese Gefühle kennt sie seit der frühen Kindheit. Sie ist mit einer ängstlichen und depressiven Mutter aufgewachsen. Als Tochter hat sie nicht viel Anerkennung und Raum bekommen. Die Beziehung zur Mutter hat eine diffuse Leere zurückgelassen. In der Psychotherapie hat Michaela herausgefunden, dass hinter ihrem progressiven Verhalten die eigentliche Angst steckt, nicht gesehen und wertgeschätzt zu werden.

Es gibt Menschen, die sich wiederholt in angstauslösende Situationen begeben. Sie meiden die Ängste nicht wie bei einer Phobie, sondern verhalten sich kontraphobisch. Häufig werden diese Menschen für ihren Mut bewundert, so wie Michaela. Kontraphobiker:innen ist ihr Verhalten nicht bewusst. Sie versuchen so, ihre Ängste zu kompensieren. Die eigentliche Angst und das damit verbundene Gefühl der eigenen Verletzlichkeit wehren sie unbewusst ab. Daher spricht man auch von kontraphobischer Abwehr. Kontraphobiker:innen treten die Flucht nach vorne an, um sich gut zu fühlen oder als mutig wahrgenommen zu werden.

Auch in Leistungssituationen spornt Angst uns an. Sie hilft uns dabei, das Beste aus uns herauszuholen. Ängste lassen sich in unterschiedliche Schweregrade einteilen. Wenn Sportler im Kontext von Leistung ängstlich sind, beispielsweise vor einem wichtigen Basketballspiel, erreichen sie etwa ein mittleres Angstniveau. In Kapitel 2 haben wir beschrieben, was bei Angst im Körper passiert, und dass wir dabei Adrenalin und Cortisol ausschütten. Diese Substanzen machen uns wach. Gleichzeitig steigen unsere Aufmerksamkeit und Leistungsfähigkeit. Die körperliche Kettenreaktion, die sich durch Angst ergibt, schafft also optimale Voraussetzungen, um uns beispielsweise auf eine Prüfung oder ein sportliches Turnier vorzubereiten. Wir sind fokussiert und stellen unbewusst unwichtige Dinge für den Moment zurück.

Anders sieht es bei heftiger Angst aus: Befindet sich der Organismus auf einem hohen Angstniveau, schüttet er zu viel Cortisol aus. Wir befinden uns aus körperlicher Perspektive im Flucht- oder Kampf-Modus. In Prüfungssituationen oder auch im Wettkampf oder während einer Präsentation ist das nicht dienlich, denn wir sind wie gelähmt und können nicht mehr auf unser gelerntes Wissen zurückgreifen. Der Kopf ist leer, und manchmal kann man gar nicht mehr reden. Es kommt zur Blockade. Erleben wir solch eine Situation öfter, kann daraus ein regelrechter Teufelskreis werden: Wir entwickeln Angst vor der Angst. Prüfungsangst ist dafür ein bekanntes Phänomen. Zudem ist sie weit verbreitet, wie eine Befragung von 1 600 Menschen ergab:[2] Der Studie zufolge kennt mit 86,8 Prozent ein Großteil der Menschen Prüfungsangst, ganz gleich ob aus dem Studium, der Ausbildung oder einer Bewerbungssituation. Eine andere Befragung unter Studierenden hat klare Geschlechterunterschiede gezeigt: Hier gaben Frauen häufiger Angst vor Prüfungen an als ihre männlichen Mitstudierenden. Zudem zeigte sich, dass vor allem der Druck insbesondere im Studienfach Jura hoch ist; Jurastudierende haben bei der Befragung am häufigsten Prüfungsangst bestätigt. Oft geht es um die Angst, zu versagen und den Anforderungen in der Prüfung nicht gerecht werden zu können, trotz ausreichender Vorbereitung. An den Universitäten gibt es daher studentische Beratungsstellen, die sich auf Prüfungsangst spezialisiert haben.

## Warum es gut ist, Ängste zu überwinden

Laura ist 28 Jahre alt und Ärztin. In ihrem Beruf hat sie viel mit Menschen zu tun, mit Patient:innen und mit Kolleg:innen. Dennoch hat sie Angst in Gruppen. Mit mehr als zwei Menschen fühlt sie sich unwohl. Das verstärkt sich noch, wenn ihr die Menschen fremd sind. Sie zieht sich zurück und redet weniger, macht sich Gedanken darüber, was die anderen von ihr halten. Ihre größte Angst ist es, schlecht bewertet zu werden. Eigentlich hat sie nie schlechte Erfahrungen gemacht, nicht in der Schule, nicht im Studium, und von zu Hause kennt sie das auch nicht. Die Befürchtung vor schlechter Bewertung kommt eher aus ihr selbst heraus.

Eine besondere Herausforderung war die Zeit in der Rettungsstelle im Rahmen ihrer Fachärzt:innenausbildung. Dort sind von Natur aus sehr viele Menschen, und manchmal herrscht auch ein rauer Ton. In kurzer Zeit müssen schnell Entscheidungen getroffen werden. Und Laura war mittendrin. Am meisten hat sie beschäftigt, wie wohl ihre medizinischen Entscheidungen als noch unerfahrene Ärztin bewertet werden: Was halten Kolleg:innen von meinen Anordnungen, und wie wirke ich auf sie? Das hat sie neben dem Stress in der Rettungsstelle viel Kraft gekostet. Interessant ist, dass Laura andere unerfahrene Kolleg:innen immer gut beruhigen und deren Anspruch relativieren konnte.

Dennoch hat sie ihren Beruf als Ärztin gewählt, der sie immer wieder aufs Neue vor solche Herausforderungen stellt. Sie hat gelernt, die Unsicherheiten auszuhalten, und sie hat für sich festgestellt, dass sie sich Zeit nehmen muss, um in neuen Situationen mit anderen Menschen warm zu werden. Seitdem fühlt sie sich sicherer. Schon in der Schulzeit hat sie begonnen, ihre Angst vor neuen Leuten zu überwinden. In der achten Klasse wollte sie unbedingt auf ein Internat, wohl wissend, dass sie da niemanden kennt. Sie hatte aber die innere Überzeugung, dass es immer jemanden geben würde, mit dem sie in Kontakt treten kann. So war es dann auch. Die Freude darüber, mal alleine zurechtzukommen und weg von zu Hause zu sein, hat die Angst in den Hintergrund treten lassen. Die Aufregung hat sogar Spaß gemacht. Diese Erfahrung hat ihr geholfen, nach dem Abitur alleine nach San Francisco zu fliegen, um dort eine Sprachschule zu besuchen. Laura hatte zwar auch hier die Befürchtung, keinen Anschluss zu finden, aber sie dachte sich, im Hostel bleibt man nicht lange allein. Die Freude über ihre Entscheidung, allein in die USA zu reisen, hat hier erneut überwogen. Nicht alles war gut dort, sie hatte auch Heimweh nach ihren Freunden. Es habe aber einen entscheidenden Motor gegeben, sagt Laura. »Ich wollte mich ausprobieren mit meinen Ängsten in einem neuen Umfeld.«

Wenn sie heute bei einem wissenschaftlichen Vortrag frei sprechen muss, hat sie mittlerweile eine Strategie: Die ersten Sätze des Vortrages schreibt sie sich immer auf, was gut funktioniert. Gegen die Angst hilft ihr, immer wieder Risiken einzugehen. Denn die Freude, schwierige Situationen gemeistert zu haben, schafft die Überzeugung, es auch in zukünftigen Situationen zu können, sagt Laura.

Wir erinnern uns an die Workshops von Nina Weniger. Dort kommen Menschen nicht nur mit ihren Ängsten in Kontakt. Sie lernen auch, was Selbstwirksamkeit bedeutet. Selbstwirksamkeit zu erleben ist enorm wichtig. Denn Ängste gehen immer mit dem Gefühl des Kontrollverlustes einher, Selbstwirksamkeit beschreibt hingegen die Überzeugung, schwierige Situation und damit verbundene Ängste gut bewältigen zu können. Eben nicht die Kontrolle zu verlieren. Den Begriff Selbstwirksamkeit prägte in den 1970ern der amerikanische Psychologe Albert Bandura. Die von ihm entwickelte sozial-kognitive Theorie (Social Cognitive Theory, SCT) beschreibt, wie Menschen mit herausfordernden Situationen umgehen. Dazu gehört zum Beispiel, dass man ausreichend Selbstvertrauen besitzt. Selbstwirksame Menschen sind davon überzeugt, dass ihre Lage jederzeit veränderbar ist, und zwar durch sie selbst. Sie glauben daran, dass sie selbst wirksam sein können, dass sie ihre Situation mit beeinflussen können. Laura hat beispielsweise ihre Reise in die USA mit ausreichend Selbstvertrauen angetreten. Zum einen hatte sie ihre positiven Erfahrungen aus dem Internat im Gepäck. Zum anderen hatte sie das klare Ziel vor Augen, ihr Sprachniveau zu verbessern.

Menschen mit einer Angststörung können sich oft nicht vorstellen, dass ihre Situation veränderbar ist, weder durch sie selbst noch durch andere. Sie empfinden sich als wenig wirksam. Gleichzeitig haben sie wenig Überzeugung, aus eigener Kraft etwas zu än-

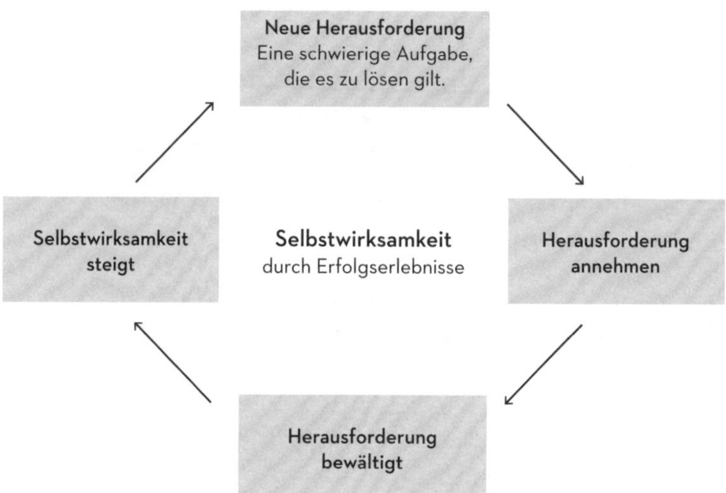


**Herausforderungen stärken die Selbstwirksamkeit**[3]

dern. Sie haben daher auch wenig Kontrollüberzeugung. Wenn Expert:innen Menschen mit Angststörungen behandeln, ist es daher ein wichtiges Therapieziel, die Selbstwirksamkeit zu steigern. Mehr Informationen zu den verschiedenen Behandlungsmöglichkeiten findest du in Kapitel 13.

Wenn Frauen aus sich selbst heraus ihre Ängste und Unsicherheiten überwinden, erleben sie sich als selbstwirksam. Ängste zu überwinden bedeutet für jeden Menschen eine große Herausforderung. Doch wer das einmal geschafft hat, geht mit einem gestärkten Selbstvertrauen aus der Situation – und kann diese Erfahrung überall und in jeder Situation wieder abrufen.

Frauen können ihre Selbstwirksamkeit aktiv stärken. Albert Bandura hat vier Quellen beschrieben, die sich dafür gut nutzen lassen. Zum einen sind das die eigenen positiven Erfahrungen, die Frauen machen, wenn sie sich mit ihren Ängsten auseinandersetzen. Ein Beispiel ist, eine gefürchtete Präsentation zu meistern, die auch noch auf Englisch gehalten werden will. Dabei kann es selbst mutiger machen, andere, vergleichbare Personen zu erleben, wie

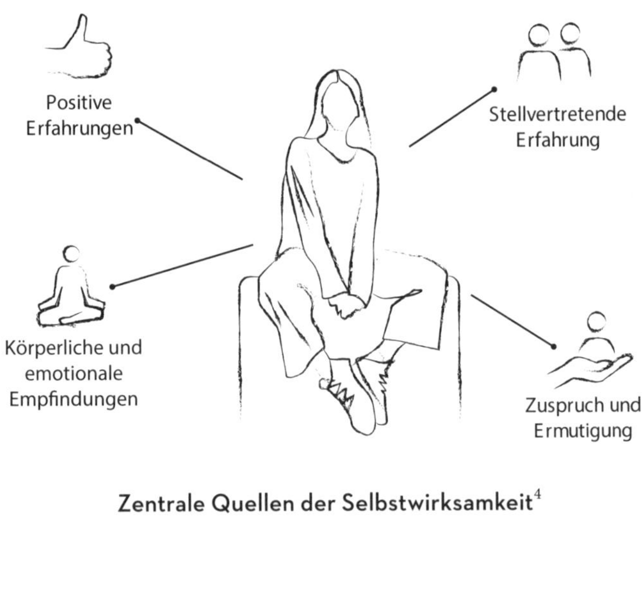


**Zentrale Quellen der Selbstwirksamkeit**[4]

diese einen guten Vortrag halten. Auch hilft es, die eigenen Leistungsansprüche zu hinterfragen. Wenn ich erlebe, dass jemand einen Vortrag hält und dabei auch mal Fehler machen darf, werde ich gelassener im Umgang mit meinen eigenen Ansprüchen. Außerdem helfen Zuspruch und Motivation von anderen, um mit den eigenen Zweifeln umzugehen. Interpretiere ich hingegen die – in einer stressigen Situation typischen – Reaktionen des Körpers wie Schweißausbruch, Zittern, oder Herzrasen als Schwäche, werde ich eher an mir zweifeln, Selbstvertrauen verlieren und meine Selbstwirksamkeit sinkt. Diese niedrige Selbstwirksamkeit ist auf eine »falsche« Bewertung der Körpersignale zurückzuführen. Habe ich hingegen verstanden, dass meine körperliche Reaktion eine völlig normale, rein physiologische Reaktion auf die Aufregung ist, hilft das wiederum, meine Selbstwirksamkeit zu steigern.

Wenn es gelingt, der Angst eine neue Bedeutung zu geben, dann ist sie als Ressource sehr nützlich. Und wenn Frauen die gesunde Angst als nützlich, sinnvoll und verstehbar erleben, dann erleben sie ein Kohärenzgefühl.

Das Kohärenzgefühl (sense of coherence) wurde von dem israelisch- amerikanischen Mediziner Aaron Antonovsky 1979 beschrieben. Es ist entscheidend für die Entstehung und Erhaltung von Gesundheit (Salutogenese). Das Kohärenzgefühl besteht aus drei Säulen: dem Gefühl, Zusammenhänge zu verstehen, der Überzeugung, dass alles im Leben einen Sinn hat, und dem Vertrauen, das Leben selbst gestalten zu können. Sinnhaftigkeit ist dabei der wichtigste Faktor. Kohärenzerleben stärkt die Selbstwirksamkeit, also die Überzeugung, schwierige Situationen bewältigen zu können. Frauen, die ein hohes Selbstwirksamkeitserleben haben, sind resilienter, sie haben eine psychische Widerstandskraft. Menschen mit hoher Resilienz sind gesünder, weil die Resilienz dabei wie ein psychisches Immunsystem wirkt. Es lohnt sich daher, den Mut aufzubringen und sich mit der eigenen Angst auseinanderzusetzen.

Kurzanleitung für mehr Empowerment:

1. Wahrnehmen von Anzeichen der Angst (körperliche Anzeichen wie Herzklopfen)
2. Angstgefühl differenzieren (Worum geht es? Wovor habe ich Angst?)
3. Angst als Potenzial nutzen (Aufmerksamkeitssteigerung, bessere Fokussierung)
4. Positive Erfahrung trotz Angst realisieren und in das Selbsterleben integrieren, Vertrauen in die eigenen Ressourcen aufbauen

Weitere Anleitungen zur Selbsthilfe findest du in Kapitel 14.

In diesem Kapitel ging es um die gesunde Angst. Diese muss ganz klar von einer Angsterkrankung unterschieden werden. Zu einzelnen Angsterkrankungen, deren Entstehung und Behandlung findest du mehr in den folgenden Kapiteln.

TEIL III

# KRANKHAFTE ANGST

## THERAPIE UND SELBSTHILFE

## KAPITEL 10

# WAS UNTERSCHEIDET EINE ALLTÄGLICHE ANGST VON EINER ANGSTSTÖRUNG?

In Kapitel 9 beschreiben wir das Potenzial, das in Ängsten steckt, wenn Frauen es für sich nutzen können. Angst gehört zum Leben dazu, und ohne Angst kann es gefährlich werden. So weit so gut. Doch was ist, wenn mein Alltag von Sorgen bestimmt ist?

Es passieren viele Dinge, die ängstigen und verunsichern können. Die nicht bestandene Prüfung, Streit mit einer Freundin, fast erwachsene Kinder, die zu spät nach Hause kommen, um nur ein paar typische Situationen zu nennen. Und dann ist da noch die Bewertung. Erinnern wir uns an die anstehende Präsentation auf der Arbeit. Wenn wir glauben, dass von diesem Auftritt alles abhängt, wird uns das natürlich verunsichern.

Wenn wir über alltägliche Ängste sprechen, müssen wir einbeziehen, was uns zum Beispiel in eine stressige Situation bringt – aus der heraus sich dann eine Angst entwickeln kann. Studien haben gezeigt, dass Frauen am häufigsten von häuslichen und familiären Erlebnissen gestresst sind oder wenn sie Unstimmigkeiten mit einer ihnen nahestehenden Personen haben. Meistens können Frauen die damit einhergehende Aufregung dann auch nicht so schnell abschalten wie Männer. Woran das genau liegt, ist noch nicht gänzlich geklärt. Fakt ist allerdings, dass beispielsweise berufstätige Frauen auch heute noch – trotz Gleichberechtigung – einen viel höheren »Mental Load« als Männer haben. Sie fühlen sich mehr für die Organisation des Alltags verantwortlich. Sie vereinbaren den Zahnarzttermin, besorgen die Geburtstagsgeschenke, machen mit den Kindern die Hausaufgaben und wuppen den Haushalt – gefühlt alles, was in einer Familie zu Hause anfällt, bleibt meist an den Frauen hängen. Laut einer Untersuchung der Hans-Böckler-Stiftung im Jahr 2022 fühlten sich mehr Frauen durch Alltagsarbeit belastet als Männer. Häufig war das verknüpft mit emotionaler Belastung.

Zudem beeinflussen gesellschaftliche Bedingungen die alltäglichen Sorgen von Frauen. Im Jahr 2017 gab mehr als jede zweite der 1 000 befragten Frauen an, dass ihre größte Angst sei, nicht ausreichend Rente im Alter zu beziehen.[1] Aktuellen Umfragen zufolge sorgen sich zudem auch mehr Frauen als Männer, pflegebedürftig zu werden, die steigenden Lebenshaltungskosten nicht mehr aufbringen zu können und ob ihr Wohnraum auch zukünftig für sie noch bezahlbar sein wird.[2]

Viele Frauen fühlen sich auch nicht mehr sicher im öffentlichen Raum – oft betrifft das ihr häusliches Umfeld. Zu Recht: Liest man in der jährlichen Polizeilichen Kriminalstatistik vom Bundeskriminalamt, lernt man, dass auch die (häusliche) Gewalt gegen Frauen stetig zunimmt. Den Expert:innen zufolge sind das zunächst jedoch nur die Zahlen aus dem sogenannten Hellfeld, also die angezeigten Fälle. Die Dunkelziffer beziehungsweise die nicht angezeigten Straftaten fließen nicht mit in die Statistik ein. Sie dürften die Anzahl der tatsächlichen Gewalttaten noch einmal deutlich zusätzlich erhöhen. Denn neben der Gewalt im öffentlichen Raum hat es gerade auch im häuslichen Umfeld 2022 einen enormen Anstieg an physischer, psychischer und sexualisierter Gewalt gegen Frauen in Deutschland gegeben.[3] Allein hierzulande erleben 157 818 Frauen Gewalt in ihren eigenen vier Wänden, neun Prozent mehr als im Vorjahr. Einer Umfrage der Agentur der Europäischen Union für Grundrechte zufolge ändern 83 Prozent der Frauen (16 bis 39 Jahre) daher auch ihr Verhalten und schränken sich in ihrer Freiheit ein. Sie sind vorsichtiger und gehen nicht mehr an Orte, die sie für gefährlich halten. In Deutschland werden immerhin mehr Straftaten an Frauen angezeigt als in anderen Ländern der Europäischen Union.[4]

Die Statistik zeigt: Die Angst von Frauen vor Gewalt entspricht einer realen Gefahr, insbesondere zu Hause. Die Verantwortung, diesen Umstand zu ändern, liegt allerdings nicht bei der einzelnen Frau, sie liegt bei den Männern, bei der Gesellschaft und bei politischen Entscheidungsträgern. Deutschlands Verpflichtung zur Instanbul-Konvention 2018, ein völkerrechtliches Abkommen des Europarats zur Verhütung und Bekämpfung von Gewalt gegen Frauen und häuslicher Gewalt, ist da ein erster Schritt in die richtige Richtung.

Eine Angststörung entsteht dann, wenn eine betroffene Frau über zu wenige Resilienz- und Schutzfaktoren verfügt, um mit ihren Sorgen und Ängsten im Alltag zu leben. Eine Angststörung kann zudem nach einer tatsächlich erlebten Gefahr entstehen, als Folge der bedrohlichen Situation (Trauma) oder nach kritischen Lebensereignissen (Trennung, akute Krankheit, Geburt eines Kindes). In jedem Fall erleben die Frauen begleitend einen hohen Leidensdruck, und sie sind zum Teil massiv in ihrem alltäglichen Leben eingeschränkt. Vielen Betroffenen ist es kaum bis gar nicht mehr möglich zu arbeiten, ihre sozialen Kontakte leiden und das Familienleben sowieso.

Die gute Nachricht ist: Ängstliche Frauen haben nicht automatisch eine Angststörung! Bis zu einem gewissen Grad gehören Ängste zu uns Menschen, und es braucht tatsächlich viele verschiedene Faktoren, die zusammenkommen müssen, damit sich eine Angststörung entwickelt. Das sogenannte Vulnerabilitäts-Stress-Modell erklärt diese Zusammenhänge. Das Störungsmodell stammt aus der Gesundheitspsychologie und kann die Entwicklung von

Angststörungen individuell erklären. Dem Vulnerabilitäts-Stress-Modell zufolge entwickeln sich Angststörungen durch die Anfälligkeit (Vulnerabilität) eines Menschen im Zusammenhang mit auf ihn einwirkenden Stressoren. Wenn sich beispielsweise eine verletzliche Person zu vielen familiären, beruflichen oder gesellschaftlichen Belastungen gleichzeitig gegenübersieht, kann das die Basis für eine Angstentwicklung sein. Wie anfällig oder vulnerabel ein Mensch ist, hängt davon ab, welche biographischen, psychosozialen und biologischen Faktoren in seinem Leben eine Rolle spielen und über welche Lern- und Denkmuster er verfügt. Die Vulnerabilität ist somit das Gegenteil von Resilienz, der inneren Widerstandsfähigkeit. Schon wenige Stressoren können bei vulnerablen Menschen zu Angsterkrankungen führen.

Das spezifischere Anspannungsmodell – ein weiteres Störungsmodell – basiert auf der Balance zwischen dem sympathischen und dem parasympathischen Anteil des vegetativen Nervensystems. Die Anteile des vegetativen Nervensystems wurden in Kapitel 2 thematisiert. Das Modell geht davon aus, dass jeder Mensch in einer Grundspannung ist. Ohne Sorgen, Verantwortung oder Erkrankungen ist die Grundspannung niedrig. Eine hohe Grundspannung, bei der der Sympathikus des Nervensystems aktiviert ist, entsteht, wenn es stetig dauerhafte Stressoren gibt, zum Beispiel die Unvereinbarkeit von Familie und Beruf, eine Pflegebedürftigkeit der Eltern, finanzielle Sorgen, eine Krise in der Beziehung oder Erkrankungen. Wenn dann zusätzlich zu dieser hohen Grundanspannung noch das Portemonnaie beim Einkaufen fehlt, kann das »Fass« überlaufen – und es ereignet sich zum Beispiel eine Panikattacke oder eine andere Angstreaktion. Es kommt zu einer Überreaktion des Sympathikus. Wir stehen dann im Supermarkt in der Schlange an der Kasse, das Herz klopft, der Schweiß läuft, und es bildet sich ein Kloß im Hals. Stellen wir uns dann noch die Frage: »Was passiert denn jetzt hier mit mir? Ich glaube, ich falle gleich um, ich muss raus!« sind wir mitten drin im Teufelskreis der Angst. Stress und Angst stehen also in engem Zusammenhang und haben ähnliche Symptome.

Eine aktuelle Studie konnte zeigen, dass Frauen und Männer unterschiedlich auf äußere Stressoren reagieren.[5] Das Forscherteam setzte die teilnehmenden Frauen und Männer verschiedenen Stressoren aus. Die Teilnehmer:innen mussten zum einen schwierige Rechenaufgaben unter Zeitdruck lösen (Leistungssituation). Zum anderen wurden in einem computeranimierten Ballwurfspiel (soziale Ausschlusssituation) verschiedene Bedingungen simuliert. Dazu gehörte zum Beispiel die Simulation von technischen Problemen des Programms, die die Teilnehmer:innen daran hinderten, Bälle zu werfen oder zu fangen.

Frauen zeigten eine höhere Aktivierung der Verbindungen zwischen Regionen des frontalen Cortex und der Amygdala, wenn sie sich sozial ausgeschlossen fühlten, als Männer. Erinnern wir uns: Der präfrontale Cortex ordnet Reize aus dem limbischen System als bedrohlich oder nicht bedrohlich ein und schickt seine Einschätzung zurück. In der Leistungssituation zeigte sich keine unterschiedliche Aktivierung bei Frauen und Männern. In Stresssituationen spielt soziale Zugehörigkeit für Frauen also eine größere Rolle als für Männer, wie diese Studie zeigt. Angst und Stress sind nur schwer voneinander trennbar. Daher ist es wichtig, in weiterführenden Untersuchungen zu klären, welche geschlechtsspezifischen Auswirkungen Stress auf Angst hat und worauf diese beruhen. Ein weiterer Aspekt ist, dass Frauen eher über Stress- und Angstsymptome sprechen als Männer. Mit ihren Freund:innen aber auch mit Ärzt:innen und Psycholog:innen. So wundert es nicht, dass Frauen auch häufiger die Diagnose bekommen, im Sinne der Zuschreibung »scared like a girl«. Das wiederum bedingt mit, dass sich die Prävalenzraten von Angsterkrankungen bei Frauen und Männern enorm unterscheiden – dass also Frauen doppelt so häufig eine Angststörung attestiert wird.

Wenn Frauen ängstlich sind, aber gute Schutzfaktoren wie zum Beispiel eine hohe Selbstwirksamkeit haben, dann sinkt ihr Risiko, dass sie eine Angsterkrankung entwickeln. Zu den Schutzfaktoren gehört neben der Selbstwirksamkeit auch, dass sie ihre eigene Ängstlichkeit annehmen und eine optimistische Grundhaltung, ein soziales Netzwerk und eine Familie haben, die unterstützt. Zudem beeinflussen ein gesunder Lebensstil mit ausreichend Bewegung, Schlaf und eine gesunde Ernährung die Situation positiv. Diese Schutzfaktoren bestimmen, wie sich ängstliche Frauen an schwierige Situationen anpassen können, sie bestimmen die Resilienz. Welche Möglichkeiten Frauen haben, um sich selbst zu helfen und somit auch ihre Resilienz zu stärken, findest du in Kapitel 14.

Luna, 25 Jahre, ist schon immer besorgt gewesen. Oft liegt sie nachts wach und überlegt, ob sie das richtige Studium gewählt hat oder ob sie nicht doch lieber eine Ausbildung hätte machen sollen. Dabei gab es den Studienwunsch schon lange. Im Alltag fühlt sie sich oft überfordert von Kleinigkeiten, und sie plant alle Aktivitäten genau, damit nichts schiefgehen kann. In der Kindheit ist sie auch schüchtern gewesen, hatte aber immer einen Freundeskreis und in ihrer Erinnerung keine Ängste, eher Sorgen. Oft fürchtete sie, zu spät in die Schule zu kommen und damit unangenehm aufzufallen. Auch in großen Gruppen zu sprechen war und ist für sie schwer, aber die Referate in der Uni gelingen eigentlich immer. Sie bereitet sich auch sehr ausführlich darauf vor. Außerdem spielt Luna regelmäßig Tennis im Verein und ist da recht erfolgreich. Im Sommer will sie mit zwei Freund:innen durch Rumänien trampen. Die Planung dafür macht Spaß. Luna findet, dass sie sich arrangiert hat mit ihren Ängsten und Grübeleien. »Das gehört irgendwie zu mir dazu«, sagt sie. Es kostet sie aber viel Überwindung, die Angstgedanken zur Seite zu schieben, doch letztlich kriegt sie immer wieder die Kurve.

Dann kam die letzte Klausur vom Semester. Sie war gut vorbereitet, dennoch hat sie nicht die nötige Punktzahl erhalten, und somit war die Klausur nicht bestanden. Das war eine Katastrophe. Selbst die Aussicht auf den Wiederholungstermin beruhigte sie nicht. Auch der Zuspruch von Freund:innen half ihr nicht weiter. Luna zog sich immer mehr zurück und meldete sich kaum noch bei jemandem. In ihren Gedanken drehte sich alles um die nicht bestandene Prüfung und die Konsequenzen. In ihrem Kopf bildeten sich endlose Gedankenketten. Das ging so weit, dass sie sich Sorgen um ihre Gesundheit machte und befürchtete, dass ihre Eltern krank werden könnten. Sie fühlte sich sehr nervös und angespannt. Schlafen konnte sie auch nicht mehr gut. Sie war erschöpft. Tennisspielen ging manchmal, aber meistens musste sie das Training absagen. An diesem Punkt angekommen, beschloss Luna, eine Psychotherapie zu machen.

## Gesundheit und Krankheit als Kontinuum

Das Salutogenese-Modell von Aaron Antonovsky von 1979 ist ein ganzheitlicher Ansatz zur Erhaltung der Gesundheit. In diesem Modell beschreibt Antonovsky Faktoren und deren dynamische Wechselwirkung, die zur Entstehung und zum Erhalt von Gesundheit beitragen. Dabei bezieht er Schutz- und Risikofaktoren mit ein. In seinem Modell befinden sich Krankheit und Gesundheit auf einem Kontinuum. Das Kontinuum beschreibt ein Spektrum von gesunden und kranken Anteilen. Die beiden Pole Krankheit und Gesundheit können nicht getrennt voneinander betrachtet werden und beeinflussen sich gegenseitig. Das erklärt, warum einige Menschen trotz schädlicher Einflüsse gesund bleiben und andere krank werden.

Gesund bleiben ist ein höchst individueller Prozess, der durch mehrere Faktoren beeinflusst wird: Zum einen durch die Belastungen und Stressoren, durch die wir uns mehr in Richtung Krankheit bewegen. Zum anderen durch unsere individuellen Ressourcen, die uns mehr in Richtung Gesundheit bringen. Jeder Mensch bewegt sich ständig zwischen den beiden Polen. Das Salutogenese-Modell ist auch im Kontext von Angst interessant. Denn es erklärt, warum einige Frauen trotz Risikofaktoren für Angsterkrankungen gesund bleiben und keine Angststörung entwickeln, während andere sicher erkranken. Das Modell trägt die Gesundwerdung bereits im Namen. Der Fokus liegt hier auf den gesundheitsstützenden Schutzfaktoren und nicht nur auf den krankmachenden Risikofaktoren.

Der wichtigste Schutzfaktor ist ein starkes Kohärenzgefühl oder, anders ausgedrückt, ein starkes Gefühl von Zuversicht. Im vorherigen Kapitel (9) haben wir das Kohärenzgefühl ausführlich beschrieben. Das Kohärenzgefühl können wir grundsätzlich aktiv beeinflussen. Wir können es stärken, indem wir uns ab und zu fragen, was uns dabei hilft, das Leben handhabbar, verstehbar und sinnhaft zu erleben. In belastenden Situationen kann helfen, sich aktiv den eigenen Ressourcen zuzuwenden. Was habe ich? Was brauche ich? Wie habe ich eine ähnlich schwierige Situation schon einmal bewältigt?

Ursprünglich hatte Aaron Antonovsky angenommen, dass sich das Kohärenzgefühl ab dem 30. Lebensjahr nicht mehr verändert. Diese These hat sich jedoch nicht gehalten. Heute gehen wir davon aus, dass Lebenserfahrungen die Kohärenz stärken können. Eine Studie hat beispielsweise gezeigt, dass das Kohärenzgefühl von Frauen nach der Geburt ihres Kindes steigt.[6]

Der Fokus der Salutogenese ist also auf die Faktoren gerichtet, die unsere Gesundheit aufrechterhalten. Wenn wir uns für unsere Gesundheit interessieren und sie aufrechterhalten wollen, sollten wir uns auch um Krankheiten kümmern. Wie können wir feststellen, wann eine Erkrankung vorliegt? Wie und warum stellen Ärzt:innen Diagnosen?

Diagnosen sind Hilfsmittel, damit Ärzt:innen und andere Expert:innen Krankheitszeichen (Symptome) oder Kombinationen von Krankheitszeichen (Syndrome) einordnen und sich darüber verständigen können. Wenn beispielsweise der Hausarzt eine Diagnose stellt, weiß die Fachärztin nach der Überweisung, woran genau der Patient leidet und wie sie weiter mit ihm verfahren sollte. Denn auf den Diagnosen basiert die Behandlung. Es gibt verschiedene Klassifikationssysteme für Diagnosen. In Deutschland wird für medizinische Diagnosestellungen die ICD (International Statistical Classification of Diseases and Related Health Problems) verwendet. Entwickelt wurde sie von der WHO (World Health Organisation) in Zusammenarbeit mit mehr als 90 Ländern. Die aktuelle Version ist die ICD-11, es gibt sie seit 2022. Im klinischen und therapeutischen Alltag wird für eine Übergangszeit noch die ICD-10 verwendet. Psychische Störungen wie Angsterkrankungen werden dort unter dem Buchstaben F klassifiziert.

Ein weiteres Klassifikationssystem ist das DSM (Diagnostic and Statistical Manual of Mental Disorders). Das DSM ordnet ausschließlich psychische Erkrankungen ein. Es wurde von der APA (American Psychiatric Association) entwickelt und wird hauptsächlich im amerikanischen Raum verwendet. Seit 2022 gilt das DSM-5. In Deutschland findet das DSM insbesondere in der Forschung Anwendung.

In der ICD-10 werden Angsterkrankungen einerseits unterteilt in Symptome, die durch spezifische, ungefährliche Situationen hervorgerufen werden und andererseits in Angst-Beschwerden, die durch unspezifische Situationen hervorgerufen werden. Zu der ersten Gruppe gehören die Agoraphobie, die sozialen Phobien und spezifische isolierte Phobien. In der zweiten Gruppe finden sich die Panikstörung und die generalisierte Angststörung sowie die Angst, die sich mit der depressiven Störung mischt. Angst tritt häufig zusammen mit depressiven Störungen auf. Je nach Ausprägung der

Beschwerden diagnostizieren die Expert:innen dann zusätzlich zu der Angststörung eine Depression.

In der neuen, weiter entwickelten ICD-11 sind einige Diagnosen geändert. So wurde dort beispielsweise statt der sozialen Phobie die soziale Angststörung aufgenommen. Neu hinzugekommen sind die Trennungsangst und der selektive Mutismus. Darunter verstehen Expert:innen eine ausgeprägte Angst bis zum Verstummen in sozialen Bewertungssituationen. Ursprünglich nur auf Kinder und Jugendliche bezogen, hat die Forschung gezeigt, dass auch Erwachsene von selektivem Mutismus betroffen sein können. Eine genauere Beschreibung der einzelnen Angsterkrankungen findest du in Kapitel 12.

Die Motivation, dieses Buch zu schreiben, entstand aus der Frage, wie es sein kann, dass Frauen den Zahlen nach doppelt so oft unter Ängsten leiden wie Männer. Wie die Fachwelt das bereits tut, muss in diesem Zusammenhang sicher auch darüber diskutiert werden, was das eigentlich mit der Praxis der Diagnosestellung durch Expert:innen zu tun hat. Kann es sein, dass Ärzt:innen Frauen die Diagnose häufiger geben, schlicht weil diese Frauen sind? Und weil sie, das hat die Wissenschaft bereits belegt, häufiger und offener als Männer über ihre psychischen Probleme und damit auch über ihre Angstsymptome sprechen? Frauen suchen sich bei psychischen Störungen auch eher medizinische Hilfe oder fachspezifische Behandlungen als Männer, selbst wenn sich beide Geschlechter durch die genau gleichen Beschwerden belastet fühlen. Das lenkt den Fokus nicht nur mehr auf Frauen, wenn es um seelische Leiden geht. Daraus können sich zudem noch weitere Probleme in der Diagnosestellung ergeben. »Bei Frauen besteht so das Risiko, ihre Beschwerden und Erkrankungen eher einer psychischen Ursache zuzuschreiben und dann vielleicht auch die körperlichen Ursachen weniger abzuklären«, sagt Prof. Dr. Gertraud Stadler von der Charité Berlin.[7] Sie leitet die Einrichtung für Gender in Medicine (GiM) an der Charité. Im Fokus ihrer Forschungsarbeit liegt die geschlechtersensible Prävention.

Bei Männern ist es genau umgekehrt. »Bei ihnen sucht man eher nach körperlichen Ursachen und übersieht dann die psychischen Ursachen.« Gehen Männer mit Panikattacken oder anderen Angst-Symptomen zum Arzt oder einer Ärztin, werden die Beschwerden beispielsweise eher als Herzinfarkt gedeutet – und es wird eine entsprechende kardiologische Diagnostik eingeleitet.

Das Team um Gertraud Stadler analysiert, was Frauen und Männer spezifisch brauchen, damit sie gesund bleiben und im Falle einer Erkrankung wieder gesund werden. Denn klar ist mittlerweile, dass Frauen andere Angebote benötigen als Männer, um Krankheiten vorzubeugen. Geschlechtssensible Erkenntnisse in der Medizin und Psychologie verbessern nicht nur die gesundheitlichen Bedingungen von Frauen, sondern auch die ärztliche Perspektive im Hinblick auf Diagnostik und Behandlung.

## Wann werden Ängste behandelt?

Frauen sollten ihre Angsterkrankungen behandeln lassen, wenn sie einen starken Leidensdruck haben. Oft werden sie nicht nur durch die ausgeprägten Ängste geplagt, sondern leiden unter begleitenden Erkrankungen wie beispielsweise Depressionen, Suchterkrankungen oder Essstörungen. Weitere Informationen zu diesen Komorbiditäten findest du in Kapitel 11. Wenn Frauen sich insgesamt überfordert fühlen, wenn ihre sozialen Beziehungen leiden und sich Menschen in ihrem Umfeld Sorgen um sie machen, sollten sie sich ebenso um eine Behandlung kümmern. Anzeichen für eine manifeste Angststörung sind zudem, wenn Ängste stärker werden und die Betroffenen zusätzliche körperliche Anzeichen nicht einordnen können. Im ersten Schritt ist es dann wichtig, körperliche Ursachen für die aufgetretenen Beschwerden auszuschließen. Das kann in der hausärztlichen Praxis passieren. Im zweiten Schritt ist es wichtig, dass die Patien:innen über ihre Angstsymptome aufgeklärt werden und dass das Behandlerteam ihnen die Behandlungsmöglichkeiten und -ansätze erklärt.

Angsterkrankungen können in der Regel ambulant behandelt werden. Wenn Frauen jedoch sehr stark in ihrem Lebensalltag eingeschränkt sind oder unter komorbiden Erkrankungen wie schweren Depressionen oder Suizidalität leiden, sollten sie stationär im Krankenhaus therapiert werden.

Für den Beginn einer Behandlung, insbesondere der psychotherapeutischen, ist die Motivation der Betroffenen, etwas verändern zu wollen, entscheidend. Wer keinen Wunsch hat, sich zu verändern oder seine Lebenssituation genauer zu betrachten, wird keinen Erfolg in der Therapie haben. Oder anders herum: Nur wenn ich bereit bin, mich auf die Psychotherapie einzulassen, werde ich auch davon profitieren. Wenn Frauen mit Medikamenten behandelt werden, ist außerdem entscheidend, dass sie die pharmakologische Behandlung entsprechend der Vorgaben konsequent und regelmäßig durchführen. Expert:innen sprechen von Compliance. Das bedeutet, dass die Patientin das ärztliche Behandlungskonzept, das sie mit dem Arzt oder der Ärztin abgesprochen hat, einhält. In den meisten Fällen empfehlen Expert:innen, Angststörungen kombiniert zu behandeln, also mit einer Psychotherapie und Medikamenten. Die empfohlene Behandlung basiert auf der S3-Leitlinie Angststörungen. Leitlinien sind Handlungsempfehlungen, die Ärzt:innen und Patient:innen in der Entscheidung bezüglich einer angemessenen Behandlung unterstützen. In Deutschland werden Behandlungsleitlinien von medizinischen Fachgesellschaften, hauptsächlich von der Arbeitsgemeinschaft der Wissenschaftlichen Medizinischen Fachgesellschaften (AWMF) erstellt, und beruhen auf aktuellen wissenschaftlichen Erkenntnissen.

Kurz zusammengefasst sind in der S3-Leitlinie, konkret in der überarbeiteten Version 2 von 2021, zur Behandlung von Angststörungen folgende Empfehlungen zu finden:[8] Patient:innen mit Angststörungen soll eine Psychotherapie oder Pharmakotherapie angeboten werden oder eine Kombination von Psychotherapie und Medikamenten. Der Behandlungsplan wird individuell besprochen. Dazu gehört eine ausführliche Aufklärung über Wirkmechanismen und Nebenwirkungen der Medikamente und auch der Psychotherapie. Eine genaue Übersicht über die empfohlenen Behandlungsmöglichkeiten findest du in Kapitel 13.

Angsterkrankungen werden von verschiedenen Expert:innen behandelt. Für betroffene Frauen ist es oft nicht einfach, die richtigen Ansprechpartner:innen zu finden. Grundsätzlich können sowohl Ärzt:innen als auch Psycholog:innen Angsterkrankungen behandeln. Bei den Mediziner:innen sind das zum Beispiel Psychiater:innen, Hausärzt:innen und ärztliche Psychotherapeut:innen, bei den Psycholog:innen psychologische Psychotherapeut:innen. Ärzt:innen erwerben die Fähigkeit für die psychotherapeutische Behandlung in der Regel im Rahmen einer psychiatrischen oder psychosomatischen Facharztausbildung. Psycholog:innen müssen eine postgraduale Ausbildung absolvieren oder die Approbation über das Studium der Psychotherapie erwerben. In Krankenhäusern gibt es spezialisierte Angstsprechstunden und an universitären Kliniken darüber hinaus Hochschulambulanzen für die Diagnostik und Behandlung.

Eine stationäre Behandlung kann bei ausgeprägten Angstsymptomen oder begleitenden anderen Erkrankungen in Betracht gezogen werden. Der Vorteil einer stationären Behandlung ist ein vielfältiges Therapieangebot, die Möglichkeit weiterer Untersuchungen und die engmaschige Begleitung der medikamentösen Therapie. Ein stationärer Aufenthalt sollte gut mit den ambulanten Behandler:innen besprochen werden. In einigen Fällen passt die stationäre

Situation, in anderen ist es gerade wichtig, in der häuslichen Umgebung zu bleiben und sich dort seinen Ängsten zu stellen. Die stationäre Behandlung kann in psychiatrischen oder psychosomatischen Kliniken erfolgen, zuvor ist in der Regel ein Termin in einer Ambulanz notwendig. Angsterkrankungen können auch im Rahmen einer Rehabilitationsmaßnahme behandelt werden.

Zusammengefasst können folgende Expert:innen Angsterkrankungen behandeln, dabei ist zu beachten, dass eine medikamentöse Behandlung nur von Ärzt:innen erfolgen kann. Psycholog:innen können aber Empfehlungen für Medikamente aussprechen.

- Hausärzt:innen
- Fachärzt:innen für Psychiatrie und Psychotherapie
- Fachärzt:innen für Psychosomatische Medizin und Psychotherapie
- Ärztliche Psychotherapeut:innen
- Psychologische Psychotherapeut:innen
- Psychiatrische oder Psychosomatische Institutsambulanzen
- Psychologische Institutsambulanzen

Um eine Angststörung zu diagnostizieren werden Expert:innen in einem ersten ausführlichen Gespräch folgende Fragen stellen:

- Seit wann besteht die Angst? Hat sie sich im zeitlichen Verlauf verändert?
- In welchen Situationen und wie tritt die Angst auf?
- Wie oft haben Sie Angst?
- Wie stark schränkt die Angst Sie in Ihrem Leben ein?
- Haben Sie viel Stress oder Belastungen in Ihrem Leben?
- Welche Strategien helfen Ihnen im Umgang mit der Angst?
- Welche Maßnahmen haben Sie im Umgang mit Ihrer Angst ausprobiert?

Eine körperliche Untersuchung sollte in jedem Fall erfolgen, um somatische Differentialdiagnosen abzuklären. Die Untersuchung führen Ärzt:innen durch, gegebenenfalls erweitern sie diese durch zusätzliche körperliche Diagnostiken. Wenn du bei einer psychologischen Psychotherapeutin in Behandlung bist, dann wird manchmal noch ein Besuch in der Hausarztpraxis notwendig sein, um körperliche Ursachen der Angstsymptome ausschließen zu können. Mehr zu Differentialdiagnosen findest du in Kapitel 12.

Wenn du dich dann entschlossen hast, eine Psychotherapie zu beginnen, musst du häufig viel Geduld aufbringen. Einen Therapieplatz zu finden ist nicht einfach, die Wartezeiten sind lang. Durchschnittlich warten Patient:innen momentan ein halbes Jahr auf einen Platz. Und dann sollte es auch noch menschlich zwischen der Patientin und den Behandler:innen passen. Die Beziehung zur Therapeutin oder zum Therapeuten spielt eine große Rolle, damit eine Psychotherapie gelingen kann. Wenn du eine Psychotherapie machst, sprich daher immer alle Probleme, Hemmnisse und Ängste in Zusammenhang mit der Behandlung bei deiner Therapeutin oder deinem Therapeuten an. Davon kannst du nur profitieren.

Wenn du Schwierigkeiten hast, einen Therapieplatz zu finden, kannst du dich auch an deine Krankenkasse wenden. Die Krankenkassen können dir freie Therapieplätze vermitteln oder Auskünfte über wohnortnahe Psychotherapeut:innen geben. Bei der Psychotherapeutenkammer und der Ärztekammer kannst du online gezielt nach Therapeut:innen in deiner Nähe suchen. Eine andere Möglichkeit ist es, sich an psychotherapeutische Ausbildungsinstitute und deren Ambulanzen zu wenden.

Außerdem hat sich in den letzten Jahren ein breites Angebot an digitalen Gesundheitsmaßnahmen entwickelt. Insbesondere für Angsterkrankungen gibt es digitale Anwendungen auch auf Rezept. Frauen mit Ängsten können diese Angebote gut nutzen, um zum Beispiel die Wartezeit bis zum Therapieplatz zu »überbrücken«.

Informationen zu Therapieangeboten und zur Suche von Psychotherapeut:innen findest du unter den folgenden Links und in Kapitel 13:

- https://www.bundesaerztekammer.de/arztsuche
- https://www.bptk.de/patient-innen/
- https://www.therapie.de
- https://diga.bfarm.de

## KAPITEL 11

# ANGST KOMMT SELTEN ALLEIN – HÄUFIGE BEGLEITENDE ERKRANKUNGEN

Maja ist Single, hat einen anspruchsvollen Job und lebt in einer großen Stadt. Sie fühlt sich oft schlecht. Denn ihr Leben ist seit Jahren durch mehrere körperliche und seelische Leiden gezeichnet. Und niemand kann sich in sie hineinversetzen, sagt sie. Niemand kann ihr helfen, weil ihr Leben so individuell und voller verschiedener Themen ist. Und doch hat sie eine typische Geschichte. Sie leidet nicht nur unter starker Angst, sondern hat noch zahlreiche andere gesundheitliche Probleme. In den letzten Jahren standen ihr Brustkrebs und die Chemotherapie im Vordergrund. Doch die Tumorerkrankung war nur die Spitze des Eisbergs. Belastender waren für sie in den letzten Jahren die anderen Baustellen, die permanent auftraten und immer in einem Teufelskreis endeten: Magen-Darm-Probleme, Gewichtsabnahme, Schlaflosigkeit und panische Angst, dass das nie mehr aufhört.

Damit ist die Frau in ihren Vierzigern in guter Gesellschaft. Eine Angststörung kommt selten allein, betroffene Frauen entwickeln überdurchschnittlich oft zusätzliche Beschwerden.

»In meinem Leben gibt es immer wieder Situationen, wo ich nicht mehr weiterweiß. Mal war es ein Hexenschuss, dann eine Borreliose

mit Gelenk-, Muskel- und Nervenschmerzen. Nach Jahren mit starken Blutungen und Schmerzen im kleinen Becken diagnostizierte meine Gynäkologin eine Endometriose und verschrieb mir Hormone. Ich hatte eine Fehlgeburt, musste eine Trennung verarbeiten. Und jetzt habe ich auch noch Brustkrebs.
Was es auch ist: Mein System reagiert immer gleich. Das Muster kenne ich schon. Die Probleme schlagen bei mir auf das Magen-Darm-System. Ich muss ständig auf die Toilette nehme rasant mehrere Kilo Gewicht ab, kann nicht mehr schlafen, und ich werde schwach. Und wenn ich schwach bin, dann kommt auch die Angst. Es ist eine Panik, dass ich es nicht mehr weiter schaffe. Dass ich es nie wieder aus dieser Abwärtsspirale herausschaffe. Dass ich noch weiter abnehme, obwohl ich doch so viel und gerne esse. Dass ich das alles nicht mehr allein bewältigen kann. Die Angst kommt, wenn ich merke, dass mir keiner helfen kann, obwohl da sicher irgendwo etwas ist. Ich war immer bei vielen Ärzten, sie haben aber selten wirklich die Ursachen gefunden. Bei anderen bin ich die hysterische Patientin und bekomme zu hören: Reg dich ab. Aber soll das wirklich psychisch oder psychosomatisch sein? Ich weiß nicht. Der Gedanke verängstigt mich noch mehr und setzt mich zusätzlich unter Druck. Wenn die Angst kommt, fühle ich mich nur allein.«

Angst ist ein starker Risikofaktor für die Entwicklung weiterer Probleme, die psychischer und physischer Natur sein können. Mittlerweile ist bekannt, dass diese Beziehung in beide Richtungen besteht und es häufig im Laufe einer körperlichen oder psychischen Erkrankung auch zu Ängsten kommt.

In diesem Kapitel soll es um die körperlichen und psychischen Begleitumstände von Ängsten gehen. Oft entwickeln sich die Folgebeschwerden erst Jahre später, und sie variieren je nach spezieller Angsterkrankung in der Häufigkeit. Wir sprechen über die wichtigsten begleitenden Erkrankungen, weil dadurch klar wird, wie tiefgreifend und umfassend Ängste das Leben betroffener Frauen beeinflussen. Und weil es wichtig ist, sich auch um die – psychischen wie körperlichen – Begleiterscheinungen zu kümmern. Denn sie begünstigen, dass Angst chronisch wird, und beeinflussen so auch die Prognose der Betroffenen.[1] Wir hoffen, dass dir das Wissen um die Hintergründe und Zusammenhänge hilft, mit deiner eigenen Angst oder der deiner Mutter, Schwester oder Freundin besser klarzukommen.

Neben den Begleiterscheinungen verändern Ängste für viele betroffene Mädchen und Frauen auch den Kontakt zu anderen Menschen entscheidend. Auch bei Maja war das so: Sie hatte oft das Gefühl, nicht mehr gemocht zu werden, ihren Arbeitskollegen wegen der häufigen Ausfälle nicht mehr zu genügen oder andere zu nerven mit ihren vielen Geschichten. Oft spürte sie, dass ihr niemand wirklich mehr zuhört. Mit all ihren unterschiedlichen Sorgen musste sie allein einen Umgang finden.

## Ängste und ihre typischen Begleiter

Zunächst klären wir zwei Begriffe, die in Zusammenhang mit den Begleiterkrankungen wichtig sind. Erstens sind da die sogenannten Komorbiditäten. Mediziner:innen sprechen von einer Komorbidität, wenn eine Patientin mindestens zwei Erkrankungen hat, ganz gleich ob diese körperlicher oder seelischer Natur sind. Der Begriff, der sich aus den »co-« beziehungsweise »cum« für zusammen und »morbus« für Krankheit zusammensetzt, wurde 1967 von dem US-amerikanischen Epidemiologen Alvan Richard Feinstein von der Yale Universität in New Haven in die Psychiatrie eingeführt.[2] Die Begleit- oder Folgeerkrankungen und auch die Ängste selbst können sowohl gleichzeitig als auch zeitlich versetzt auftauchen.

Komorbiditäten können verschiedene Ursachen haben. So wird eine Angst selbst zu einer Komorbidität, wenn eine Frau gerade erfahren hat, dass sie beispielsweise schwer krebskrank ist. In diesem Fall sprechen wir von einer reaktiven Anpassungsstörung. Die Angst ist dann eine nicht gelungene »Bewältigungs«-Folge einer körperlichen Erkrankung. Schließlich verändert die Krankheit häufig das gesamte Leben und beeinträchtigt die Betroffene sowohl beruflich als auch privat. Wer schwer oder lebensbedrohlich erkrankt ist, fühlt sich der Situation nicht selten ausgeliefert und kommt psychisch an seine Grenzen. Etwa 14 Prozent der Menschen, die eine neu aufgetretene Erkrankung verarbeiten müssen, reagieren mit einer solchen Anpassungsstörung.[3] Die Zahl mutet fast niedrig an, schließlich ist es normal, bei einer (schweren) Krankheit als Mensch mit Angst zu reagieren. Die Anpassungsstörung taucht meist etwa nach vier Wochen auf und bleibt im Schnitt ein halbes Jahr bestehen.

Ängste können aber auch gleichzeitig mit körperlichen Erkrankungen entstehen und dieselbe Ursache wie die körperliche Erkrankung haben. Der Zusammenhang ist beispielsweise für schwere Missbrauchstraumen in der Kindheit belegt, sie machen das gleichzeitige Auftreten einer seelischen Störung und körperlichen Erkrankungen wahrscheinlicher.[4] Die Ursache für die gleichzeitigen psychischen und körperlichen Beschwerden ist das Wechselspiel von Körper, Geist und Seele. Mit diesen Zusammenhängen beschäftigt sich die Psychosomatik, ein Fachgebiet in der Medizin. Wenn man körperlich krank ist, beeinflusst das auch die Psyche und umgekehrt. Es kann aber auch sein, dass eine körperliche Erkrankung, zum Beispiel eine Schilddrüsenunterfunktion, Symptome verursacht, die denen einer Depression sehr ähnlich sind. Möglich ist auch, dass die Psyche dem Körper zusetzt und eine körperliche Erkrankung entsteht. Neue Forschungszweige wie die Psychoimmunologie und die Psychoendokrinologie untersuchen, wie das Hormonsystem mit dem Immunsystem und der Psyche zusammenhängt.

Oder es kommt vor, dass eine alte Angst plötzlich wieder aufflammt, die in der Jugend schon einmal ein Thema war und damals erfolgreich behandelt wurde. Das kann zum Beispiel eine soziale Phobie oder eine Trennungsangst aus der Kindheit sein. Das Leben hält viele, auch schlimme Überraschungen bereit. Wenn Frauen zum Beispiel gerade eine Trennung durchmachen oder einen geliebten Menschen verloren haben, kann das ein Auslöser sein, dass Ängste aus einer früheren Zeit wieder auftreten. Dazu zählen zum Beispiel Panikattacken aus der Jugend.

Zweitens ist da der Begriff der Gendermedizin. Die weibliche Angst ist ein großes Thema dieser relativ jungen medizinischen Fachrichtung, in der das rein biologische Geschlecht um soziokulturelle Aspekte erweitert wird.

Mittlerweile gibt es schon zahlreiche gendermedizinische Erkenntnisse bei den häufigsten Krankheiten – von Bluthochdruck über Schlaganfall, Schmerzempfinden, Osteoporose bis hin zu Rheuma. Und auch die Angst als häufigste psychische Erkrankung von Frauen rückt zunehmend in den Fokus der Gendermediziner:innen. Sie wissen heute zum Beispiel längst, dass der Herzinfarkt keine typische Männerkrankheit ist, sondern dass Frauen nur andere Beschwerden haben. Herz-Kreislauf-Erkrankungen sind weltweit die häufigste Todesursache bei Frauen, jeder dritte Todesfall in Deutschland geht auf eine Herz-Kreislauf-Erkrankung zurück. Jedes Jahr sterben hierzulande circa 20 000 Frauen, meist mittleren Alters, an einem Herzinfarkt. Oft bleibt dieser allerdings zunächst unerkannt. Denn zwei Drittel aller Frauen mit Herzinfarkt reagieren mit Übelkeit, Rückenschmerzen oder verstärkter Atemnot statt mit Schmerzen in der linken Brust. Warum Frauen andere Beschwerden zeigen als Männer mit Herzinfarkt, ist Gegenstand der Forschung. Die Risikofaktoren für einen Herzinfarkt sind bei beiden Geschlechtern aber dieselben: hoher Blutdruck, hoher Cholesterinspiegel, Diabetes, Rauchen, zu wenig Bewegung. Vor allem das Rauchen wirkt sich bei Frauen schwerwiegender aus als bei Männern.

Und auch Frauen mit Diabetes Typ 2 haben ein deutlich höheres Risiko für tödliche Herz-Kreislauf-Schäden, Nierendefekte und Schlaganfälle als männliche Erkrankte.[5]

Zudem findet die Gendermedizin zunehmend auch in der Arzneimittelforschung Beachtung. Gab es früher ausschließlich Studien mit männlichen Probanden, werden viele Wirkstoffe heute endlich, nach rund 20 Jahren, in klinischen Medikamentenstudien an Männern und Frauen getestet. So versteht man besser, wie unterschiedlich Arzneimittel bei Allergien, Herzkrankheiten oder Übelkeit von Geschlecht zu Geschlecht wirken.[6]

Die Gendermedizin weiß also schon einiges über geschlechtsspezifische Unterschiede – aber noch längst nicht alles. Die Beschäftigung damit hilft aber, um auch die weibliche Angst und ihre Auswirkungen konkreter einordnen zu können. Beim Thema Angststörungen wissen wir: Sie gehen häufig mit Komorbiditäten einher. Doch wie genau wirkt sich dieser Umstand nun unterschiedlich bei Frauen und Männern aus?

Vergleicht man Angstpatientinnen mit Angstpatienten, wird klar: In diesem Vergleich sind es vor allem die Frauen, die über Komorbiditäten berichten. Daher kann man feststellen: Komorbiditäten sind bei Frauen eher die Regel als eine Ausnahme. Doch auf welche Komorbiditäten trifft das genau zu? Welche körperlichen und seelischen Begleiterscheinungen sind es konkret, die vor allem das Leben von Frauen mit Angst beeinträchtigen? Die Anzahl an Studien, die explizit die Komorbiditäten von Angststörungen geschlechtsspezifisch untersucht haben, hält sich noch in Grenzen. Sie geben aber Anhaltspunkte über konkrete, häufig vorkommende Begleiterscheinungen.

Wichtig ist zunächst, die Ergebnisse der Studien zu geschlechtsspezifischen Komorbiditäten einzuordnen. Denn bei den Komorbiditäten ist es wie bei den verschiedenen Angstzuständen selbst: Ihre Diagnosen beruhen auf Geschlechtsnormen, und die führen, das belegen viele Studien, häufig zu Verzerrungen.[7] Ein klassisches Beispiel ist die Depression: Da die Diagnosekriterien und definierten Symptome eher auf weibliche Stereotype zugeschnitten sind, erleichtern sie die Feststellung einer Depression bei Frauen. Depressive Männer hingegen, die eher externalisierende Symptome wie zum Beispiel Vermeidung oder Wut zeigen und sich seltener Hilfe holen, sind unterdiagnostiziert. Ähnliche Verzerrungen sind auch bei Komorbiditäten zumindest nicht auszuschließen. Im Folgenden erhältst du einen Überblick über die Komorbiditäten, die für Frauen relevant sind.

## Wenn die Angst auf eine Grunderkrankung trifft

Zunächst kann sich Angst als Begleiterkrankung zu einem bereits bestehenden körperlichen Problem hinzugesellen. Teils tritt sie – wie bereits beschrieben – als reaktive Anpassungsstörung nach einer akuten Diagnose auf, teils im Verlauf eines chronischen Problems.[8] Zu den körperlichen Grundkrankheiten, bei denen das häufig passiert, gehören eine koronare Herzerkrankung, Lungen- und Atemwegserkrankungen, Diabetes, Infektionskrankheiten, Migräne, Magen-Darm-Störungen, Multiple Sklerose, HIV/Aids, Schlaganfall oder Krebs.[9]

Studien zeigen, dass chronisch kranke Frauen mit einer Herz- oder Schmerzerkrankung doppelt bis dreifach so häufig Ängste haben wie Frauen ohne chronische Beschwerden.[10] Patientinnen mit kardiovaskulären Erkrankungen leiden vor allem an der generalisierten Angst, gefolgt von der Panikstörung. Auch die Symptome von Lungenerkrankungen wirken für betroffenen Frauen oft bedrohlich und lösen verstärkt Ängste aus. Und auch Diabetikerinnen haben etwa doppelt so häufig Angststörungen wie Gesunde. Durch die mentale Belastung fällt es ihnen oft schwer, weiter konsequent ihren Blutzucker zu kontrollieren und die Therapie einzuhalten. Zudem berichtet mehr als ein Viertel aller Frauen mit Reizdarmsyndrom von Angst. Es ist gut nachvollziehbar, wenn Frauen auf diese Erkrankungen mit Ängsten reagieren. Schließlich schreitet die Grunderkrankung oft fort, ist nicht mehr heilbar oder hat einen unvorhersehbaren Verlauf. Belastend ist zudem, dass die betroffenen Frauen oft in die Klinik müssen, sich von den Ärzt:innen abhängig fühlen, Behandlungen erhalten und neben den eigentlichen Schmerzen noch Nebenwirkungen ertragen müssen.

Da diese Entwicklung wie schon gesagt in beide Richtungen verläuft, ist auch der umgekehrte Fall häufig: Bei Frauen mit einer Angststörung erhöht sich das Risiko für unterschiedliche körperliche Krankheiten wie Bluthochdruck, Schlaganfall, Herzinsuffizienz, Osteoporose, Diabetes und Morbus Parkinson signifikant. Auch hier forschen die Expert:innen der Gendermedizin und der Psychoneuroimmunologie noch, welche Prozesse, Substanzen und Botenstoffe genau dahinterstecken. Manchmal lässt sich zudem genau feststellen, was Ursache und Folge ist, also welche Erkrankung zuerst da war. Manchmal aber auch (noch) nicht.

Wichtig ist, dass sich Frauen mit vielen gleichzeitigen Baustellen in eine umfassende ärztliche Behandlung begeben – damit alle Beschwerden einbezogen und kein Aspekt übersehen wird.

Auch Maja hat sich gekümmert – und die letzten zwei Jahre viel Zeit mit der Behandlung des Brustkrebses verbracht. Sie fühlte sich teilweise gut aufgehoben bei den verschiedenen Ärzt:innen, teilweise fürchtete sie sich auch vor der Abwärtsspirale, die sie von ihren anderen Krankheiten kannte. Sie musste lernen, sich zu beruhigen und einen Umgang mit all ihren Sorgen zu finden.

In Situationen, wie Maja sie durchgemacht hat, kann es entlastend sein, wenn frau weiß, dass sie nicht als Einzige durch diese Krisen geht. Sondern dass es eher üblich als selten ist, dass Frauen mit Ängsten an mehreren Fronten gleichzeitig kämpfen. Das Wissen um die Zusammenhänge von Komorbiditäten kann helfen, die zahlreichen Probleme, die der Alltag plötzlich bietet, besser einzuschätzen. Vielleicht entsteht sogar ein bisschen Hoffnung und Motivation, sich um alle Beschwerden zu kümmern und sie gut behandeln zu lassen. Denn Studien haben nachgewiesen, dass sich zumindest einige komorbide Erkrankungen wie zum Beispiel Asthma oder Depression deutlich bessern, wenn die zugrunde liegende Angst erfolgreich behandelt wird.[11] Eine wirksam behandelte Angst hat also einen vorbeugenden Effekt. Auch für die medizinische und psychotherapeutische Behandlung der Angststörung ist es wichtig, zu wissen, ob Angstpatientinnen weitere Krankheiten haben.

### Die häufigsten Begleiter sind psychischer Natur

Bei Maja ist es ein ganzer Blumenstrauß an Beschwerden, die ihre Ängste begleiten. Die häufigsten Komorbiditäten, die Angstpatientinnen sonst haben, sind allerdings psychische Probleme. Insgesamt wiesen in einer Studie 67 Prozent der Menschen, die unter einer Angststörung litten, mindestens eine weitere psychische Störung auf.[12] Und das trifft auch wieder vor allem auf Frauen zu: Sie sind überdurchschnittlich oft von weiteren seelischen Krankheiten betroffen.[13]

Zunächst erleben viele Frauen mit einer Angststörung, dass sich noch eine weitere Angst zeigt – die Komorbidität also aus demselben Spektrum kommt. Zum Beispiel bei der Agoraphobie. Bei Frauen – die sich ohnehin schon schwertun, am Leben teilzunehmen, die sich in großen Menschenmengen unwohl fühlen, die Angst vor öffentlichen Orten haben oder vor Situationen, in denen sie mit anderen Menschen in Kontakt kommen – ist das Risiko um mehr als das 20-fache erhöht, dass sie zusätzlich noch eine generalisierte Angststörung, eine Sozialphobie oder eine andere spezifische

Phobie entwickeln.[14] Oft wird der Tag dann beherrscht von Angst. Die Betroffene muss sich entscheiden, ob sie wirklich zu dem Gesprächstermin beim Chef auftaucht. Sie fragt sich, ob sie den Partner zu Hause genügend umsorgt und den Haushalt gut genug in Schuss hält. Oft sorgen sich solche Angstpatientinnen übertrieben um Kleinigkeiten, sind den ganzen Tag am Zweifeln, können nicht mehr schlafen und essen. Das Leben fällt ihnen auf die Füße, jede noch so kleine Aufgabe wächst ihnen über den Kopf. Ständig sind sie körperlich angespannt, grübeln über ihre Kinder, ihre Beziehung, ihre Existenz. Gleichzeitig fühlen sie sich schuldig, ihre Familie zu belasten mit dem vielen Weinen und der Unsicherheit in sich und draußen im Leben.

Ein anderes, häufiges Szenario ist die zusätzliche Depression. Sie gesellt sich zum Beispiel bei jeder zweiten Frau mit einer Panikstörung noch hinzu. Auf eine generalisierte Angst folgt sogar bei zwei von drei Frauen eine Depression.[15] Betroffene fühlen sich nicht nur persönlich unfähig, auch nur irgendetwas richtig zu machen. Sie nehmen für jeden Misserfolg – auch den anderer – die Schuld auf sich und machen sich selbst schlecht. Erwiesenermaßen führt das dazu, dass sie auch tatsächlich mehr Fehler machen, sich verzetteln und keine Freude mehr haben. Das Selbstwertgefühl nimmt immer mehr ab, die Selbstzweifel zu. So verdüstert sich auch die Welt um sie herum und wird ein Ort der Ungerechtigkeit. In die Zukunft blicken sie pessimistisch und mit großer Sorge. Der Kreis an Menschen, mit denen sie Kontakt haben, verengt sich immer weiter. Nicht selten tritt eine Depression in Form von Schüben auf, die immer wiederkommen und deren Beschwerden sich zunehmend verstärken.[16]

Dieses Gefühl kennt Maja auch, sie erinnert sich an düstere Wochen. »Morgens beim Aufstehen fühlte sich mein Körper schwer an, ich wollte nur heulen«, sagt sie. Nicht lange auf sich warten ließen dann die dunklen Gedanken, Erinnerungen aus der Vergangenheit, eine große Traurigkeit. »Meine Depression ist bestimmt von der Angst, nicht zu genügen, Fehler zu machen, mich nicht richtig zu entscheiden.« Sie verspürte einfach nur noch Antriebslosigkeit, null Motivation und konnte sich auf nichts mehr konzentrieren. So stolperte sie von einer Enttäuschung in die nächste und hatte das Gefühl, nirgendwo dazuzugehören.

Deutlich häufiger als männliche Angstpatienten leiden Frauen mit Ängsten auch an psychosomatischen Beschwerden. Wie oft und in welcher Ausprägung, das hängt von der zugrunde liegenden Angstform ab. Mediziner sprechen bei den psychosomatischen Beschwerden von somatoformen Störungen. Ihr Merkmal ist, dass sie sich körperlich zeigen, aber eine psychische Ursache haben – und sich so mitunter schwer fassen oder zuordnen lassen. Häufig sind das Magen-Darm-Störungen, Schwindel, sexuelle Lustlosigkeit, ein Kloßgefühl im Hals, chronische Schmerzen oder eine Muskelschwäche.

Betroffene Frauen sind in einem Dilemma: Einerseits sind sie für sich oft selbst die besten Expertinnen. Andererseits laufen sie von einem Arzt zur nächsten Ärztin, auf der Suche nach einer (organischen) Ursache und weil sie sich Unterstützung wünschen. Sie brauchen viel Kraft, Zeit und Vertrauen, um mit ihren Ängsten und begleitenden psychosomatischen Problemen einen guten Umgang zu finden. Doch es gibt auch eine gute Nachricht:. Über die Zeit entwickeln viele Frauen ein feines Gespür für sich und wie sie mit ihren (somatischen) Beschwerden am besten leben. Das erhöht ihre Lebensqualität und kann den Fokus auch wieder vermehrt auf andere Themen lenken.

### Wenn sich zur Angst eine Essstörung gesellt

Ein weiteres komorbides Störungsbild, das häufig mit Angststörungen einhergeht, ist die Essstörung. Das ist eine Gruppe an Störungen, zu denen unter anderem die Magersucht und die Bulimie gehören. Studien zufolge haben zwei Drittel der Patientinnen mit Magersucht auch eine Angststörung. Eine große australische Studie belegt: 65 Prozent der Frauen, die sich in einer Klinik zur Behandlung einer Essstörung vorstellten, erfüllten auch die Kriterien für mindestens eine komorbide Angststörung. Bei mehr als zwei von drei Frauen war die Angststörung zuerst da. Von den diagnostizierten Angststörungen wurde die soziale Phobie mit 42 Prozent am häufigsten diagnostiziert.

Bei der Magersucht verweigern die betroffenen Mädchen und Frauen oft die normale Nahrungsaufnahme, sie sind mitunter aber häufig mit Kochen oder Backen für die Familie beschäftigt. Magersüchtige hungern so extrem, bis sie stark untergewichtig sind. Sie haben nicht nur starke Angst, wieder Gewicht zuzunehmen, sondern sie glauben tatsächlich, dass ihr Bauch, die Hüften und Schenkel immer noch viel zu dick sind. Oft nehmen sie auch große Mengen Abführmittel. Die Bulimie hingegen geht mit Heißhungeranfällen einher, in denen betroffene Mädchen und Frauen in kurzer Zeit große Mengen Lebensmittel verzehren und danach willentlich erbrechen, fasten oder so exzessiv Sport treiben, dass sie kein Gewicht zunehmen. Typisch ist, dass die Frauen während der Essattacke völlig die Kontrolle verlieren und einfach nicht mehr aufhören können, noch mehr in sich hineinzustopfen.

Über kurz oder lang macht die Kombination einer Essstörung mit einer sozialen Phobie die betroffenen Frauen sehr einsam. Denn es gibt nur noch einen Fokus im Leben. Selbst wenn die Betroffenen noch mit anderen Menschen zusammenleben – zum Beispiel in einer Student:innen-WG –, ziehen sie sich immer wieder zurück, um entweder die Mahlzeiten zu umgehen oder allein und heimlich anfallsartig Unmengen von Nahrung zu vertilgen. Mit der Zeit isolieren sie sich sozial immer mehr, gehen nicht mehr auf Partys oder unter Leute und igeln sich wann immer möglich zu Hause ein.

Innerlich tritt große Scham und Wut auf, nicht mit dem Hungern oder den hemmungslosen Fressorgien aufhören zu können. Irgendwann gesellt sich noch die Angst dazu, dass andere von dem Geheimnis erfahren könnten, dass sie den Blicken anderer ausgesetzt sind oder dass sie negativ bewertet werden. Den scheinbar einzigen Ausweg sehen betroffene Mädchen und Frauen mit heftigen Angstsymptomen im sozialen Rückzug.

Eine große Hilfe in solchen Fällen ist eine möglichst frühzeitige und umfassende Behandlung sowohl der Ängste als auch der Essstörungen. Denn auch wenn es Betroffenen selbst mitunter als riesige Herausforderung erscheint: Es gibt viele Wege, sowohl die Essstörung als auch die Angst in den Griff zu bekommen. Dafür ist es wichtig, dass bei Frauen mit vielen verschiedenen Erkrankungen gleichzeitig alle Komorbiditäten mit in die Behandlung einbezogen und fachgerecht behandelt werden. Dann besteht eine realistische Chance, dass sowohl die Ängste weniger werden als auch die anderen Beschwerden sich bessern.

Maja hat in der Zeit der langen und komplexen Behandlung ihres Brustkrebses mit Operation, Chemo-, und Strahlentherapie noch viele dunkle Momente durchgemacht – und auch gerade in der Anfangszeit viele Ängste erlebt. »Ich habe mich wieder fürchterlich alleine gefühlt. Denn ich musste mir ja selbst einen Onkologen suchen, viele Termine organisieren und jede Menge Entscheidungen treffen«, sagt sie. »Ich war misstrauisch und fürchtete, Fehler zu machen.« Interessanterweise hatte sie aber keine Angst vor dem Tod. Es ging eher darum, dass sie Panik hatte, die vielen Termine nicht hinzubekommen. Und noch etwa Erstaunliches hat Maja im Verlauf der Erkrankung festgestellt: Der Teufelskreis, der sonst immer losging, trat dieses Mal nicht auf. »Mir ging es seelisch nicht so schlecht wie sonst, dabei hatte ich doch nun eine viel schlimmere Krankheit.« Selbst während der Chemotherapie war Maja richtig stolz auf sich. Sie hatte weder wie sonst die üblichen Verdauungsbeschwerden noch die Ängste. Vielleicht lag es daran, dass sie dieses Mal nicht allein war. »Meine Freunde haben sich während meiner Brustkrebsbehandlung ja rührend gekümmert und das schlimmste Drama erwartet«, erinnert sie sich. »Und dann kam es anders.« Maja glaubt, dass sie – so absurd sich das anhört – mithilfe der Brustkrebserkrankung einen Prozess durchgemacht hat, der sie zumindest von einem Teil ihrer Ängste befreit hat.

KAPITEL 12

# WELCHE ANGSTSTÖRUNGEN GIBT ES, UND WIE UNTERSCHEIDEN SIE SICH?

In Kapitel 10 hast du erfahren, welche Angststörungen in der ICD-10 und 11 klassifiziert werden. Laut RKI (Robert Koch Institut, Berlin) hat jede fünfte Frau zwischen 18 und 79 Jahren eine Angststörung. Die meisten leiden unter spezifischen Phobien wie Tierphobien, Höhen- und Flugangst.[1]

Im Folgenden findest du typische Symptome und Fallbeispiele zu den einzelnen Angststörungen.

## Panikstörung

Bei einer Panikstörung treten unerwartete, plötzliche Panikattacken auf. Innerhalb weniger Minuten erreicht die Angst ihren Höhepunkt. Die Angst kann sich aus dem Ruhezustand oder aus einem schon ängstlichen Zustand heraus entwickeln. Die Panikattacke ist von einer Vielzahl an Beschwerden begleitet (Herzklopfen, Schwitzen, Atemnot, Beklemmungsgefühle, Übelkeit und Mundtrockenheit). Zusätzlich tritt Todesangst auf oder die Angst vor Kontrollverlust. Die Betroffenen entwickeln Angst vor der nächsten Panikattacke (Angst vor der Angst). Oft zeigen betroffene Frauen dann ein starkes Vermeidungsverhalten, insbesondere vor Situationen, in denen erstmalig eine Panikattacke aufgetreten ist. Sie steigen dann zum Beispiel nicht mehr in die U-Bahn oder trauen sich nicht mehr auf größere Events, wo viele Menschen zusammenkommen. Um die Diagnose Panikstörung stellen zu können, müssen vier der genannten Symptome zutreffen und über einen Zeitraum von mindestens vier Wochen bestehen.

Lisa hatte vor zwei Jahren das erste Mal eine Panikattacke. Sie war nach der Arbeit noch schnell im Supermarkt. Plötzlich begann ihr Herz zu rasen, sie hatte das Gefühl, keine Luft mehr zu bekommen, und sie zitterte am ganzen Körper. Sie war vollkommen überrascht von der Situation und hatte wahnsinnige Angst. Ihre Hausärztin checkte die junge Frau gründlich durch, konnte aber keine Ursache für deren Symptome finden. Im Grunde sei sie gesund, sagte die Hausärztin. Das beruhigte Lisa etwas. Ein paar Tage später war sie mit Freundinnen shoppen und hatte plötzlich wieder einen Schweißausbruch, Übelkeit und Herzklopfen. Diesmal noch stärker als im Supermarkt. Ab diesem Zeitpunkt traten die Anfälle immer häufiger auf. Auf der Arbeit, im Kino, beim Treffen mit Freund:innen und beim Spazierengehen mit dem Hund. Lisa war überzeugt, eine Krankheit zu haben, aber niemand konnte etwas finden. Inzwischen hatte sie fast jeden Tag Schwindel, Benommenheit und Übelkeit.
Sie ließ sich für längere Zeit krankschreiben. Doch das führte nicht dazu, dass es ihr besser geht. Im Gegenteil, auf einmal erschien ihr alles bedrohlich. Lisa hatte Angst zu sterben. Sie ging nicht mehr einkaufen, ließ sich alles liefern. Freunde lud sie nur noch zu sich nach Hause ein. Den Hund gab sie zu ihren Eltern, da sie nicht mehr regelmäßig mit ihm rausgehen konnte.

Was Lisa erlebt, ist typisch für eine Panikstörung. Im Mittelpunkt stehen die körperlichen Symptome, für die keine somatische Ursache gefunden werden kann. Das erleben Betroffene oft als extrem bedrohlich, zumal es keinen konkreten Anlass für die Panikattacken gibt. Anhand des Angstkreislaufes lassen sich die Geschehnisse der Panikstörung gut nachvollziehen.

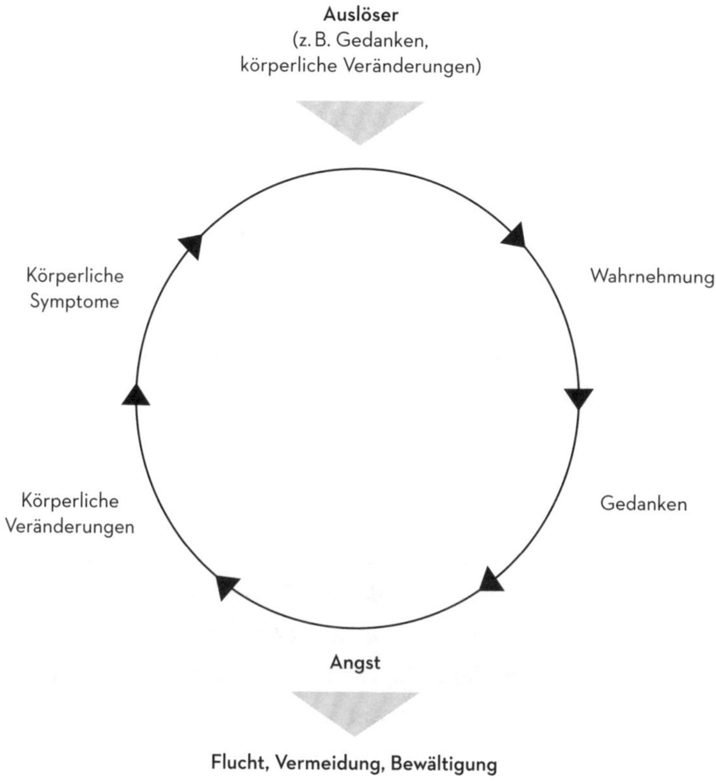


**Der Teufelskreis der Angst**

Der Auslöser für den Teufelskreis der Angst sind körperliche Anzeichen, wie bei Lisa das Herzklopfen und Schwitzen. In den folgenden Anfällen, wie beim Shoppen, hatte Lisa ähnliche körperliche Symptome, die sie, ohnehin schon besorgt, genauestens beobachtet. Sie sucht nach einer Erklärung für diese Symptome und überlegt, ob sie eine schwerwiegende Erkrankung hat. Das löst noch mehr Angst aus und wird als sehr bedrohlich wahrgenommen. Über die in Kapitel 2 beschriebenen Vorgänge wird der Körper in Alarmbereitschaft versetzt. Das Herz schlägt schneller, und es kommt vielleicht Schwindel dazu. Wenn sich die Beschwerden häufen, erleben die Betroffenen das als noch bedrohlicher – und der Kreislauf beginnt erneut. Lisa ist aus dem Shoppingcenter rausgerannt, als die Panikattacke begann. Das hat sie kurzfristig erleichtert, die beschriebenen Symptome gingen zurück. Längerfristig entwickelte Lisa aber, wie es in solchen Situationen oft passiert, ein Vermeidungsverhalten. Das heißt, dass sie Orte und Situationen, in denen sie eine erneute Panikattacke fürchtet, nun meidet.

Viele Frauen mit einer Panikstörung suchen einen Spezialisten nach dem anderen auf, weil sie sich wünschen, dass es eine Erklärung für ihre Symptome gibt. Oft ernten sie mit ihren Beschwerden auch von Behandler:innen dann erst einmal Skepsis – da sich die Beschwerden primär oft auf der körperlichen Ebene zeigen. Die tatsächliche Diagnose einer Panikstörung verzögert sich so nicht selten. Gleichzeitig entwickeln die Betroffenen aber oft eine Angst vor der Angst. Sie meiden fortan alle Situationen oder Orte, an denen sie bisher schon einmal eine Panikattacke erlebt haben. Der Radius, in dem sich die Betroffenen bewegen, schränkt sich so immer weiter ein, die Lebensqualität nimmt weiter ab – und die Frauen haben ein größeres Risiko, dass sie noch weitere Krankheiten wie zum Beispiel eine Depression entwickeln. Wenn Frauen sich rechtzeitig Hilfe suchen und ihre Panikstörung angemessen behandeln lassen, erhöht das die Chance, dass sie wieder normal am Leben teilnehmen können.

## Agoraphobie

Eine Agoraphobie äußert sich in extremen Ängsten in verschiedenen Situationen, in denen sich die Betroffenen gefangen und eingeengt fühlen. Sie muss mindestens sechs Monate bestehen, um als Krankheit diagnostiziert zu werden. Betroffene Frauen benutzen keine öffentlichen Verkehrsmittel mehr, gehen nicht mehr ins Kino oder können es nicht aushalten, in der Schlange im Supermarkt zu warten. Die Agoraphobie betrifft immer Situationen, in denen sich größere Menschenmengen aufhalten. Betroffene haben Angst, erbrechen zu müssen, ohnmächtig zu werden, einen Herzinfarkt zu bekommen oder die Kontrolle zu verlieren und aus dieser Situation nicht flüchten zu können.

Auch Lisa kennt solche Situationen. Viele der Betroffenen entwickeln nach einer ersten Panikattacke eine Agoraphobie. Auch bei Lisa ist es die Warteschlange an der Kasse im Supermarkt. Schon im Vorfeld hat sie überlegt, wie es ihr wohl beim Einkaufen gehen wird. Sie kann sich kaum darauf konzentrieren, was sie eigentlich kaufen will. Betritt sie dann den Supermarkt, spürt sie sofort, dass der Schwindel heftiger wird, und der Boden schwankt unter ihren Füßen. Sie versucht, alle Lebensmittel noch schnell in ihren Einkaufskorb zu legen, und stellt sich in die Schlange zum Bezahlen. Doch die körperlichen Symptome werden immer schlimmer, und sie hat Angst, in Ohnmacht zu fallen. Sie hat das Gefühl, dass sie den Supermarkt sofort verlassen muss, da sie sonst umfallen würde, mitten zwischen allen Leuten. Sie hat extreme Angst, es nicht mehr nach Hause zu schaffen.

Wie bei der Panikstörung sind Betroffene mit Agoraphobie kaum oder nur unter großen Anstrengungen in der Lage, das Haus zu verlassen. Plötzlich macht ihnen alles außerhalb der eigenen vier Wände Angst. Wenn sie das Haus dennoch verlassen, dann sind sie damit beschäftigt, eventuell angstauslösende Situationen durchzuplanen. In öffentlichen Verkehrsmitteln beispielsweise kommen nur Plätze an der Tür infrage. Ausgeklügelte Strategien im Alltag helfen halbwegs, aber letztlich werden potenziell angstauslösende Situationen vermieden.

Auch diese Angststörung kann gut behandelt werden. Doch wie bei der Panikstörung müssen Betroffene viel Geduld aufbringen. Häufig dauert die Behandlung viele Monate. Die Ängste können aber in Phasen verlaufen, sodass auch schon während der Behandlung mit weniger Angst zu rechnen ist. In der Regel können Betroffene davon ausgehen, dass sie nach zwei Jahren ihre Ängste überwunden haben. Eine Psychotherapie ist ungefähr auf zwei Jahre ausgelegt.

## Generalisierte Angststörung (GAS)

Bei einer generalisierten Angststörung haben Betroffene ausgeprägte Sorgen und Befürchtungen, die sich auf mehrere Ereignisse beziehen können. Sie grübeln über alles und ständig. Diese Sorgen müssen mindestens sechs Monate bestehen und sind beispielsweise auf die Familie, die Gesundheit und die Arbeit bezogen. Die Sorgen können sich zunächst auf reale Gefahren wie beispielsweise einen möglichen Autounfall beziehen – das Risiko wird dabei immer überschätzt – und sich dann schnell auf andere Bereiche ausweiten.

Marie hat große Sorge, dass ihr Partner einen Autounfall erleiden könnte. Sie hört ständig die Verkehrsnachrichten und wartet ungeduldig, dass er abends nach Hause kommt. Außerdem grübelt sie auch viel, insbesondere über ihre Zukunft. Ihre Gedanken und Sorgen kann sie kaum kontrollieren. Werden die Kinder ihren Weg gehen? Wie werde ich leben, wenn sie aus dem Haus gehen? Wie wird das meine Beziehung verändern? Was, wenn sich in meinem Job etwas ändert? Wie wird es mir im Alter gehen? Wie wird sich die Klimakatastrophe entwickeln? Ihre Sorgen beziehen sich auch auf die allgemeine gesellschaftliche und politische Zukunft. Angst macht ihr, dass alles so wenig vorhersehbar scheint. Doch noch schlimmer ist, dass sie ihre Sorgen nicht abstellen kann und den ganzen Tag von ihnen begleitet wird.

Betroffene von generalisierter Angst haben auch einen hohen Leidensdruck. Häufig fühlen sie sich hilflos ausgeliefert und sind nicht in der Lage, ihre Sorgenschleifen zu unterbrechen. Problematisch ist, dass diese Angststörung oft nicht als solche erkannt wird. Betroffene stellen sich in der Praxis mit Erschöpfung oder Magen- und Darmbeschwerden vor, und es können sich aufgrund des hohen Leidensdrucks zusätzliche Erkrankungen wie Depressionen entwickeln. Eigentlich ursächlich für die Beschwerden ist aber die generalisierte Angst. Einmal erkannt, ist die Chance auf Heilung sehr gut.

## Soziale Phobie oder Soziale Angststörung (SAS)

Betroffene haben ausgeprägte Ängste in sozialen Situationen und sozialen Interaktionen. Sie befürchten, negativ bewertet zu werden. Das kann bei einer Unterhaltung sein oder auch das Essen in der Öffentlichkeit betreffen. Sie sorgen sich darüber, wie sie auf andere Menschen wirken, wie sie aussehen und wie sie bewertet werden. Insgesamt machen sie sich permanent Gedanken darüber, ob sie sich angemessen verhalten. Die Symptome müssen mindestens sechs Monate bestehen und gehen weit über eine allgemeine Schüchternheit hinaus.

Sandra arbeitet in einem Büro. Während ihrer Arbeit ist sie die ganze Zeit damit beschäftigt zu überlegen, ob ihre Kolleg:innen über sie sprechen oder wie sich ihr gegenüber verhalten. Das gemeinsame Mittagessen in der Kantine vermeidet sie schon lange. Sie kann den Gedanken nicht ertragen, dass die anderen sie beim Essen beobachten könnten. Sie bringt sich immer etwas für die Pause mit, das hat sie sich als Strategie überlegt. Bei Meetings hat sie große Angst, sich nicht richtig zu verhalten. Zudem fürchtet sie, dass ihre Kolleg:innen bemerken könnten, wenn sie nervös wird, rot im Gesicht oder schwitzt. Ständig fragt sie sich: Bin ich in den Augen der anderen gut genug? Das zermürbt sie.

Wie auch bei den anderen Angststörungen fühlen sich die Betroffene auch bei der sozialen Phobie im alltäglichen Leben erheblich eingeschränkt, denn sie vermeiden, so gut es eben geht, soziale Situationen. Wenn das nicht möglich ist, sind diese Situationen für sie immer von größter Angst begleitet.

Die Therapie der sozialen Ängste fordert den Betroffenen viel ab, denn am wirkungsvollsten ist es, angstauslösende Situationen zu besprechen und zu üben, sie auszuhalten. Auf diesem Weg ist diese Angststörung gut behandelbar.

## Spezifische Phobien

Bei einer spezifischen Phobie haben betroffene Frauen ausgeprägte Ängste vor bestimmten Situationen oder spezifischen Objekten. Expert:innen unterscheiden vier Typen, die sich nach dem auslösenden Reiz richten. Die Ängste, unter denen die Patien:innen leiden, sind stark ausgeprägt und stehen nicht im Verhältnis zur eigentlichen Gefahr. Manchmal reicht es, dass die Betroffene sich nur vorstellt, dass sie zum Beispiel mit Hunden in Berührung kommt – und schon entwickelt sie heftige Angstsymptome.

- Tiertyp: Angst vor Spinnen und Schlangen, Hunden, Vögeln, Nagetieren
- Umwelttyp: Angst vor Wasser, Dunkelheit, Höhen, auch Klimaangst
- Blut-, Spritzen-, Verletzungstyp: Angst vor Blut oder Anblick von Verletzungen, Angst vor Blutentnahmen oder Impfungen
- Situativer Typ: Angst bezogen auf konkrete Situation, wie Flugangst, Angst im Fahrstuhl stecken zu bleiben
- Anderer Typ: Angst vor dem Erbrechen, Ersticken oder Schlucken, Krankheiten[2]

Christine ist eigentlich nicht ängstlich. Nur wenn sie ans Fliegen denkt, bekommt sie Herzrasen. Beruflich war sie viel im Ausland unterwegs, immer mit dem Flugzeug. Bei einem Flug gab es schwere Turbulenzen. Die Getränke flogen durch die Gegend, und Christine dachte, das Flugzeug stürzt ab. Diese Angst hatte sie noch nie in ihrem Leben. Ihr Herz raste, sie konnte kaum noch atmen. Sie war froh, als sie endlich gelandet waren und sie sich wieder beruhigen konnte. Als sie die nächste Dienstreise plante und den Flug buchen wollte, spürte sie, dass sie ganz nervös wurde. Sie konnte sich das nicht erklären. Als sie darüber nachdachte, bemerkte sie, dass sie Herzklopfen hatte. Die Vorstellung, in ein Flugzeug zu steigen, machte sie ganz beklommen. Sie begann sich Gedanken zu machen, ob sie eventuell besser mit der Bahn fahren könnte. Je länger sie darüber nachdachte, umso absurder kam ihr das Fliegen vor. Sie dachte intensiv über den Zustand von Flugzeugen und deren Wartung nach. Sie recherchierte, wie lange Pilot:innen ihre Ausbildung machen und ob es gute und schlechte Pilot:innen gibt. Sie konnte sich gerade noch davon abhalten, eine Übersicht der letzten Flugzeugabstürze zu suchen. Reiß dich zusammen, dachte Christine. Und buchte den Flug. Schon auf der Fahrt zum Flughafen war sie innerlich unruhig, das Gefühl steigerte sich noch beim Check-in. Als sie schließlich auf ihrem

Platz saß, raste ihr Herz immer stärker. Sie hatte eine Panikattacke und dachte, sterben zu müssen. Sie konnte sich nur mit großer Anstrengung auf ihrem Platz halten, am liebsten wäre sie umgehend aus dem Flugzeug gestürzt. Sie versuchte, sich mit Musik abzulenken, was so halbwegs klappte. Nie wieder werde ich fliegen, dachte sie. Sie cancelte den Rückflug und fuhr kompliziert mit der Bahn nach Hause. Doch es gab ein Problem: Beruflich musste sie immer wieder fliegen. Christine besorgte sich also Beruhigungsmittel. Damit konnte sie zwar die Flüge überstehen, doch die Ängste, die sie im Vorfeld entwickelte, wurden immer stärker.

Bei vielen Betroffenen schränken spezifische Phobien das Leben erheblich ein. Das kann den beruflichen Bereich betreffen und auch das Familienleben beeinflussen. Es können auch Freundschaften und Freizeitaktivitäten darunter leiden. Eine Blut- oder Spritzenphobie beispielsweise kann dazu führen, dass betroffene Frauen aus Angst vor einer möglichen Spritze nicht mehr zum Arzt oder zur Ärztin gehen – und dann zum Beispiel eine Krankheit nicht rechtzeitig entdeckt wird. Oder sie verweigern durch die Spritzenphobie das Impfen. So verändert sich oft prinzipiell das Gesundheitsverhalten der Betroffenen. Frauen zögern den Besuch beim Arzt oder der Ärztin hinaus, selbst wenn sie ausgeprägte Beschwerden haben.

Insbesondere mit Expositionsbehandlungen können Expert:innen spezifische Ängste sehr gut behandeln. Wenn die Angst, beispielweise vor Spinnen, den Alltag der Betroffenen nicht sehr beeinträchtigt, erwägen die meisten gar keine Therapie. Flugangst oder Angst vor Spritzen beeinträchtigen den Lebensalltag von Betroffenen hingegen sehr. Auch hier können die Symptome gut mit Psychotherapie behandelt werden.

## Trennungsangststörung und Selektiver Mutismus

Diese Angststörungen sind in die neue Klassifikation, ICD-11, aufgenommen worden. Bisher gut beschrieben bei Kindern und Jugendlichen, können sie auch Erwachsene betreffen.

Die Trennungsangst tritt auf, wenn Betroffene ausgeprägte Ängste in Trennungssituationen von wichtigen Bezugspersonen haben. Schon die Vorstellung, sich von einer wichtigen Person auch nur kurzzeitig (räumlich) trennen zu müssen, löst Ängste aus. Zudem sorgen sich die betroffenen Frauen, dass ihre Bezugspersonen verunglücken könnten oder schwer erkranken. Oft können sie dann nicht zur Arbeit gehen – weil sie dafür zum Beispiel das Haus verlassen müssten. Der Alltag funktioniert nur noch, wenn die betroffenen Frauen durch andere Personen begleitet oder unterstützt werden. Außerdem entwickeln die Betroffenen oft psychosomatische Beschwerden wie Bauchschmerzen und Übelkeit, wenn sie sich trennen müssen oder nur daran denken.

Selektiver Mutismus beschreibt die Unfähigkeit, in bestimmten sozialen Situationen zu sprechen, wie etwa im beruflichen Kontext. Die Betroffenen sollen zu Beginn einer Veranstaltung zum Beispiel ein paar Grußworte sagen, verstummen aber und bekommen kein Wort heraus. Der selektive Mutismus betrifft nur ausgewählte Situationen. Im häuslichen oder privaten Umfeld sind die betroffenen Frauen nicht beeinträchtigt. Sind die Ursachen des Verstummens und der ausgeprägten Angst vor Trennungen erkannt und therapeutisch gut besprechbar, können auch bei diesen Ängsten nachhaltige Veränderungen erzielt werden.

## Angst und Depression

In vielen Fällen treten die Angststörungen kombiniert mit anderen psychischen Erkrankungen oder einer weiteren Angststörung auf, wie beispielsweise die Panikstörung mit einer Agoraphobie (siehe Kapitel 11). Häufig gesellt sich also zu einer oder mehreren Angststörungen noch eine depressive Erkrankung. Betroffene mit Depressionen berichten oft, dass sie in der Vergangenheit unter Ängsten gelitten haben oder eine manifeste Angsterkrankung hatten. Die Komorbidität von Angststörungen mit Depressionen ist gut belegt, in den meisten Fällen taucht die Angst zuerst auf. Studien zufolge traten bei etwas mehr als ein Viertel der Befragten Depression und Angst innerhalb eines Jahres zusammen auf.[3]

Die Beschwerden einer Angststörung und einer Depression ähneln sich. Typisch sind Unruhe, Rückzugstendenzen, mangelnde Aufmerksamkeit und eine Beeinträchtigung der Lebensqualität. Unterschiedlich ist hingegen die Stimmung, in der sich Betroffene befinden. Betroffene mit einer Depression fühlen sich meist traurig, hoffnungs- und antriebslos. Betroffene mit einer Angststörung sind in ihrer Grundstimmung nicht so beeinträchtigt wie Depressive. Sie leiden eher unter den körperlichen Anzeichen der Ängste, mit denen sie in vielen Lebensbereichen kämpfen und die sie einschränken. Häufig fühlen sie sich zusätzlich in ihrem Selbstwert beeinträchtigt und minderwertig – Gefühle, die auch Depressive oft haben. Am häufigsten entwickelt sich eine Depression aus einer sozialen Phobie und einer generalisierten Angststörung. Einer bereits bestehenden Depression kann aber auch eine soziale Angst oder generalisierte Ängste zugrunde liegen, die nicht diagnostiziert wurden.[4]

Weitere Erkrankungen, die in Zusammenhang mit einer Angststörung stehen können, sind Suchterkrankungen. Oft nehmen Betroffene Drogen oder Alkohol, um ihre Ängste zu betäuben. Vor allem Alkohol nutzen sie, um sich in sozialen Situationen sicherer zu fühlen – »Ich trink mir mal Mut an«. Wie du bereits in Kapitel 11 erfahren hast, erhöhen Angsterkrankungen zudem das Risiko, dass sich auch somatoforme Störungen entwickeln. Darunter verstehen Expert:innen anhaltende Beschwerden oder Schmerzen, für die sie keine ausreichend erklärbaren körperlichen Ursachen finden können. Ängste führen zum Beispiel dazu, dass auch die Muskeln sich verspannen. Betroffene richten ihre Aufmerksamkeit auf die muskuläre Anspannung, sodass sie – ähnlich dem Angstkreislauf – eine ängstliche Fehlwahrnehmung von körperlichen Symptomen entwickeln können. Diesen Prozess nennt man somatosensorische Amplifikation. Typisch dafür ist, dass die Betroffenen sich dabei extrem auf ihre körperlichen Beschwerden fokussieren und diese gleichzeitig als bedrohlich empfinden.

In diesen Bereich gehören auch hypochondrische Ängste. Betroffene sind überzeugt davon, dass sie eine schwere und lebenslimitierende Erkrankung haben oder bald bekommen. Obwohl sie längst zahlreiche Untersuchungen hinter sich gebracht haben und körperlich in guter Verfassung sind, verschwinden ihre Ängste nicht. Bei diesen Angsterkrankungen braucht es unbedingt Therapie, manchmal auch psychosomatische Behandlung, damit sich die Beschwerden verändern können und die Lebensqualität der Betroffenen wieder steigt.

Wenn Betroffene zum ersten Mal zu einem Arzt oder einer Ärztin gehen, erkennen diese die Angststörung oft nicht, denn viele Patient:innen beschreiben zunächst nur organbezogene Symptome, also körperliche Beschwerden wie Bauchschmerzen, Übelkeit, Kurzatmigkeit oder muskuläre Schmerzen. Sie sprechen selten gleich über ihre Ängste. Erwägst du einen Besuch bei einer Ärztin oder einem Psychologen, kannst du vielleicht daran denken, dass du davon profitieren wirst, sowohl über deine körperlichen als auch über deine mentalen Probleme zu sprechen.

## Und wenn doch etwas anderes dahintersteckt?

Bevor dann aber die Diagnose einer Angststörung gestellt wird, müssen die Ärzt:innen sicher sein, dass du keine andere Erkrankung hast. Es gibt mehrere somatische Erkrankungen, die ähnliche körperliche Symptome wie bei einer Angststörung hervorrufen können. Dazu gehört zum Beispiel eine Schilddrüsenerkrankung. Eine Unter- oder Überfunktion der Schilddrüse kann auch Symptome wie Herzrasen oder Unruhegefühle hervorrufen. Auch bei kardiologischen Erkrankungen wie einem Herzinfarkt oder einer Herzmuskelentzündung treten ähnliche Symptome auf. Gerade hier ist es manchmal schwierig, die Symptome einer Panikattacke von denen eines Herzinfarkts zu unterscheiden. Insbesondere bei Frauen sind die Anzeichen eines Herzinfarktes unspezifischer als bei Männern. Du hast darüber bereits in Kapitel 11 gelesen. In der Regel tritt ein Herzinfarkt meistens bei körperlicher Anstrengung auf und eine Panikattacke eher in ruhigen Situationen. Herzrhythmusstörungen, unregelmäßige, zu langsame, zu schnelle Herzschläge können den Angststörungen symptomatisch ebenfalls ähnlich sein. Viele Betroffene ängstigen sich sehr durch die Symptome, sodass sie die Notaufnahme aufsuchen oder einen Rettungswagen rufen.

Weitere somatische Erkrankungen, die mit Angst assoziiert werden oder die Angst hervorrufen, sind Lungen- und Atemwegserkrankungen wie Asthma oder eine COPD (chronisch obstruktive Lungenerkrankung). Letztlich kann auch Substanzkonsum (Tabak, stoffgebundene Drogen, Alkohol) zu angstähnlichen Symptomen führen. Suchterkrankungen und Ängste bedingen sich häufig gegenseitig. Betroffene befinden sich meist in einem ungünstigen Kreislauf, denn die Rauschmittel helfen zunächst, ihre Angstsymptome zu bekämpfen. Die Mittel können aber auch als Entzugserscheinungen eine Angststörung oder Angstsymptome hervorrufen.

Daher müssen in der Therapie die Sucht- und die Angsterkrankung behandelt werden, da sonst das Rückfallrisiko steigt.

Manchmal tendieren Angst-Patient:innen dazu, sich nicht ausreichend um ihre somatischen Krankheitssymptome zu kümmern. Der Grund dafür ist, dass sie meist Ängste vor einer weiteren Diagnose haben, allerdings ist diese Angst nicht so ausgeprägt wie bei der Hypochondrie.

Hinsichtlich anderer psychischer Erkrankungen muss wie bei den somatischen Erkrankungen eine Ausschlussdiagnostik erfolgen. Das heißt, dass die Ärzt:innen sicherstellen, dass sich die Angstsymptome nicht durch eine Psychose, Posttraumatische Belastungsstörungen, Hypochondrie und Zwangsstörungen erklären lassen. Die körperliche Untersuchung und Diagnostik sowie differentialdiagnostische Überlegungen hinsichtlich anderer psychischer Störungen sind für eine prognostisch gute Behandlung einer Angststörung, medikamentös und/oder psychotherapeutisch, wichtig.

## KAPITEL 13

# WIE KÖNNEN ANGSTSTÖRUNGEN BEHANDELT WERDEN?

Angststörungen sind insgesamt gut zu behandeln. Es gibt verschiedene evidenzbasierte Möglichkeiten und Arten der Behandlung. Evidenzbasierte Maßnahmen sind solche, die auf ihre Wirksamkeit durch wissenschaftliche Studien oder Alltagspraxis untersucht worden sind.

Bei den Behandlungsempfehlungen für Angststörungen richten Expert:innen sich nach Leitlinien. In Deutschland ist es die S3-Leitlinie Behandlung von Angststörungen, aktuell in der zweiten Version.[1] Neben den Empfehlungen der Leitlinien ist es wichtig, dass die Therapeut:innen dich als Patientin in die Behandlungsplanung einbeziehen. Im vorherigen Kapitel haben wir bereits erwähnt, wie wichtig es ist, dass du wirklich motiviert bist, eine Therapie zu beginnen, dass du Veränderungsprozessen offen gegenüberstehst und die Therapie auch durchhalten möchtest. All das ist auch davon abhängig, ob es ein Vertrauensverhältnis zu den Behandler:innen gibt. An erster Stelle steht das persönliche Gespräch. In diesem Gespräch, auch Anamnese genannt, besprichst du mit der potenziellen Therapeutin oder dem Therapeuten deine Symptome und Beschwerden. Das ist wichtig, um zu klären, ob es sich tatsächlich um eine Angsterkrankung handelt. Manchmal können nämlich auch andere Erkrankungen ähnliche oder gleiche Symptome wie Angststörungen hervorrufen. Mehr dazu haben wir in Kapitel 11 beschrieben. Häufig setzen die Therapeut:innen zusätzlich auch Fragebögen ein, die spezifisch für Angsterkrankungen entwickelt worden sind.

Das Gespräch bietet dir zudem die Chance, Fragen zu stellen, die bei dir bezüglich deiner Angsterkrankung aufgekommen sind. Zum Beispiel: Wie entstehen Angsterkrankungen? Welche psychotherapeutischen und medikamentösen Behandlungen gibt es? Es ist wichtig, dass du über deine Erkrankung aufgeklärt bist, damit du jederzeit im Behandlungsprozess die richtigen Entscheidungen treffen kannst.

Folgende Fragen können dabei helfen:

- Was passiert im Körper bei Angst?
- Welche verschiedenen Behandlungsoptionen habe ich?
- Wie wirken diese Methoden?
- Muss ich Medikamente nehmen?
- Wie wirken diese und haben sie Nebenwirkungen?
- Kann es sein, dass die Angst nach der Behandlung zurückkommt?
- Was kann ich selbst gegen die Angst tun?

Im Folgenden findest du einen Überblick über die Behandlungsmöglichkeiten von Angststörungen. Grundsätzlich lässt sich sagen, dass die Therapien die Beschwerden der Angst reduzieren können und auch das alltägliche Leben und dein Verhalten verändern werden. Der Erfolg der Behandlung bemisst sich aber nicht nur daran, wie stark die Ängste zurückgehen, sondern vor allem auch daran, wie viel besser sich das Leben für dich anfühlt. Das Ziel ist nicht nur ein angstfreies Leben, sondern dass sich deine Lebensqualität verbessert und du einen Umgang mit deinen Ängsten findest.

## Psychotherapie

Derzeit gelten vier Psychotherapieverfahren als wissenschaftlich anerkannt und als sogenannte Richtlinienverfahren. Für diese Verfahren werden die Kosten von privaten und gesetzlichen Krankenkassen übernommen. Diese Verfahren können als Kassenleistung genutzt werden: Verhaltenstherapie (VT), Systemische Therapie (ST), Tiefenpsychologische fundierte Psychotherapie (TfP) und Psychoanalyse (PA).

Im Zusammenhang mit Angststörungen empfehlen Expert:innen hauptsächlich die durch viele Studien empirisch gestützte kognitive Verhaltenstherapie (KVT). Doch auch die anderen Therapieverfahren können Emotions- und Verhaltensmuster verändern und Ängste reduzieren.

### Kognitive Verhaltenstherapie

Das Haupttherapieziel in der KVT ist eine sogenannte kognitive Umstrukturierung. Expert:innen erarbeiten dabei mit den Patient:innen, dass diese zum Beispiel bedrohlich empfundene Situationen neu bewerten und realistisch einschätzen. So lernen sie, ihr eigenes Denken zu verändern. Sie erarbeiten sich Sätze für den Alltag wie zum Beispiel »Das kann ich überwinden, das ist nicht so schlimm, wie ich befürchtet hatte«. So ist es ihnen möglich, durch das veränderte Verhalten neue Erfahrungen zu machen, die das unrealistische Angstdenken korrigieren können. In der Therapie lernen Patient:innen außerdem ihr Vermeidungsverhalten kennen und überwinden. Die Therapie unterstützt sie dabei, ihre Beschwerden der Angst einzuordnen und auch auszuhalten. Sie lernen, dass das Ziel nicht darin besteht, dass die Ängste komplett verschwinden, sondern dass sie einen Umgang damit finden.

Eine klassische Therapie in der KVT ist zudem die sogenannte Expositionsbehandlung: Dabei wird die Patientin mit den angstauslösenden Situationen konfrontiert. So baut sie nach und nach Ängste ab und macht neue positive Erfahrungen im Umgang mit der Angst.

Ein weiterer Baustein in der KVT ist die Psychoedukation, die Aufklärung über Symptome und deren Auswirkung. Bei jeder Patientin entwickelt der Therapeut oder die Therapeutin ein individuelles Störungsmodell, das sozusagen erklärt, auf welche Faktoren die jeweilige Angststörung zurückzuführen ist.

Folgende Methoden werden in der KVT angewandt:

- Expositionen: Reduktion des Vermeidungsverhaltens
- Angstprotokolle: Steigerung der Selbstwahrnehmung
- Kognitive Verfahren: Überwindung fehlerbehafteten Denkens
- Entspannungsverfahren: selbstständige Reduktion von Anspannungszuständen durch Autogenes Training oder Progressive Muskelentspannung (PMR)

Weitere Methoden sind achtsamkeits- und akzeptanzbasierte Therapien wie die Akzeptanz- und Commitment-Therapie (ACT) und die Mindfulness Based Stress Reduction (MBSR). Mehr zu MBSR erfährst du in Kapitel 14. Der Kern dieser Therapien liegt darin, die Angst als Teil unseres Lebens zu akzeptieren und sie nutzbar zu machen.

Allen Ansätzen ist gemeinsam, dass wir mit ihnen lernen, negative Gedanken und Gefühle anzunehmen, anstatt sie ändern zu wollen. Wir beobachten unsere Gefühle und Gedanken, werten sie aber nicht. Die Praxis besteht darin, dass wir unsere Gedanken und Gefühle kommen und gehen lassen und sie einfach nur beobachten, ohne einzugreifen. Je öfter wir zum Beispiel eine MBSR-Meditation praktizieren, desto weniger reaktiv werden wir zukünftig in Stresssituationen reagieren. Das Ziel der möglichst täglichen Praxis ist, dass wir auf emotionale Herausforderungen überlegter reagieren, Emotionen regulieren und uns ihnen nicht mehr hilflos ausgeliefert fühlen. Über viele verschiedene Übungen erarbeiten wir uns so mehr Selbstwirksamkeit und Sinnhaftigkeit im Leben und können eigene Wünsche realistischer umsetzen. Entsprechende Übungen, die du direkt in deinem Alltag anwenden kannst, findest du in Kapitel 14.

### Psychodynamische Verfahren

Bei den psychodynamischen Verfahren richten die Behandler:innen den Fokus auf unbewusste Prozesse. Zu den psychodynamischen Verfahren gehören die tiefenpsychologisch fundierte Psychotherapie und die Psychoanalyse. Die Therapeut:innen gehen davon aus, dass Konflikte und Krankheiten wie Ängste zum Beispiel durch innere Konflikte mitbedingt sind, die in der Kindheit erworben wurden und das weitere Leben beeinflussen. Da wir Menschen auf das Unbewusste jedoch keinen direkten Zugriff haben, besteht das Ziel der Therapie darin, dass wir uns die unbewussten Konflikte bewusst machen. Insbesondere die Erfahrungen, die wir mit unseren primären Bezugspersonen machen – und unsere Bindung zu ihnen –, beeinflussen unsere Persönlichkeitsentwicklung und prägen uns ein Leben lang.

Innere Konflikte sind Grundkonflikte, die uns in allen Bereichen unseres Lebens beeinträchtigen und die Angst auslösen können. Anhand der OPD (Operationalisierte Psychodynamische Diagnostik) werden insgesamt acht Grundkonflikte unterschieden.

- Individuation versus Abhängigkeit: Betonung von Selbstständigkeit in Beziehungen
- Unterwerfung versus Kontrolle: Erlebnis von Macht und Ohnmacht
- Versorgung versus Autarkie: Wunsch nach Versorgung bei gleichzeitiger Abwehr von Versorgung

- Selbstwertkonflikt: übermäßige Anstrengung nach Anerkennung
- Schuldkonflikt: übermäßige Annahme von Verantwortung
- Ödipaler Konflikt: Anerkennung von anderen über Attraktivität erreichen
- Identitätskonflikt: Unsicherheiten in der eigenen Identität
- Abgewehrte Konflikt- und Gefühlswahrnehmung: Schwierigkeiten, Gefühle bei sich und anderen wahrzunehmen

Alle diese Konflikte entstehen durch Erfahrungen mit den Beziehungen, die wir in unserer Primärfamilie gemacht haben und machen – und die alle anderen Lebensbereiche beeinflussen: Partnerschaft, Beruf, das soziale Umfeld, unsere Körperwahrnehmungen und unseren Umgang mit Erkrankungen. Auch Angstsymptome entstehen durch diese beschriebenen unbewussten Konflikte, insbesondere dann, wenn Emotionen wie beispielsweise Wut und Ärger unterdrückt werden.

In den psychodynamischen Therapien geht es darum, dass der Therapeut oder die Therapeutin einfühlsam mit der Patientin deren individuelle biografische Erlebnisse, die unbewussten Anteile und die dazugehörigen Gefühle aufarbeitet.

## Medikamente

Bei Angststörungen empfehlen Expert:innen in den meisten Fällen, eine Psychotherapie mit einer medikamentösen Behandlung zu kombinieren. Für die Behandlung von Angsterkrankungen stehen verschiedene Gruppen von Medikamenten zur Verfügung. Diese beziehen sich, wie bei der Empfehlung von Psychotherapie, auf die S3-Leitlinien. Welches Medikament der Therapeut oder die Therapeutin auswählt, hängt unter anderem davon ab, wie alt die Patientin ist, wie das Medikament wirkt und wie bisherige Behandlungsversuche gelaufen sind. Wichtig ist, dass er oder sie zudem darauf achtet, welche möglichen Wechselwirkungen es mit anderen Medikamenten bei der Patientin geben könnte. Die Therapeut:innen klären die Patientin ausführlich über mögliche Nebenwirkungen auf und erläutern, was eine sogenannte Wirklatenz ist. Denn die Effekte, die mit der medikamentösen Behandlung erzielt werden wollen, zeigen sich in der Regel nicht sofort, sondern nach zwei bis sechs Wochen. Es ist wichtig, dass die Patientin über den verzögerten Wirkeintritt Bescheid weiß, sonst macht sie sich zusätzliche Sorgen, wenn das Medikament zum Beispiel nicht sofort anschlägt.[2]

Eine besonders schwierige Situation tritt zudem auf, wenn die Patientin zum Beispiel zuerst die Nebenwirkungen bemerkt – und der erwünschte Effekt noch auf sich warten lässt. Es ist daher immer wichtig, dass sich die Patientin mit den Medikamenten vertraut macht. Das bedeutet aber keinesfalls, dass sie die Wirkstoffe zum Beispiel selbstständig absetzt, sondern nur in Absprache mit ihrem Behandler oder der Behandlerin. Manchmal müssen sie aber auch gemeinsam überlegen, ob die Medikamente oder deren Dosierung verändert werden müssen.

Entsprechend der Leitlinie werden am häufigsten Medikamente aus der Gruppe der selektiven Serotonin-Wiederaufnahmehemmer (SSRI) und der selektiven Serotonin- Noradrenalin-Wiederaufnahmehemmer (SSNRI) verwendet. Deren Wirksamkeit bei verschiedenen Angststörungen ist in klinischen Studien nachgewiesen worden. Zur Gruppe der SSRI gehören Medikamente wie Citalopram, Escitalopram, Sertralin und Paroxetin. Zur Gruppe der SSNRI gehören Medikamente wie Duloxetin und Venlafaxin. Bei der Behandlung von Panikstörungen, Agoraphobie, generalisierter Angststörung und sozialer Phobie wählen Expert:innen Medikamente aus den beiden Gruppen aus.

Für die Behandlung von spezifischen Phobien empfehlen Expert:innen keine Medikamente, sondern ausschließlich Psychotherapie mit zum Beispiel Expositionsübungen. Dabei hat den größten Effekt, wenn sich die Patient:innen unter therapeutischer Anleitung in angstauslösende Situationen begeben. Leidet eine Patientin zum Beispiel unter Flugangst, übt sie zunächst, sich auf einem Flughafen zu bewegen, dann ein Flugzeug zu besteigen und in einem nächsten Schritt sogar mitzufliegen. Bei der Expositionstherapie wird der angstauslösende Reiz also immer weiter gesteigert.

Viele Betroffene scheuen eine medikamentöse Behandlung, weil sie Angst haben, abhängig zu werden. Diese Furcht ist unbegründet. In der Angstbehandlung eingesetzte Antidepressiva machen nicht abhängig. Andere Medikamente in der Behandlung von Angststörungen allerdings schon. So gibt es schnellwirkende angstlösende Medikamente wie Benzodiazepine, die zu den Beruhigungsmitteln gehören. Dazu zählen zum Beispiel Lorazepam und Diazepam. Auch wenn sich viele Angstpatient:innen verständlicherweise eine schnelle Wirkung wünschen, helfen die Benzodiazepine in der Regel nicht, um die Ängste langfristig zu bekämpfen. Benzodiazepine haben vielmehr ein hohes Suchtpotenzial. Besteht bereits eine Abhängigkeit von Benzodiazepinen, kann es nach dem Absetzen der Wirkstoffe zu ausgeprägten Entzugserscheinungen kommen. Expert:innen empfehlen diese Mittel daher nicht zur langfristigen Behandlung von Angststörungen. In Ausnahmefällen und nach individueller Abwägung kann eine Gabe über einen kurzen Zeitraum erwogen werden.

In der Akutphase nehmen Patientinnen mit Angststörungen meist, wie oben bereits erwähnt, die Medikamente aus der Gruppe der SSRI und SSNRI und dann sechs bis zwölf Monate als sogenannte Erhaltungstherapie. Je nachdem, wie sich die Symptome und die Lebensqualität entwickeln, lohnt danach ein Versuch, das Medikament zu reduzieren oder ganz abzusetzen. Es kann aber auch eine längere Behandlung sinnvoll sein. Im Falle einer Therapieresistenz müssen die Behandler:innen die gesamte Therapie, medikamentös und psychotherapeutisch, überprüfen. Unter einer Therapieresistenz versteht man, dass sich trotz medikamentöser Behandlung keine erwünschten Veränderungen ergeben haben. Gegebenenfalls wird dann ein Wechsel der Behandlungsoptionen erwogen.

## Digitale Angebote

Es gibt mittlerweile viele internetbasierte Angebote zur Behandlung und zur Diagnostik (Selbsttests) von Angststörungen. Sie sind auf ihre Wirksamkeit geprüft und werden teilweise auch von den Krankenkassen als digitale Gesundheitsanwendungen (DiGa) übernommen. Hier findest du einen Überblick über die Inhalte und die Erstattungsfähigkeit der Angebote: https://diga.bfarm.de/de

Einige der Angebote beziehen sich auf spezifische Angststörungen, andere auf alle Angststörungen. In der Regel musst du dir eine App herunterladen und wirst dann durch die Anwendung geleitet. Die Angebote sind meist in Form von Modulen über mehrere Wochen aufgebaut. Sie basieren auf den Methoden der kognitiven Verhaltenstherapie (KVT). Mithilfe von Videos, Audios und Lesematerial sowie Übungen erfährst du etwas über deine Angsterkrankung und kannst gezielt mit den therapeutischen Inhalten arbeiten. Die Behandlung umfasst beispielsweise Tagebücher und Symptomchecks, die dir helfen, den Verlauf der Behandlung zu verfolgen. Manche Angebote bieten auch die Möglichkeit, ein persönliches Gespräch mit Expert:innen zu führen.

Ein spezifisches Onlineangebot von Selfapy hilft Frauen mit einer generalisierten Angststörung.[3]

Zudem besteht die Möglichkeit der sogenannten Blended Therapy. Dabei werden die digitalen Angebote ergänzend zur herkömmlichen Psychotherapie ambulant oder stationär angewandt.

Weitere Formen sind die Nutzung von Virtual-Reality-Anwendungen (VRET), insbesondere für die Expositionsbehandlung. Die Betroffenen werden über Virtual-Reality-Szenarien mit ihren Angstsituationen konfrontiert. Diese sind bei spezifischen Phobien gut einsetzbar.

Bei Höhenangst kann es zum Beispiel schwierig sein, auf tatsächlichen Höhen eine Expositionsbehandlung durchzuführen. Mithilfe von simulierten Szenarien kann es aber gelingen, eine sichere Umgebung zu schaffen, in der sich Menschen mit Höhenangst trauen, sich ihren Ängsten zu stellen. Diese Behandlungsmethode hält auch die Drop-out-Rate von Patient:innen gering, die Therapie wird so seltener abgebrochen.

Eine weitere Entwicklung sind die sogenannten Serious Games – was im Prinzip Computerspielen mit therapeutischen und edukativen Elementen entspricht. Sie können nicht nur gut bei Kindern und Jugendlichen eingesetzt werden, sondern auch Erwachsene profitieren.[4] Serious Games gehören zu den Health Games, die nicht nur bei Angst wirken. Auf spielerische Art klären sie über die Angsterkrankung auf und führen die Spielenden gut abgestimmt durch ein bestimmtes Angstszenario. Das kann zum Beispiel eine Szene sein, in der sie üben, eine fremde Person anzusprechen. Das fällt Menschen mit einer sozialen Phobie besonders schwer, schon die Vorstellung davon löst bei ihnen oft Angstsymptome aus. Bei den VRET-Anwendungen reagieren die Patient:innen dabei wie in der angstauslösenden Realität, sie fühlen sich aber insgesamt sicherer. Insbesondere bei Höhen- und Flugangst haben diese Methoden Einzug in die herkömmliche Psychotherapie gehalten.

Patient:innen können digitale Anwendungen zudem nutzen, um sich auf die ambulante oder stationäre Therapie vorzubereiten. Diese sind geeignet, die Wartezeit bis zum Beginn einer Therapie zu überbrücken oder nach dem Abschluss einer Therapie gewonnene Erkenntnisse und Verhaltensänderungen zu festigen.

Um Ängste zu bewältigen, braucht es nicht immer eine Behandlung oder eine Therapie. Selbst akute Angstzustände kannst du versuchen, selbst zu reduzieren. Es hilft, deine Aufmerksamkeit von dir weg auf die Realität zu richten. Du kannst alle Sinne, die du hast, dafür nutzen. Konzentriere dich auf Geräusche, die um dich herum sind (Hörsinn), rieche an einem Duftöl oder was du gerade zur Hand hast (Geruchsinn), richte deinen Blick auf deine Umgebung (Sehsinn), beiß in eine Zitrone (Geschmackssinn) oder kneif dich leicht (Tastsinn). Damit kannst du dich gut von deinen Angstsymptomen distanzieren, und das Angstgefühl wird weniger.

Im nächsten Kapitel findest du weitere Möglichkeiten und Strategien, die du selbst anwenden kannst. Sie helfen dir, Angstsymptome zu reduzieren und sie unterstützen dich, deine Ängste dauerhaft zu bewältigen. Mit den Methoden der darin beschrieben Selbsthilfe kannst du einen ersten Zugang zu deinen Ängsten finden und mit ihnen arbeiten.

## KAPITEL 14

# SELBSTHILFE – WAS FRAUEN TUN KÖNNEN

In den vorherigen Kapiteln haben wir versucht, dir einen umfassenden Blick auf all die Themen zu vermitteln, die im Leben vieler Frauen mit Angst relevant sind. Wir haben Ängste und den Umgang damit aus einer beschreibenden Perspektive erläutert, sozusagen von außen auf die Erfahrungswelten von Frauen mit ihren verschiedenen Ängsten geschaut. Im Folgenden wollen wir das Blatt bewusst wenden.

Statt weiter von außen auf das Geschehen zu schauen, lenken wir den Blick auf deinen Handlungsspielraum, zu deinen eigenen Ressourcen und Stärken – die jede Frau in sich trägt, mag sie noch so ängstlich sein. Wir richten den Blick hin in Richtung einer positiven Aussicht, hin zu einer neuen Wahrnehmung deiner Angst, hin zum Vertrauen, dass du durch dein eigenes Handeln etwas bewirken kannst, hin zu deinem inneren Potenzial, der Stärke und dem Lebenswillen. Denn auch wenn sich das bei dir vielleicht gerade nicht so anfühlen mag: Eine gewisse Widerstandskraft gegen Krisen trägt jeder Mensch in sich.

Vielleicht ist deine Angst trotz der Lektüre des Buches noch präsent. Vielleicht hast du derzeit noch keine Kraft, dich auf eine durchweg positive Perspektive einzulassen. Du kannst dein Potenzial (noch) nicht abrufen. Weil die Angst schon so lange da ist, scheint sie dir näher und vertrauter als der Gedanke, selbst in Aktion zu kommen. Doch die Beschäftigung mit der sogenannten Resilienz und Mitteln der Selbsthilfe kann dir langfristig helfen, aus dieser gewohnten Haltung herauszufinden – und einen neuen Blick auf dein Leben zu gewinnen.

Dieses Kapitel zeigt, mit welchen Mitteln es prinzipiell möglich ist, das eigene Ruder herumzureißen. Jede Frau kann viel dazu beitragen, dass ihr Glas nicht mehr halbleer, sondern halbvoll ist. Auch wenn viele Betroffene das zunächst nur schwer glauben mögen: Die richtigen Tools helfen, eine innere Einstellung zu finden, sodass sie die Ängste nicht mehr verdrängen oder bekämpfen müssen, sondern ihnen einen Platz einräumen und sie in ihr Leben integrieren können.

Auf den nächsten Seiten soll es darum gehen, den Fokus umzulenken, um die innere Widerstandskraft (wieder) zu entdecken. Das Ziel ist: Lernen, sich so anzunehmen, wie man nun mal ist, mit all den Ängsten und Eigenheiten; und die Situation zu akzeptieren und dadurch die Kontrolle über das eigene Dasein wiederzuerlangen. Im Folgenden geben wir Tipps, die diesen grundsätzlichen Perspektivwechsel ermöglichen und ein Leben mit Angst erleichtern.

Auch für Martina klingt das zunächst wie ein entfernter Traum. Sie kennt Ängste seit 20 Jahren – von sich selbst, von ihrer Mutter und ihrer Großmutter. Nach Arzneien wie Beruhigungsmittel und Antidepressiva, einer angstspezifischen Gruppentherapie sowie einer ambulanten Verhaltenstherapie schafft sie den Wiedereinstieg in ihr Leben. Sie arbeitet, wie früher schon einmal, in einem kleinen Modegeschäft und freut sich täglich über die gute Atmosphäre in Team. »Früher war der ganze Arbeitstag eine einzige Qual«, erzählt sie. »Ich bin beim kleinsten Trigger ausgerastet und hab vor Angst gezittert.« Mittlerweile ist sie professionelle Verkäuferin, die Angst immer im Gepäck, aber von Martina kontrolliert. Dann stirbt überraschend ihre Mutter. Martina fällt erneut in ein tiefes Loch und verliert ihren so

wacker wiedererkämpften Lebensmut. Auf Drängen einer Freundin sucht sie erneut Hilfe bei ihrer Therapeutin – und lernt noch einmal viel Neues über den Umgang mit ihrer Angst. »Nach der Trauer bin ich kaum noch rausgegangen und war nur noch traurig«, sagt sie. »Mittlerweile trete ich in brenzligen Momenten einen Schritt zurück, beobachte die Situation, versuche, diese realistisch einzuschätzen, und frage mich, was ich jetzt brauche.«
Die Frau in ihren Vierzigern ist dankbar, dass sie heute versteht, dass ihre Angst viel mit negativen Erfahrungen aus ihrer Kindheit zu tun hat – von denen sie sich heute distanzieren kann. »Ich komme nicht mehr in diese schlimme Verzweiflung, in der ich früher nicht weiterwusste.« Sie hat sich ihre Wohnung neu eingerichtet und singt jetzt wieder im Kirchenchor. »Denn gleichzeitig singen und Angst haben – das geht nicht.« Und sie geht zusammen mit ihrer Freundin zweimal die Woche morgens in den Park und läuft drei große Runden. »Durch die Bewegung gehen alle negativen Gedanken weg«, sagt sie. »Ich habe eine Abmachung mit mir selbst getroffen: Ich sorge jetzt einfach jeden Tag dafür, dass es mir gut geht.«

Die Angstpatientin hat gelernt, mit Schicksalsschlägen und ihren immer wiederkehrenden Ängsten umzugehen. Sie hat akzeptiert, wie es ist und gleichzeitig Zugang zu ihrer seelischen Widerstandskraft gefunden. Das ist, was Psycholog:innen Resilienz nennen. Der Begriff beschreibt ursprünglich einen Zustand, in dem Material aus einem Moment extremer Spannung zurück in seinen Ursprungszustand findet. Wie ein Gummiband, nachdem es gedehnt wurde. Auch beim Menschen gibt es viele Faktoren, die dazu beitragen können, dass wir nach einer psychisch herausfordernden Situation, einem traumatischen Ereignis und generell nach Stress wieder in einen ausgeglichenen Zustand zurückfinden.

Zu den wichtigen Faktoren, die die Resilienz beim Menschen stärken, gehören zum Beispiel Optimismus und Selbstwirksamkeit.

Letzteres beschreibt die Überzeugung, Schwierigkeiten aus eigener Stärke heraus zu überwinden. Zur Selbstwirksamkeit hast du bereits viel in Kapitel 10 erfahren. Zudem hat unter anderem der US-amerikanische psychologische Verband, die American Psychological Association (APA), verschiedene Punkte definiert, die die eigene Resilienz stärken.[1]

## Bau dir ein Sicherheitsnetz auf

Frauen sollten sich möglichst viel mit wertschätzenden Menschen umgeben, mit Menschen, die sie »nähren«. Gerade in Zeiten, in denen es nicht so gut läuft, ist ein lebendiges soziales Netzwerk wichtig. Der Mensch ist keine Insel. Wir sind geprägt von unseren sozialen Bezügen. Jeder Mensch braucht andere Menschen, um sich zu treffen und auszutauschen. Doch gerade für Frauen macht der Kontakt zu Freund:innen einen bedeutenden Unterschied. So zeigt eine aktuelle Studie, dass Frauen nicht nur anders als Männer auf Stress reagieren, sie bewältigen ihn auch anders. Bei ihnen lässt sich eine höhere Aktivierung der Bereiche im Gehirn nachweisen, in denen Stress verarbeitet wird, wenn sie sich zum Beispiel sozial ausgeschlossen fühlen. Männer reagieren hingegen eher auf Leistungsstress.

In sozial belastenden Situationen werden bei Frauen bestimmte neuronale Netzwerke also intensiver aktiviert, und sie erleben soziale Interaktionen gleichzeitig lohnender als Männer. Freundschaften zu leben und sozial vernetzt zu sein ist eine wichtige Kraftquelle gerade für Frauen.[2] Zudem kann es sie inspirieren, sich ehrenamtlich zu engagieren oder anderen Menschen zu helfen, die das gerade brauchen können. Sich für andere Menschen einzubringen, hat einen großen, positiven Einfluss auf die eigene Zufriedenheit.[3] Überdies fördert Kontakt zu anderen Menschen die Gesundheit im Alter. Alte Freundschaften zu bewahren und neue Freunde zu finden ist mindestens genauso wichtig wie die Höhe der Rente, um in den letzten Lebensjahren in seelischem Gleichgewicht zu leben.[4]

## Zeichne dein Beziehungsnetz

Wenn du gerade das Gefühl hast, dass es in deiner Nähe niemanden gibt, der dich unterstützen könnte, zeichne dein eigenes Beziehungsnetz auf – und du wirst sehen, dass das wahrscheinlich nicht stimmt. Beziehungsnetze sind ein gängiges Tool aus der Organisationspsychologie, um sich visuell die eigene Position in der Familie, im Team oder im Freundeskreis zu vergegenwärtigen. Sich das eigene Beziehungsnetz bewusst zu machen, kann positiv bestärken.

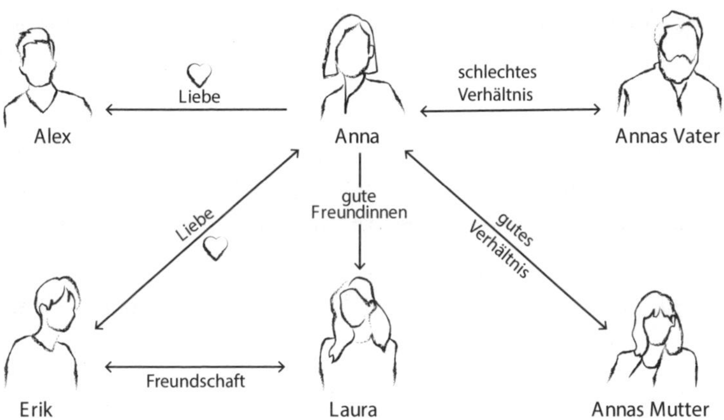


**Ein Beziehungsnetz kann dabei helfen, sich wertschätzender und schwieriger Interaktionen bewusst zu werden und sie neu zu definieren.**

Nimm dir ein leeres Blatt Papier und sammele zunächst die Namen all der Menschen, die momentan in deinem Leben eine Rolle spielen: Familie, Freund:innen, Arbeitskolleg:innen. Dann überlege, mit wem du in einer intensiven – negativen oder positiven – Beziehung stehst? Mit wem du gern mehr Kontakt hättest. Wer ist dir nicht (mehr) wichtig? Zeichne alle in das Beziehungsnetzwerk ein. Du selbst stehst in der Mitte.

## Nimm an, was nicht beeinflussbar ist

In unser aller Leben ist nur eines sicher: die Veränderung. Es kann das Leben daher erleichtern, wenn wir versuchen, auch schwierige Veränderungen, die wir nicht beeinflussen können, zu akzeptieren und als einen unveränderlichen Teil des Lebens zu sehen, statt sich darüber zu ärgern und weiter zu grübeln. Ob es der Job ist, den man verliert, oder die beste Freundin, die einem die Freundschaft gekündigt hat: Schicksalsschläge sind hart – und dennoch in den allermeisten Fällen kein Grund, zu verzweifeln. Es gibt für alle Menschen Umstände im Leben, die sie nicht beeinflussen können. Wenn wir versuchen, diesen Unwägbarkeiten des Lebens mit mehr Gelassenheit zu begegnen, erspart uns das viel Kummer. Und es hilft, uns besser auf die Umstände konzentrieren zu können, die wir verändern können.

Hast du zum Beispiel den Traumjob nicht bekommen, weil der Chefin deine Bewerbung nicht gefallen hat, kannst du das nicht ändern. Du kann aber sehr wohl proaktiv die Initiative ergreifen und weiter an deinem Lebenslauf arbeiten. In schwierigen Zeiten die eigenen Gefühle anzuerkennen und sich zu fragen, wie man selbst mit dem Problem umgehen kann, fördert die Selbstfindung und hilft, trotz Frust wieder aufzustehen und weiterzumachen. Wenn sich die Probleme zu groß anfühlen, um sie in Angriff zu nehmen, kannst du sie in überschaubare Einzelteile zerlegen.

## Löse gedankliche Verzerrungen auf

Außerdem ist es sinnvoll, sich klarzumachen, dass unsere Gefühle und unser Verhalten oft gar nicht durch die kritische Situation selbst entstehen, sondern daraus, was wir aus ihr machen. Es ist unsere Bewertung und Interpretation der Dinge, die unser Denken, Fühlen und Handeln bestimmt. Das führt dazu, dass wir immer wieder in ähnlichen Situationen unsicher werden und ständig mit den gleichen Dingen zu kämpfen haben. Oft sind diese Gedanken negativ, bei Angstpatientinnen münden sie nicht selten in Katastrophenketten und kreieren unangenehme Gefühlsschleifen.

Es gibt einen gesünderen Umgang mit Angst, Zweifel und Ärger: Wir dürfen und sollten diese Gefühle zulassen und wahrnehmen, uns aber nicht von ihnen bestimmen lassen. Gerade viele Angstpatientinnen leiden hingegen unter oft negativen automatischen Gedanken. Diese Selbstgespräche spiegeln unsere (unbewussten) Überzeugungen. Wenn wir diesen negativen Gedanken allerdings positive Gegenaussagen gegenüberstellen, können wir die alten und hemmenden Gedanken verlernen – und durch neue Ideen austauschen. Statt »Ich tauge zu nichts« heißt es dann »Ich kann das lernen!«.

Das Bewusstwerden der eigenen Gedankenkette und der bewusste Stopp irrealer Gedanken kann helfen, neue Gedanken an die Stelle zu setzen und einen positiveren Blick auf die Dinge zu bekommen, statt dass die negativen Gefühle unser Verhalten diktieren.

Mit dem ABC-Modell kannst du diese Selbstreflexion fördern. Sie hilft dir, dein Denken, Fühlen und Handeln zu analysieren, die Gedanken zu erkennen und zu sehen, wie stark diese dich tatsächlich emotional beeinflussen. Langfristig unterstützt das ABC-Modell dabei, die Gedankenverzerrungen aufzulösen und Herausforderungen mit innerer Stärke zu begegnen. Wir haben damit ein Tool in der Hand, das uns hilft, wieder optimistischer zu werden – selbst wenn das in schwierigen Situationen anstrengend erscheinen mag. Das ABC-Modell hat seinen Ursprung in der Verhaltenstherapie und wurde vom US-amerikanischen Psychologen Albert Ellis entwickelt.

Es ermöglicht dir, eigene negative Verhaltensmuster zu erkennen und ist ein Tool, das uns verständlich macht, warum wir immer wieder in ähnlichen Situationen ins Straucheln kommen oder ständig mit den gleichen Dingen kämpfen. Das Modell zeigt dir Schritt für Schritt (ABC), welche Prozesse blitzschnell und bewusst bei dir ablaufen, wenn es einen Auslöser für Ärger gibt. Es hilft, sich selbst besser kennenzulernen, eine positivere Einstellung zu entwickeln und so mehr Widerstandskraft für Krisen zu haben. Eine optimistische Einstellung gibt Vertrauen, dass gute Dinge passieren und das Leben im Hier und Jetzt gestaltbar ist.

Du kannst die Übung allein oder mit anderen durchführen. Sie hilft dir herauszufinden, wo und wann dein Glas halb voll oder halb leer ist. Der Begriff »ABC-Modell« steht für

**A = Auslöser**
*Meine Schwester reagiert nie auf meine SMS. Selbst dann nicht, wenn wir wie nächste Woche einen wichtigen Termin haben.* (Ich mache mir bewusst, warum ich so aufgeregt bin.)

**B = Bewertung**
**Meine Gedanken dazu sind:**
*Die dumme Kuh kann nicht kommunizieren und will mich wahrscheinlich eh nicht bei dem Termin dabeihaben.*
(Ich erkenne meine unbewussten Bewertungen, Befürchtungen und Erwartungen.)

**C = Konsequenzen**

**Gefühle, Körperreaktion und Verhalten**

*Ich bin sauer und wütend. Mein Herz schlägt schnell, meine Muskeln verspannen sich. Ich stelle sie sofort per Anruf zur Rede.*

(Ich registriere, wie mein Körper auf den Reiz reagiert.)

## Setz dir eigene Ziele

Die nächste Übung, die dazu beiträgt, das Leben nachhaltig zu verändern, ist ein Plan zur Umsetzung guter Vorsätze. Ein Plan ist wichtig, denn wie alltägliche Gewohnheiten können auch Ängste hartnäckig sein – und uns schnell von einem zunächst hochmotivierten Pfad der Veränderung abbringen. Ein klarer Fahrplan hingegen kann helfen, gesteckte Ziele wirklich zu erreichen. Der erste Schritt besteht darin, die Ziele realistisch zu gestalten und nicht zu ambitioniert. Versuche kleine Schritte, statt mit zu großen Sprüngen zu überschwänglich zu werden. Frag dich zwischendurch auch immer wieder, was du jetzt gerade brauchst, um dein Ziel zu erreichen. Ganz wichtig: Bewege dich dann in deinem eigenen Tempo in diese Richtung. Möchtest du es zum Beispiel in der Zukunft mal wieder schaffen, mit deiner alten Wandergruppe in die Berge zu fahren, fang langsam an, gehe täglich spazieren und steigere nach und nach die Strecke. Vielleicht hilft dir auch die sogenannte AROMA-Formel, die im Projektmanagement wie im therapeutischen Bereich häufig erfolgreich verwendet wird, um deine persönlichen Ziele konkret zu formulieren.

### Mein Leben verändern mit der AROMA-Formel

Die Übung hilft dir, deine persönlichen Zielkriterien zu definieren, sodass du deine Ziele wirklich erreichen kannst und im Prozess motiviert bist.

Frühere Erfahrungen:

Mein aktuelles Ziel:

| | |
|---|---|
| **A** wie Aktiv | Formuliere aus der Ich-Perspektive, ohne Konjunktiv, »Ich werde …« |
| **R** wie Realistisch | Was ist machbar, umsetzbar, wo sind deine Grenzen? |
| **O** wie Optimistisch | Formuliere dein Ziel positiv, optimistisch. |
| **M** wie Messbar | Gute Ziele lassen sich messen. Trifft das bei dir zu? |
| **A** wie Annehmbar | Stehst du hinter deinem Ziel, kannst du es vollumfänglich vertreten? |

## Sei freundlich zu dir selbst

Schon am Montagmorgen ist die To-do-Liste lang. Die Abende der kommenden Woche sind voll ausgebucht, es gibt tausend Dinge, die geklärt werden wollen. Und obendrein ist da noch das Gefühl, dass die Ängste ohnehin alles im Griff haben, dass nichts wirklich klappen wird und alles jetzt schon anstrengend ist. In Situationen wie diesen braucht es Selbstfürsorge. Tritt einen Schritt zurück und frag dich, was genau du jetzt brauchst, was dich nähren könnte. Der Begriff Selbstfürsorge aus der Psychologie umschreibt prinzipiell alles, was uns psychisch und physisch gesund hält. Das kann ein gutes Gespräch mit einer Freundin sein, ein Abend alleine in der Sauna, ein Tee in der Morgensonne – oder die Absage eines überflüssigen Termins. Selbstfürsorge stärkt die eigenen Ressourcen und sorgt dafür, dass wir selbst im Strudel der Gedanken und schwierigen Gefühle unseren eigenen Kompass wiederfinden. Selbstfürsorge fällt gerade in stressigen Zeiten nicht leicht, ist aber erlernbar.

Alles beginnt damit, dass wir uns öfter fragen: Wie geht es mir gerade? Überfordere ich mich? Bin ich viel weniger belastbar als ich denke? Welche Bedürfnisse habe ich jetzt und werden sie annähernd erfüllt? Wie kann ich besser auf mich achten? Wann muss ich noch eher Grenzen setzen oder um Hilfe bitten?

### ÜBUNG
### Ein Moment mit nachhaltiger Wirkung

Du brauchst nur wenige Minuten, aber wenn du diese kleine Selbstfürsorge-Übung zwischendurch immer mal wieder anwendest, kann sie eine große Wirkung haben: Nimm dir Zeit, dich bewusst entspannt hinzusetzen. Schließe die Augen, spüre deinen Atem. Lege eine Hand auf dein Herz, spüre die Wärme. Wie fühlt sich das an? Versuche in deinen Körper hineinzuhorchen: Welche Regionen melden sich? Ist da ein Muskel verspannt, sind da Schmerzen? Wenn deine Gedanken dich ablenken, komme freundlich immer wieder zurück zu dir. Frage dich: Wie gestresst bin ich gerade? Wo kann ich noch Spannung abgeben? Achte auf deinen Atem. Bleibe ein paar Minuten so sitzen und benenne, was du spürst. Wie geht es deinem Körper und deinem Geist. Denke an andere Menschen, denen es auch so geht. Verbinde dich mit ihnen. Verbinde dich mit dir.

## Lerne wieder, dir etwas zu gönnen

Wer Stress und Angst hat, kann sich schlecht entspannen, nicht wirklich genießen. Oft fällt es Angstpatientinnen daher auch schwer, sich etwas zu gönnen. Sie leben nach starren Normen und setzen sich so unter Druck. Vergnügen gilt als Zeitverschwendung, Entspannung ist nur erlaubt, wenn »alles andere« erledigt ist. Damit wieder Genuss, Spaß und Freude ins Leben treten, braucht es kleine Rituale. Sie helfen, täglich liebevoll mit sich selbst umzugehen und gut für sich zu sorgen. Versuche außerdem, mindestens einmal am Tag bewusst die Kontrolle loszulassen. Gestehe dir Schwäche ein, wenn sie auftaucht. Erlaube dir, dir mal außer der Reihe ein Vollbad einzulassen oder einen schönen Film anzuschauen, auch wenn der Wäscheberg noch nicht weggeräumt ist. Versuche, bewusst auf deine Fähigkeit zu vertrauen, Probleme selbst zu lösen, und höre öfter, was dein Bauch und dein Herz dir sagen.

## Achtsamkeit ist nicht gleich Entspannung

Je öfter du Selbstfürsorge praktizierst, desto eher wirst du auch die kleinen, schönen Momente wieder registrieren, die es im Alltag gibt, die wir aber im Stress oft übersehen. Ein nettes Lächeln einer unbekannten Person im Café, eine winzige Blume am Straßenrand, ein Kind, das liebevoll seine Puppe in seinem Wägelchen zudeckt. Du wirst achtsamer.

Achtsamkeit ist heute ein geflügeltes Wort, es begegnet uns überall. Häufig wird es fälschlicherweise mit Entspannung gleichgesetzt. Aber Achtsamkeit bedeutet etwas anderes: die willentliche, bewertungsfreie Fokussierung auf den *jetzigen* Augenblick ohne Geschichte. Denn die Geschichte und unsere Bewertungen von Situationen sind meist mit im Spiel, wenn Stress und Angst verursacht oder verschlimmert werden. Bei der Achtsamkeit geht es darum, im Kontakt mit dem zu sein, was ist. Der Körper und der Atem helfen uns dabei – wie bei der kleinen Selbstfürsorge-Übung, die du eben kennengelernt hast – und die auch ein Teil von Achtsamkeit ist.

Achtsamkeit ist die Basis, um sich wieder selbst zu vertrauen. Sie verschafft uns Wahlfreiheit, eröffnet einen Raum, in dem wir uns wieder bewegen und spüren können. *Es ist, wie es ist.* Mit dieser Kernformel der Achtsamkeit wenden wir uns dem gegenwärtigen Moment voller Offenheit und Akzeptanz zu. Wir verlassen unsere automatisierten Gedankenautobahnen, auf denen wir alle unbewusst durch unser Leben fahren. Wir akzeptieren, was ist, wir hören auf zu bewerten. Denn gerade Bewertungen lösen häufig Angst aus.

Bis in die Mitte der 1990er-Jahre galt die Achtsamkeit als spirituell und esoterisch. Anfang der 2000er-Jahre geriet sie dann aber in den Fokus der wissenschaftlichen Forschung – und damit zunehmend in die Mitte der Gesellschaft. Ärzt:innen und Psycholog:innen setzen achtsamkeitsbasierte Ansätze mittlerweile weltweit auch bei der Behandlung von Angststörungen ein, ebenso bei Schwangeren und bei Krebspatient:innen. In der Berufswelt hat Achtsamkeit als Mentaltraining für Führungskräfte mittlerweile seinen festen Platz.

Doch wie kann man Achtsamkeit lernen? Es gibt einen ganzen Blumenstrauß an Möglichkeiten. Dazu zählt zum Beispiel die bereits erwähnte Selbstfürsorge. Oder aber das Üben von Dankbarkeit. Wer häufiger dankbar ist, wird achtsamer, sieht eher das Positive im Leben, kommt wieder mehr mit anderen Menschen in Beziehung. Durch gestärkte soziale Beziehungen fühlen wir uns miteinander verbunden – und das macht insgesamt glücklicher, wie zahlreiche Studien zeigen.[5] Denn Dankbarkeit lässt uns besser mit Stress umgehen, stärkt den Selbstwert und vermittelt und das Gefühl, dass das Leben einen tieferen Sinn hat.[6] Es gibt verschiedene Ideen, mehr Dankbarkeit im Alltag zu praktizieren. Eine schöne Methode ist zum Beispiel das Dankbarkeits-Tagebuch.

### Dankbarkeitstagebuch und Meditation

Vielleicht hast du noch ein unbeschriebenes Notizheft zu Hause oder du kaufst dir ein neues. In einem ersten Schritt kannst du ein persönliches Titelbild gestalten, sodass du dich selbst angesprochen fühlst, wenn dein Blick auf das Buch fällt. Du kannst das Cover bemalen oder einen schönen Spruch draufschreiben. Dann suchst du einen eigenen Platz dafür, vielleicht in deiner Nachttischschublade. Dort ist es jederzeit griffbereit, wenn du dein Ritual startest:

Schreibe jeden Abend vor dem Schlafen in dein Tagebuch, wofür du dankbar bist. Gehe den Tag gedanklich noch einmal durch und versuche auch, dir Sinneseindrücke erneut ins Gedächtnis zu rufen. So werden dir ganz von allein zwei oder drei Situationen bewusst, die dich heute dankbar gemacht haben. Vielleicht bist du von den Vögeln morgens geweckt worden? Oder du hast auf der Haut gespürt, dass die Luft draußen schon sommerlich warm ist? Vielleicht bist du auch für das Feedback deiner Kollegin dankbar oder für das ehrliche Telefonat, das du mit deiner Mutter geführt hast? Vielleicht brauchst du ein bisschen Geduld, und es fällt dir nicht jeden Tag leicht, dich zu erinnern. Das ist ganz normal, Achtsamkeit muss tatsächlich trainiert werden. Je länger du aber dein Dankbarkeitstagebuch führst, desto besser wird es laufen – und desto mehr fokussierst du dich auch im Alltag auf die kleinen und großen positiven Erfahrungen.

Der Klassiker, um Achtsamkeit zu trainieren, ist die Meditation. Weltweit verbreitet ist zum Beispiel das Stressreduktionsprogramm MBSR – Mindfulness Based Stress Reduction. Die Meditationsmethode lenkt die Aufmerksamkeit auf die Dinge, die gerade passieren. Statt Multitasking, digitales Rund-um-die-Uhr-sofort-Reagieren, ständiges Planen und sich in ein besseres Morgen flüchten, geht es darum, im Hier und Jetzt zu sein, bewusst im Moment und gegenwärtig. Und das urteilsfrei, wohlwollend und geduldig.

Das Prinzip hat seinen Ursprung – damals noch im religiösen Kontext – im Buddhismus vor 2500 Jahren. 1979 entwickelte der amerikanische Molekularbiologie-Professor Jon Kabat-Zinn auf dieser Basis das bis heute aktuelle MBSR. »Achtsamkeit ist nicht wertendes Gewahrsein des gegenwärtigen Moments«, so Kabat-Zinns Leitspruch für die Patienten, die sich an seiner Stressklinik der Universität von Massachusetts über das Meditieren darin üben, einen neuen Zugang zu ihrem Geist und Körper und so wieder zu sich selbst zu bekommen.

Die Teilnehmer:innen in den MBSR-Kursen lernen über acht Wochen verschiedene Meditationen kennen, vom Body-Scan über Geh- und Atemmeditation, Yoga bis hin zur 40-minütigen Sitzmeditation. Der Body-Scan ist die Einsteigerübung, um den eigenen Körper systematisch wahrzunehmen. In den Präsenz- oder Onlinegruppen praktiziert man einmal wöchentlich zusammen und zudem täglich alleine zu Hause. Wer am Ball bleibt, wird schon nach dieser Zeit feststellen, dass sich sein Geist zunehmend beruhigt.

Warum aber wirkt MBSR gegen Angst und Stress? Weil es das Gehirn trainiert, nicht dem evolutionär bedingten Flucht- und Kampfimpuls nachzugehen, der sich reflexartig zeigt, sobald wir in eine schwierige Situation geraten. Meditieren heißt, zu beobachten, was den Geist bewegt – und die Wahl zu haben, es vorüberziehen zu lassen. Das Training ist durch zahlreiche wissenschaftliche Studien gut belegt. Forscher aus den USA und Deutschland fanden zudem heraus, dass die häufig praktizierte Meditation jeweils spezifische Hirnareale »umbaut«.

Eine randomisierte klinische Studie, 2022 in der Fachzeitschrift *JAMA Psychiatry* veröffentlicht, zeigte zum Beispiel:[7] Die Meditationspraxis mit MBSR (Mindfulness Based Stress Reduction) wirkt gleich gut wie das Medikament Escitalopram (Cipralex) gegen Ängste. Der Wirkstoff zählt zu den weltweit am häufigsten verwendeten Medikamenten, er ist ein Serotonin-Wiederaufnahme-Hemmer (SSRI).

Dass die MBSR-Meditation Ängste verringern kann, ist lange bekannt. Erstmals hat das Team um Elizabeth A. Hoge vom Department of Psychiatry des Georgetown University Medical Center in der Untersuchung MBSR aber mit einer gängigen medikamentösen Behandlung verglichen. Insgesamt nahmen 276 Erwachsene mit einer diagnostizierten Angststörung aus drei Kliniken in den USA an der Studie teil, 208 hielten bis zum Schluss durch. Die Patient:innen wurden zufällig auf zwei Gruppen aufgeteilt: Die erste Gruppe erhielt acht Wochen lang den wöchentlichen MBSR-Kurs, die zweite Gruppe das Antidepressivum Escitalopram in den Dosierungen von 10 bis 20 mg. Von den Patient:innen, die mit der Behandlung begannen, brachen zehn (8 Prozent) in der Escitalopram-Gruppe und keiner in der MBSR-Gruppe die Behandlung aufgrund von unerwünschten Ereignissen ab. Das wichtigste Studienziel war, herauszufinden, wie sich der Grad der Ängstlichkeit änderte. In der Studie zeigte sich, dass MBSR eine gut verträgliche Behandlungsoption mit vergleichbarer Wirksamkeit wie die medikamentöse Behandlung für Patient:innen mit Angststörungen ist.

### Meditation: In deinem Geist, in deinem Körper

Setz dich auf einen Stuhl oder ein Kissen. Schließe mit der nächsten Ausatmung sanft die Augen. Nimm den Kontakt zum Boden wahr. Und die stabile Aufrichtung im Oberkörper. Nimm eine freundliche, würdevolle Haltung ein, bequem und gleichzeitig aufrecht. Nimm den Raum wahr, den dein Körper einnimmt. Das Licht, die Geräusche, vielleicht Gerüche? Wie fühlt sich dein Körper heute an? Scanne vom Kopf bis zu den Füßen. Gibt es

Stellen, die sich beengt, verkrampft anfühlen? Lenke den Geist dann zu deinem Atem. Lass den Geist beim Atem verweilen. Wie bewegt sich der Körper durch die Atmung? Jeder Atemzug neu. Wenn der Geist abwandert, komme zurück zu deinem Körper hier auf dem Kissen. Wie fühlt sich dein Geist heute an? Scanne deinen Geist. Ist da auch etwas Enges, Unangenehmes? Während du deine Aufmerksamkeit noch beim Atem behältst, lenke den Fokus nun auf einen Punkt über dem Kopf, dann in Höhe der Augenbrauen, Hals, Brust, Solar Plexus, Bauch, Füße und wieder hoch. Setze den Fokus von einem Punkt zum anderen in deinem Tempo, in deinem Flow.

Wenn du wieder oben angekommen bist, schau nun, welche Empfindungen da sind. Ist da etwas Leichtes, wohlig Warmes oder ein Schmerz, eine Enge, etwas Festhaltendes? Welche Empfindung spürst du? Und geht ein bestimmtes Gefühl damit einher?

Nun nimm wahr, wie der Körper wieder alles loslässt, wie der Geist loslässt, wie die Enge an bestimmten Stellen durch Weite ersetzt wird, wie sich alles entspannt. Alles fließt. Die Anspannung weicht der Weite. Lass auch den Geist in diesem Gefühl ein paar Sekunden völlig frei sein. Nun bring die Aufmerksamkeit zurück zum Körper. Spüre die Schwerkraft deines Körpers, den Kontakt zum Boden. Hol auch den Geist zurück in den Raum und nimm ein paar tiefe Atemzüge.

## Gesunder Körper - gesunder Geist

Neben dem gesunden, achtsamen Geist ist ein aktiver Körper die beste Basis für körperliches Wohlbefinden. Antriebslosigkeit hingegen führt zu mangelnder Aktivität, was in der Folge eigene persönliche Erlebnisse minimiert und niedergeschlagen macht. Aktivität und körperliche Bewegung durchbrechen diesen Kreislauf.

Kümmere dich liebevoll um deinen Körper. Schlafe ausreichend, trinke genug, ernähre dich ausgewogen – und bewege dich täglich. Tägliche Bewegung verbessert die Durchblutung in den Gefäßen und versorgt alle Organe wieder effizienter mit Nährstoffen. Zudem werden in der Muskulatur Botenstoffe ausgeschüttet, die andere Fehlfunktionen reparieren können. Durch Bewegung regenerieren kleinste Nervenzellen im Gehirn. Sport lindert auch bei Angststörungen nachweislich die Beschwerden und sorgt dafür, dass betroffene Frauen seltener Beschwerden haben. Auch kann körperliche Aktivität das Risiko für zukünftige Angststörungen im Schnitt um fast die Hälfte reduzieren, das zeigen mehrere Studien.[8]

Wer nach vielen Jahren wieder oder erstmals in die Turnschuhe schlüpft, sollte anfangs nicht übertreiben – und mit einer täglichen Belastung von zehn Minuten in den ersten Wochen starten. Das nächste Ziel ist eine Belastungsdauer von 20 bis 30 Minuten. Um langfristig positive Effekte zu erreichen, empfehlen Expert:innen irgendwann eine körperliche Aktivität mit einer Dauer von 30 bis 60 Minuten drei bis viermal pro Woche. Die Pause zwischen zwei Trainings sollte nicht länger als zwei aufeinanderfolgende Tage sein.

Wenn du Startschwierigkeiten hast, überliste dich selbst: Erstelle eine Liste mit angenehmen Aktivitäten und deinen persönlichen Interessen, die du also täglich gern erledigst – und ergänze dann auch den Sport auf der Liste, sodass er irgendwann fest zu deinem Tagesplan gehört.

**ÜBUNG**

**Dein erster Trainingsplan**

*Wie oft:* an zwei bis fünf Tagen pro Woche, mindestens 150 Minuten,
3 x 30 Minuten pro Woche schwitzen hilft so gut wie ein Antidepressivum.
*Was genau:* Ausdauertraining wie schnelles Gehen, Nordic Walking, Schwimmen, Radfahren, Berg- bzw. Skiwandern, eventuell kombiniert mit zweimal Krafttraining[9]
*Welche Intensität:* moderat
Wer erst wieder mit Sport beginnt, sollte das Pensum nach ein paar Wochen möglichst langsam steigern. Sonst erreicht man zu schnell die Belastungsgrenze, sodass der Stoffwechsel übersäuert, der Körper nicht ausreichend regeneriert und es keinen Fortschritt mehr gibt. Die Gefahr der Übersäuerung ist am Anfang am größten.

# NACHWORT

In unserem Buch über Frauen und Angst ging es um Hormone, Gene und andere physiologische Ursachen. Wir haben über Rollenerwartungen, psychosoziale und sozialwissenschaftliche Zusammenhänge geschrieben und psychologische Erklärungsansätze gegeben. Du hast eine Fülle von Studien kennengelernt, die versuchen, zu analysieren, warum so viel mehr Frauen an Ängsten leiden als Männer. Viele Fragen zu den geschlechtsspezifischen Unterschieden kann die Wissenschaft heute bereits beantworten, andere Zusammenhänge müssen weiter erforscht werden.

Die vielleicht wichtigste Erkenntnis unserer Recherche ist: Ängste sind bei allen weiblichen Betroffenen ein komplexes Geschehen – und es gibt keine einzige Frau, die selbst schuld ist an ihren Ängsten. Dass Frauen so viel häufiger als Männer die Diagnose Angststörung bekommen, liegt nämlich nicht nur daran, dass sie wirklich ängstlicher sind, sondern auch daran, dass Expert:innen des Gesundheitssystems wie die gesamte Gesellschaft unterschiedliche Erwartungen an die Geschlechter haben. So nehmen Frauen nicht nur fast doppelt so häufig eine Psychotherapie in Anspruch. Frauen glauben auch, dass Psychotherapie bei Männern weniger gut wirkt. Männer hingegen sind überzeugt, dass bestimmte Medikamente für andere Männer hilfreicher sind, als Frauen dies für andere Frauen annehmen.

Man darf also davon ausgehen, dass auch weibliche und männliche Expert:innen nicht davor gefeit sind, Frauen auch deshalb häufiger die Diagnose zu geben und die entsprechenden Therapien zu verschreiben, weil sie eben Frauen sind. Um weibliche Ängste zukünftig noch besser verstehen und allen Betroffenen schneller helfen zu können, braucht es mehr Gendersensibilität im Gesundheitssystem und selbstbewusste Betroffene – die bereit sind, sich ihren Ängsten zu stellen, damit zu arbeiten, sie zu akzeptieren und noch mehr in ihr eigenes Leben zu integrieren und gleichzeitig nach außen in die Gesellschaft zu tragen.

# ANMERKUNGEN

## Kapitel 1: Sind Frauen ängstliche Wesen?

1. Meyer (1997).
2. Gelbe Liste, https://www.gelbe-liste.de/krankheit
3. Plag (2023), S. 109.
4. McLean (2011), S. 1027–1035.
5. Michl (2013), S. 339–352.
6. Kersting (2016).
7. Plag (2023), S. 113.
8. Lang (2023).
9. Hantsoo (2017).
10. Stuijfzand (2018).
11. Mersmann (2022), S. 13.
12. Plag (2023), S. 114.
13. Plag (2023), S. 112.
14. Farhane-Medina (2022).
15. Dube et al. (2005).
16. Kersting (2016).
17. Plag (2023), S. 114.
18. Patenge (2015).

## Kapitel 2: Was will Angst uns sagen?

1. Adrenalin und Cortisol sind Stresshormone, die bei Belastung aus der Nebenniere ausgeschüttet werden.
2. Le Doux (1999).
3. Etkin (2009).
4. Ströhle (2003).
5. Trier Social Stress Test (TSST), Verfahren in der Psychologie, um psychosozialen Stress und physiologische Stressreaktionen bei Versuchsteilnehmenden auszulösen.
6. Kudielka (2009), S. 2–18.
7. Bangasser (2021).
8. Qi (2021).

## Kapitel 3: Die Geschichte der Angst

1. Darwin (1872).
2. Weber (2012), S. 112–117.
3. Taylor (2000).
4. Riemann (1961).

## Kapitel 4: Weibliche Angst im Patriarchat

1. vdek (2024), S. 7.
2. World Health Organization (2002).
3. Haw (1995).
4. Van de Velde (2019).
5. Bundeskriminalamt (2022).
6. Hannover (2021).
7. Rossi (2022).
8. Napp (2022).
9. Zeit Online (2022).
10. Kersting (2016).
11. Farhane-Medina (2022).
12. Kersting (2016).

13. Stake (2010).
14. Farhane-Medina (2022).
15. Zeit Online (2022).
16. Khan (2020).
17. Ehrlinger (2003).
18. Kubisch (2016).
19. Böhnke (2020).
20. Philips Universität Marburg (2020).
21. Groll (2016).
22. Pelch (2018).
23. Schulz (2020).
24. Yavorsky (2021).
25. Von Würzen (2020).
26. Destatis (2022).
27. Bogner (2024).
28. Masterson (2022).
29. Destatis (2023).
30. Alves (2023).
31. Calvo-Salguero (2008).
32. Cowie et al. (2018).
33. Cadoche (2021).
34. Murray (2018).
35. Mills (2018).
36. Niehus (2020).
37. Ozimek et al. (2019).
38. The Facebook Files (2021).
39. Body image report (2019).
40. Cohen (2017).

## Kapitel 5: Angst vor der Zukunft

1. Schmerber (2021), S. 25.
2. Heinz (2023).
3. Hickman (2021).
4. Bundespsychotherapeutenkammer (2023), S. 12.
5. Ebd.
6. Cianconi (2020).
7. Schmerber (2021), S. 25.
8. Heinz (2023).
9. Deutsche Bundestag (2016).
10. Heinz (2023).
11. Bundespsychotherapeutenkammer (2023).
12. Dobos (2023), S. 34.
13. Girlguiding (2023).
14. Plan International (2021).
15. Bundeskriminalamt (2019).
16. Ebd.
17. Amnesty International (2022).
18. Daftary (2020).
19. Graff (2021).
20. UN Women (o. J.).
21. Carlsson Kanyama (2021).

## Kapitel 6: Starke Eltern, starke Töchter

1. DAK Gesundheit (2022).
2. Bepanthen-Kinderförderung (2021).
3. Heidenfelder (2020).
4. Erziehungsmethode nach William Sears, welche die Bindung in den Fokus stellt.
5. Erziehungsmethode nach Jessica A. Milburn, welche die Emotionsregulation in den Fokus stellt.
6. Silove (2015).
7. World Health Organization (2004).
8. DAK Gesundheit (2022).
9. Quelle: https://www.dak.de/dak/unternehmen/reporte-forschung/dak-kinder-und-jugendreport-2023_45524#rtf-anchor-download-gesamt-report

## Kapitel 7: Wie Neurobiologie, Gene und Hormone unsere Ängste beeinflussen

1. Donner (2013).
2. Becker (2013).
3. Angst (2002).
4. Freeman (2006).
5. Farhane-Medina (2022).
6. Donner (2013).
7. Hilbig (2000).
8. Becker (2013).
9. Amin (2005).
10. Holingue (2020).
11. Mersmann (2022), S. 13, S. 18.
12. Plag (2023), S. 84.
13. Dobos (2023), S. 18.
14. Amin (2005).
15. Farhane-Medina (2022).
16. Mansuy (2020), S. 14.
17. Domschke (2012).
18. Curley (2011)
19. De Bellis (2011).
20. Gorey (1997).
21. Hantsoo (2017).
22. Max Planck Gesellschaft (2009).
23. Hantsoo (2017).
24. Hantsoo (2017).
25. Hemera Klinik (o. J.).
26. Ding (2014).
27. Deutsche Depressionshilfe (o. J.).
28. Bromberger (2013).
29. Freeman (2016), Juang (2005).

## Kapitel 8: Die Schwellen des weiblichen Lebens

1. MSD Manual (2023).
2. Schneider (2013).
3. MSD Manual (2023).
4. Plag (2023), S. 104.
5. Ravens-Sieberer (2022).
6. Shorey (2022).
7. Marshall (2016).
8. Parship (2024).
9. Ruhr Uni Bochum (o. J.).
10. Parship (2024).
11. Bodenmann (2013).
12. ElitePartner (2023).
13. Statistisches Bundesamt (2023).
14. Ayerle (2021).
15. Podlecki (2022).
16. Plag (2023), S. 104.
17. Plag (2023), S. 111.
18. Ruhr Uni Bochum (o. J.).
19. Embryotox (o. J.).
20. Zinser (o. J.).
21. Wagner (2019).
22. Wagner (2019).
23. Fratzscher (2024).
24. Plag (2023), S. 66.
25. Plag (2023), S. 11.
26. Pachana (2011).
27. Plag (2023), S. 15.
28. Schulz (2023).
29. Shavazi (2023).
30. Plag (2023), S. 66.
31. Perrig-Chiello (2024), S. 129.
32. Perrig-Chiello (2024), S. 49.
33. Plag (2023), S. 17.

## Kapitel 9: Gesunde Angst

1. https://ninaweniger.de
2. Internationale Hochschule (2022).
3. Nach einer Vorlage von Chris Bloom, https://chrisbloom.de/blog/selbst-wirksamkeit/
4. Copyright gutentag-hamburg.de nach einer Vorlage von Chris Bloom, https://chrisbloom.de/blog/selbstwirksamkeit/

## Kapitel 10: Was unterscheidet eine alltägliche Angst von einer Angststörung?

1. R+V (2017).
2. R+V (2023).
3. Bundeskriminalamt (2023).
4. European Union Agency for Fundamental Rights (2014).
5. Bürger (2023).
6. Röhl (2005).
7. Stadler (2023).
8. Bandelow (2021).

## Kapitel 11: Angst kommt selten allein – häufige begleitende Erkrankungen

1. Rees (2011).
2. Schüßler (2011).
3. Morschitzky (2009).
4. Schüßler (2011).
5. Kautzky-Willer (2023).
6. https://dgesgm.de/
7. Petz (2018).
8. Plag (2023), S. 98.
9. Schüßler (2011).
10. Kautzky-Willer (2016).
11. Plag (2023), S. 98.
12. Plag (2023), S. 99.
13. Keller (2003).
14. Wancata (2011).
15. Faust (o. J.).
16. Cyranowski (2012).

## Kapitel 12: Welche Angststörungen gibt es, und wie unterscheiden sie sich?

1. Robert Koch-Institut (2023).
2. Plag (2023), S. 29.
3. Jacobi (2014).
4. Schmidt-Traub (2021).

## Kapitel 13: Wie können Angststörungen behandelt werden?

1. Bandelow (2021).
2. Bandelow (2021), S. 71–72.
3. https://www.selfapy.com/kurse/generalisierte-angststoerung
4. Eichenberg (2023).

## Kapitel 14: Selbsthilfe – Was Frauen tun können

1. American Psychological Association (2020).
2. Bürger (2023).
3. Diener (2018).
4. Dobos (1923), S. 175.
5. Diener (2018).
6. Algoe (2012).
7. Hoge (2023).
8. Plag (2023), S. 285.
9. Plag (2023), S. 294.

# LITERATURVERZEICHNIS

Algoe, S. B. (2012): Find, Remind, and Bind: The Functions of Gratitude in Everyday Relationships. *Social and Personality Psychology Compass*, 6(6), 455–469. https://doi.org/10.1111/j.1751-9004.2012.00439.x.

Alves, J. (2023): Focus: A man's world: gender parity will take more than five generations. https://www.reuters.com/world/mans-world-gender-parity-will-take-more-than-five-generations-2023-03-08/ (aufgerufen 12.06.2024).

American Psychological Association (2020): Building your resilience, https://www.apa.org/topics/resilience/building-your-resilience (aufgerufen 13.06.2024).

Amin, Z.; Canli, T.; Epperson, C. (2005): Effect of Estrogen-Serotonin Interactions on Mood and Cognition. *Behavioral and Cognitive Neuroscience Reviews 2005; 4(1)*, 43–58. DOI:10.1177/1534582305277152.

Amnesty International (2022): Dramatische Einschränkungen der Frauenrechte müssen rückgängig gemacht werden. https://www.amnesty.ch/de/themen/frauenrechte/dok/2022/dramatische-einschraenkungen-der-frauenrechte-muessen-rueckgaengig-gemacht-werden (aufgerufen 12.06.2024).

Angst, J.; Gamma, A.; Gastpar, M.; Lépine, J.; Mendlewicz, J.; Tylee, A.: Gender differences in depression. Epidemiological findings from the European DEPRES I and II studies. *European archives of psychiatry and clinical neuroscience 2002*; 252(5), 201–9.

Angststörungen im Kindes- und Jugendalter, *Pädiatrie up2date 2014*; 09(04): 355–368, DOI: 10.1055/s-0034-1378087.

Ayerle, N. (2021): Wie der Bindungsstil trennt und zusammenhält, Spektrum.de. https://www.spektrum.de/news/bindungsangst-das-naehe-distanz-problem/1824823 (aufgerufen 11.06.2024).

Bandelow, B., Aden, I., Alpers, G. W. et al.: Deutsche S3-Leitlinie Behandlung von Angststörungen, Version 2 (2021) AWMF Reg.-Nr. 051-028. https://register.awmf.org/de/leitlinien/detail/051-028.

Bangasser, D. A.; Cuarenta, A.: Sex differences in anxiety and depression: circuits and mechanisms. *Nat Rev Neurosci 22, 2021* 674–684. https://doi.org/10.1038/s41583-021-00513-0.

Barmer: Empty Nest Syndrom; https://www.barmer.de/gesundheitverstehen/psyche/einsamkeit/empty-nest-syndrom-1140282.

Becker, C.: Worin sich unsere Psyche unterscheidet, *Pharmazeutische Zeitung, 05 2013.*

https://www.pharmazeutische-zeitung.de/ausgabe-052013/worin-sich-unsere-psyche-unterscheidet/ (aufgerufen 11.06.2024).

Bepanthen-Kinderförderung (2021): Eltern blicken optimistisch in die Zukunft – ein aktuelles Stimmungsbild in Familien, forsa Politik- und Sozialforschung GmbH, 2021 https://www.bepanthen.de/sites/g/files/vrxlpx36091/files/2022-02/20210330%20Bepanthen-Kinderfo%CC%88rderung_forsa-Umfrage_Zukunftsperspektiven_FINAL.pdf (aufgerufen 12.06.2024).

BKA: Bundeslagebild Häusliche Gewalt, 2022, https://www.bka.de/DE/AktuelleInformationen/StatistikenLagebilder/Lagebilder/HaeuslicheGewalt/haeuslicheGewalt_node.html (aufgerufen 11.06.2024).

Böhnke, J. (2020): Studie zeigt: Vor allem junge Frauen sind im Alltag durch Selbstzweifel verunsichert, https://www.desired.de/lifestyle/fit-gesund/bewusst-leben/studie-selbstzweifel-verunsichert/ (aufgerufen 11.06.2024).

Bodenmann, G. (2013): Ehe und Partnerschaft: Wunschbilder und Realität. https://www.familienhandbuch.de/familie-leben/partnerschaft/gelingend/eheundpartnerschaftwunschbilderrealitaet.php

Body image report – Executive Summary (2019), Mentalhealth Foundation, https://www.mentalhealth.org.uk/explore-mental-health/articles/body-image-report-executive-summary/.

Bogner, V.: Chefinnen sind nicht die besseren Männer, *Zeit Online, 11. Januar 2024.* https://www.zeit.de/arbeit/2024-01/geschlechtergerechtigkeit-frauenquote-chef-arbeitswelt-wandel/komplettansicht (aufgerufen 11.06.2024).

Bromberger, J. T.; Kravitz, H. M.; Chang, Y.; Randolph, J. F. Jr; Avis, N. E.; Gold, E. B.; Matthews, K. A.: Does risk for anxiety increase during the menopausal transition? Study of women's health across the nation. *Menopause. 2013 May,* 20(5):488–95. doi: 10.1097/GME.0b013e3182730599.

Bundeskriminalamt (2019): Partnerschaftsgewalt – Kriminalstatistische Auswertung – Berichtsjahr 2019, https://www.bka.de/SharedDocs/Downloads/DE/Publikationen/JahresberichteUndLagebilder/Partnerschaftsgewalt/Partnerschaftsgewalt_2019.html (aufgerufen 12.06.2024).

Bundeskriminalamt (2023): Bundeslagebild Häusliche Gewalt, 2022, https://www.bka.de/SharedDocs/Downloads/DE/Publikationen/JahresberichteUndLagebilder/HaeuslicheGewalt/HaeuslicheGewalt2022.html?nn=219004 (aufgerufen 13.06.2024).

Bundespsychotherapeutenkammer (2023): Klimakrise und psychische Gesundheit. https://api.bptk.de/uploads/B_Pt_K_Standpunkt_Klimakrise_und_psychische_Gesundheit_5fe04373cc.pdf (aufgerufen 12.06.2024).

Bürger, Z.; Müller, V. I., Hoffstaedter, F.; Habel, U.; Gur, R. C.; Windischberger, C.; Moser, E.; Derntl, B.; Kogler, L.: Stressor-Specific Sex Differences in Amygdala-Frontal Cortex Networks. *J Clin Med. 2023 Jan* 22; 12 (3), 865. doi: 10.3390/jcm12030865. https://pubmed.ncbi.nlm.nih.gov/36769521/.

Cadoche, E.; de Montarlot, A. (2021): Die Selbstzweifel überwinden. https://www.spektrum.de/news/impostor-syndrom-die-selbstzweifel-ueberwinden/1958821 (aufgerufen 11.06.2024).

Calvo-Salguero, A.; García-Martínez, J. M. Á.; Monteoliva, A.: Differences Between and

Within Genders in Gender Role Orientation According to Age and Level of Education, *Sex Roles (2008)* 58, 535–548, DOI 10.1007/s11199-007-9354-6.

Carlsson Kanyama, A.; Nässén, J.; Benders, R.: Shifting expenditure on food, holidays, and furnishings could lower greenhouse gas emissions by almost 40%, *J Industrial Ecology, 7, 2021.*

Cianconi, P. et al.: The Impact of Climate Change on Mental Health: A Systematic Descriptive Review, *Front. Psychiatry, 06 March 2020,* Volume 11, 2020, https://doi.org/10.3389/fpsyt.2020.00074.

Cohen, R.; Newton-John, T.; Slater, A.: The relationship between Facebook and Instagram appearance-focused activities and body image concerns in young women, *Body Image, Volume 23, 2017,* 183–187, https://doi.org/10.1016/j.bodyim.2017.10.002. https://www.sciencedirect.com/science/article/abs/pii/S1740144517302450 (aufgerufen 11.06.2024).

Cowie, M. E.; Nealis, L. J.: Sherry, S. B.; Hewitt, P. L.; Flett, G. L.: Perfectionism and academic difficulties in graduate students: Testing incremental prediction and gender moderation, *Personality and Individual Differences Volume 123, 1 March 2018,* Pages 223–228 https://www.sciencedirect.com/science/article/abs/pii/S0191886917306840.

Curley J. P., Jensen C. L., Mashoodh R. et al.: Social influences on neurobiology and behavior: epigenetic effects during development. *Psychoneuroendocrinology. 2011 Apr;36(3)*:352–71. doi: 10.1016/j.psyneuen.2010.06.005.

Cyranowski, J. M. et al.: Psychosocial Features Associated with Lifetime Comorbidity of Major Depression and Anxiety Disorders Among a Community Sample of Mid-Life Women: The Swan Mental Health Study. *Depression and Anxiety, August 2012,* https://doi.org/10.1002/da.21990.

DAK Gesundheit (2022): Kinder- und Jugendreport 2022: Gesundheit und Gesundheitsversorgung vor und während der Pandemie, https://www.dak.de/dak/unternehmen/reporte-forschung/kinder-und-jugendreport-2022_27552 (aufgerufen 12.06.2024).

Darwin, C. (1872): *The Expression of Emotion in Man and Animals.*

Daftary, A. M., Devereux, P., & Elliott, M. (2020): Discrimination, depression, and anxiety among college women in the Trump era. *Journal of Gender Studies*, 29 (7), 765–778, https://doi.org/10.1080/09589236.2020.1767546.

De Bellis, M. D.; Spratt, E. G.; Hooper, S. R.: Neurodevelopmental biology associated with childhood sexual abuse. *J Child Sex Abus. 2011 Sep*, 20 (5), 548–87. doi: 10.1080/10538712.2011.607753. https://www.ncbi.nlm.nih.gov/pmc/articles/PMC3769180/ (aufgerufen 11.06.2024).

Destatis (2022): Frauen in Führungspositionen. https://www.destatis.de/DE/Themen/Arbeit/Arbeitsmarkt/Qualitaet-Arbeit/Dimension-1/frauen-fuehrungspositionen.html (aufgerufen 12.06.2024).

Destatis (2023): Gender Pay Gap 2022. https://www.destatis.de/DE/Presse/Pressemitteilungen/2023/01/PD23_036_621.html.

Deutsche Bundestag (2016): Posttraumatische Belastungsstörungen. Wissenschaftliche Dienste, https://www.bundestag.de/resource/blob/490504/8acad12ffbf45476eecdfeff7d6bd3f4/wd-9-069-16-pdf-data.pdf (aufgerufen 12.06.2024).

Deutsche Depressionshilfe (o. J.): In der Schwangerschaft und nach der Geburt, https://www.deutsche-depressionshilfe.de/depression-infos-und-hilfe/depression-in-verschiedenen-facetten/in-der-schwangerschaft-und-nach-der-geburt (aufgerufen 12.06.2024).

Diener, E., Seligman, M. E. P., Choi, H., & Oishi, S. (2018): Happiest People Revisited. *Perspectives on Psychological Science, 13 (2),* 176–184. https://doi.org/10.1177/1745691617697077.

Digitale Gesundheitsanwendungen: https://www.selfapy.com/kurse/generalisierte-angststoerung.

Ding, X. X.; Wu, Y. L.; Xu, S. J.; Zhu, R. P.; Jia, X. M.; Zhang, S. F.; Huang, K.; Zhu, P.; Hao, J. H.; Tao, F. B.: Maternal anxiety during pregnancy and adverse birth outcomes: a systematic review and meta-analysis of prospective cohort studies. *J Affect Disord. 2014 Apr, 159,* 103–10. doi: 10.1016/j.jad.2014.02.027.

Dobos, G. (2023): *Anti-Angst Buch.* ZS-Verlag.

Domschke, K. et al.: Monoamine oxidase A gene DNA hypomethylation – a risk factor for panic disorder? *Int J Neuropsychopharmacol 2012;* 15(9): 1217–28.

Donner, N. C., Lowry, C. A.: Sex differences in anxiety and emotional behavior. *Pflugers Arch. 2013 May,* 465 (5), 601–26. doi: 10.1007/s00424-013-1271-7.

Dube, S. R.; Anda, R. F.; Whitfield, C. L.; Brown, D. W.; Felitti, V. J.; Dong, M.; Giles, W. H.: Long-term consequences of childhood sexual abuse by gender of victim. *Am J Prev Med. 2005 Jun,* 28 (5), 430–8. doi: 10.1016/j.amepre.2005.01.015.

Ehrlinger, J.; Dunning, D. (2003): How chronic self-views influence (and potentially mislead) estimates of performance. *Journal of Personality and Social Psychology, 84 (1),* 5–17.

Eichenberg, C.: Digitale Interventionen bei Angststörungen, *Deutsches Ärzteblatt, PP 2023*; 21 (9): 410–2.

ElitePartner (2023): Beziehungserfahrungen, https://www.elitepartner.de/studien/beziehungserfahrungen-bindungsverhalten/ (aufgerufen 12.06.2024).

Embryotox (o. J.): Angsterkrankungen. https://www.embryotox.de/erkrankungen/details/ansicht/erkrankung/angsterkrankungen (aufgerufen 12.06.2024).

Etkin, A.; Prater, K. E.; Schatzberg, A. F.; Menon, V.; Greicius, M. D.: Disrupted amygdalar subregion functional connectivity and evidence of a compensatory network in generalized anxiety disorder. *Arch Gen Psychiatry. 2009 Dec,* 66 (12), 1361–72.

European Union Agency for Fundamental Rights (2014): Gewalt gegen Frauen: eine EU-weite Erhebung, https://fra.europa.eu/de/publicati/2014/gewalt-gegen-frauen-eine-eu-weite-erhebung-ergebnisse-auf-einen-blick (aufgerufen 13.06.2024).

Farhane-Medina, N. Z.; Luque, B.; Tabernero, C.; Castillo-Mayén, R.: Factors associated with gender and sex differences in anxiety prevalence and comorbidity: A systematic review. *Sci Prog. 2022 Oct-Dec,* 105 (4), 368504221135469.

Faust, V. (o. J.): Frau und seelische Störung, https://www.psychosoziale-gesundheit.net/psychiatrie/frau3.html (aufgerufen 11.06.2024)

Fratzscher, M. (2024): Die Rentenreform ist für Frauen eine verpasste Chance. *Zeit* https://www.zeit.de/wirtschaft/2024-03/altersarmut-frauen-rentenreform-generationenkapital.

Freeman, E. W.; Sammel, M. D.; Lin, H.; Nelson, D. B. (2006): Associations of Hormones and Menopausal Status with Depressed Mood in Women with No History of Depression. *Arch Gen Psychiatry 2006*; 63 (4), 375.

Freeman, E. W.; Sammel, M. D. (2016) Anxiety as a Risk Factor for Menopausal Hot Flashes: Evidence from the Penn Ovarian Aghing Cohort, *Menopause. 2016 Sep; 23(9): 942–949.* doi: 10.1097/GME.0000000000000662.

Gewalt gegen Frauen in der EU, 2014, European Union Agency for Fundamental Rights, 2007-2024, https://fra.europa.eu/de/publication/2014/gewalt-gegen-frauen-eine-eu-weite-erhebung-ergebnisse-auf-einen-blick.

Girlguiding (2023): Girls' attitudes survey 2023, https://www.girlguiding.org.uk/globalassets/docs-and-resources/research-and-campaigns/girls-attitudes-summary.pdf (aufgerufen 12.06.2024).

Gorey, K. M.; Leslie, D. R.: The prevalence of child sexual abuse: integrative review adjustment for potential response and measurement biases. *Child Abuse Negl., 1997 Apr,* 21(4), 391–8. doi: 10.1016/s0145-2134(96)00180-9. PMID: 9134267.

Graff, A.; Korolczuk, E. (2021): Anti-Gender Politics in the Populist Moment, London. https://doi.org/10.4324/9781003133520.

Groll, T.: Frauen bekommen seltener Spitzenbewertungen, *Die ZEIT, August 2016* https://www.zeit.de/karriere/2016-08/leistungsbeurteilung-teilzeit-diskriminierung-job-oeffentlicher-dienst/komplettansicht.

Hannover, B.; Ollrogge, K.; Bundeszentrale für politische Bildung (2021): Bildungsungleichheiten zwischen den Geschlechtern. https://www.bpb.de/themen/bildung/dossier-bildung/315992/bildungsungleichheiten-zwischen-den-geschlechtern/ (aufgerufen 11.06.2024).

Hantsoo, L.; Epperson, C. N.: Anxiety Disorders Among Women: A Female Lifespan Approach. *Focus (Am Psychiatr Publ). 2017* Spring, 15(2), 162–172. doi: 10.1176/appi.focus.20160042.

Haw, C. E. (1995): The family life cycle: a forgotten variable in the study of women's employment and well-being. *Psychol. Med. 1995*; 25.

Heidenfelde, C.: Geschichte der Erziehung, *Planet Wissen, 2020* https://www.planet-wissen.de/gesellschaft/lernen/geschichte_der_erziehung/index.html (aufgerufen 12.06.2024)

Heinz, A.; Meyer-Lindenberg, A.; DGPPN-Task-Force »Klima und Psyche«: Klimawandel und psychische Gesundheit. Positionspapier einer Task-Force der DGPPN. *Nervenarzt. 2023* Mar, 94(3), 225–233. German. doi: 10.1007/s00115-023-01457-9.

Hemera Klinik, Bad Kissingen (o. J.): *Ursachen von Angststö*rungen. https://www.hemera.de/behandlungsschwerpunkte/angststoerungen/ursachen-von-angststoerungen/

Hickman, C.; Marks, E.; Pihkala, P.: Climate anxiety in children and young people and their beliefs about government responses to climate change: a global survey, *The Lancet Planetary health*, Vol. 5, Issue 12, E863-E873, December 2021.

Hilbig, H. (2000): *Geschlechtsunterschiede aus neurowissenschaftlicher Sicht.* https://www.spektrum.de/lexikon/neurowissenschaft/geschlechtsunterschiede-aus-neurowissenschaftlicher-sicht/4636.

Hoge, E. A.; Bui, E.; Mete, M.: Mindfulness-Based Stress Reduction vs Escitalopram for the Treatment of Adults with Anxiety Disorders. *JAMA Psychiatry. 2023, 80(1)*, 13–21. doi:10.1001/jamapsychiatry.2022.3679. https://jamanetwork.com/journals/jamapsychiatry/article-abstract/2798510.

Holingue, C.; Budavari, A. C.; Rodriguez, K. M.; Zisman, C. R.; Windheim G, Fallin MD. Sex Differences in the Gut-Brain Axis: Implications for Mental Health. Curr Psychiatry Rep. 2020 Nov 20;22(12):83. doi: 10.1007/s11920-020-01202-y. PMID: 33216233; PMCID: PMC7717677.

Internationale Hochschule (2022): Prüfungsangst. Die Fakten. Kurzstudie 2022. https://static.iu.de/studies/Pruefungsangst.pdf.

Jacobi, F., Höfler, M., Strehle, J., Mack, S. et al.: Psychische Störungen in der Allgemeinbevölkerung: Studie zur Gesundheit Erwachsener in Deutschland und ihr Zusatzmodul »Psychische Gesundheit« (DEGS1-MH). *Der Nervenarzt, 85 2014 (1)*, S. 77–87.

Juang, K. D.; Wang, S. J.; Lu, S. R.; Lee, S. J.; Fuh, J. L. (2005): Hot flashes are associated with psychological symptoms of anxiety and depression in peri- and post- but not premenopausal women. *Maturitas. 2005 Oct 16, 52 (2)*, 119–26. doi: 10.1016/j.maturitas.2005.01.005.

Kautzky-Willer, A.; Harreiter, J.; Pacini, G. (2016): Sex and Gender Differences in Risk, Pathophysiology and Complications of Type 2 Diabetes Mellitus. *Endocr Rev. 2016 Jun;37(3)*, 278–316. doi: 10.1210/er.2015-1137.

Kautzky-Willer, A.; Leutner, M.; Abrahamian, H.; Frühwald, L.; Hoppichler, F.; Lechleitner, M.; Harreiter, J. (2023): Geschlechtsspezifische Aspekte bei Prädiabetes und Diabetes mellitus – klinische Empfehlungen (Update 2023) [Sex and gender-specific aspects in prediabetes and diabetes mellitus-clinical recommendations (Update 2023)]. *Wien Klin Wochenschr.* 2023 Jan;135(Suppl 1):275-285. German. doi: 10.1007/s00508-023-02185-5.

Keller, M. B.: The lifelong course of social anxiety disorder: a clinical perspective. *Acta Psychiatr Scand 2003; 108* (Suppl 417): 85–94.

Kersting, A.: Geschlechtsspezifische Aspekte mehr beachten!, *DNP 17*, 3–4 (2016). https://doi.org/10.1007/s15202-016-1264-4.

Khan, M. M. A.; Khan, M. N.: Effects of psychosocial and socio-environmental factors on anxiety disorder among adolescents in Bangladesh. *Brain Behav. 2020 Dec*, 10 (12), e01899. doi: 10.1002/brb3.1899.

Kinder- und Jugendreport 2022: Gesundheit und Gesundheitsversorgung vor und während der Pandemie, DAK von Witte, J., Zeitler, A., Batram, M. et al. https://caas.content.dak.de/caas/v1/media/27568/data/5b0387cd24815b7b4200773f4d9912dd/kinder-und-jugendreport-2022-studie.pdf.

Kinder- und Jugendreport 2023: Gesundheit und Gesundheitsversorgung vor und während der Pandemie, DAK von Witte, J., Zeitler, A., Batram, M. et al. https://caas.content.dak.de/caas/v1/media/27568/data/5b0387cd24815b7b4200773f4d9912dd/kinder-und-jugendreport-2022-studie.pdf.

Klimakrise und politische Gesundheit, 2023, Bundespsychotherapeutenkammer: https://api.bptk.de/uploads/B_Pt_K_Standpunkt_Klimakrise_und_psychische_Gesundheit_5fe04373cc.pdf.

Kubisch, K. (2016): Frauen sind zu selbstkritisch, https://idw-online.de/de/news656891 (aufgerufen 11.06.2024).

Kudielka, B. M.; Hellhammer, D. H.; Wüst, S.: Why do we respond so differently? Reviewing determinants of human salivary cortisol responses to challenge. *Psychoneuroendocrinology, 2009,* 34(1), S. 2–18.

Lang, U.: Risiken, Ursachen, Therapie sowie Prävention von Depressionen bei Frauen. In: Lang, U.; Brühl, A. (Hrsg.) (2023): *Frauen in psychischen Krisen helfen: Besonderheiten und Empfehlungen für Therapie und Begleitung.* Stuttgart: Kohlhammer-Verlag.

LeDoux, J. L. (1999): *The Emotional Brain: The Mysterious Underpinnings of Emotional Life.* Quezon City: Phoenix Publishing.

Mansuy, I. M.; Guttet, J.-M.; Lefief-Delcourt, A.: (2020): *Wir können unsere Gene steuern.* München: Piper.

Marshall, A. D.: Developmental Timing of Trauma Exposure Relative to Puberty and the Nature of Psychopathology Among Adolescent Girls. *J Am Acad Child Adolesc Psychiatry. 2016 Jan*; 55(1):25–32. doi: 10.1016/j.jaac.2015.10.004. https://www.ncbi.nlm.nih.gov/pmc/articles/PMC4691280/.

Masterson, V. (2022): Here's what women's entrepeneurship looks like around the world. https://www.weforum.org/agenda/2022/07/women-entrepreneurs-gusto-gender/ (aufgerufen 12.06.2024).

Max Planck Gesellschaft (2009): Gene lernen aus Stress, https://www.mpg.de/forschung/gene-lernen-aus-stress (aufgerufen 11.06.2024).

McLean, C. P.; Asnaani, A.; Litz, B. T.; Hofmann, S. G.: Gender differences in anxiety disorders: Prevalence, course of illness, comorbidity and burden of illness, *Journal of Psychiatric Research, Volume 45,* Issue 8, 2011, 1027–1035.

Menopause Gesellschaft, https://www.menopause-gesellschaft.de

Mersmann, A. (2022): Assoziationen zwischen polygenem Risiko für Angsterkrankungen, Ängstlichkeit und neuronaler Emotionsverarbeitung, S. 13, online Zugriff: diss_mersmann.pdf.

Meyer, W. U., Schützwohl, A. & Reisenzein, R. (1997): *Einführung in die Emotionspsychologie. Band II. Evolutionspsychologische Emotionstheorien.* Verlag Hans Huber.

Michl, L. C.; McLaughlin, K. A.; Shepherd, K. et al.: Rumination as a mechanism linking stressful life events to symptoms of depression and anxiety: longitudinal evidence in early adolescents and adults. *J Abnorm Psychol 2013*; 122, 339–352.

Mills, J. S.; Musto, S.; Williams, L.; Tiggemann, M.: »Selfie« harm: Effects on mood and body image in young women, Body Image, Volume 27, 2018, Pages 86–92, https://doi.org/10.1016/j.bodyim.2018.08.007. https://www.sciencedirect.com/science/article/pii/S1740144517305326# (aufgerufen 11.06.2023).

Morschitzky, H. (2009): *Angststörungen: Diagnostik, Konzepte, Therapie, Selbsthilfe.* 4., überarb. und erw. Aufl., Wien u. a.: Springer.

MSD Manual (2023): Übersicht zu Angststörungen im Kindes- und Jugendalter, https://www.msdmanuals.com/de-de/profi/pädiatrie/psychiatrische-erkrankungen-bei-kindern-und-jugendlichen/übersicht-zu-angststörungen-im-kindes-und-jugendalter (aufgerufen 11.06.2024).

Murray, R. (2018): Social media is affecting the way we view our bodies – and it's not good. https://www.today.com/style/social-media-affecting-way-we-view-our-bodies-it-s-t128500 (aufgerufen 12.06.2024).

Napp, C.; Breda, T.: The stereotype that girls lack talent: A worldwide investigation. *Sci. Adv. 8*, eabm3689 (2022). DOI:10.1126/sciadv.abm3689

Niehus, C. H. (2020): Die Auswirkungen von Social Media auf das Frauenbild am Beispiel von Instagram Bachelorarbeit Hochschule Mittweida. https://monami.hs-mittweida.de/frontdoor/index/index/docId/13869 (aufgerufen 11.06.2024).

Ozimek, P.; Bierhoff, H.-W.: All my online-friends are better than me – three studies about ability-based comparative social media use, self-esteem, and depressive tendencies. *Behaviour & Information Technology 2019*, DOI:10.1080/0144929X.2019.1642385.

Pachana, N. A.; McLaughlin, D.; Leung, J.; Byrne, G.: Anxiety and depression in adults in their eighties: do gender differences remain? *International Psychogeriatrics, Juli 2011*, 24 (1), 145–50. DOI: 10.1017/S1041610211001372.

Parship (2024): Liebe 2024: 10 Fakten über Singles und Paare in Deutschland, https://www.parship.de/studien/liebe-2024-10-fakten-ueber-singles-und-paare-in-deutschland/ (aufgerufen 12.06.2024).

Patenge, M. (2015): Histrionische Persönlichkeiten, Speyerer Hefte für Spiritualität, https://www.bistum-speyer.de/fileadmin/user_upload/1-0-0/Hauptabteilung_I/Downloads/Spirituelle_Bildung/Speyerer_Hefte/Histrionische_Persönlichkeiten.pdf (aufgerufen 11.06.2024).

Pelch, M.: Gendered differences in academic emotions and their implications for student success in STEM. *Int J STEM Ed 5, 33 (2018).* https://doi.org/10.1186/s40594-018-0130-7.

Perrig-Chiello, P. (2024): *Own your Age.* Weinheim: Beltz Verlag.

Petz, L.: *Komorbide Angststörungen bei schweren somatischen Krankheiten,* Diplomarbeit, Medizinische Universität Graz, 27.04.2018.

Philips Universität Marburg, 2020: Unconcious Bias in der Wissenschaft begegnen. https://www.uni-marburg.de/de/universitaet/administration/verwaltung/stabsstellen/frauen/aktiv/broschuere_antibias_2020.pdf (aufgerufen 11.06.2024).

Plan International (2021): State of the World's Girls 2021: The Truth Gap, https://plan-international.org/publications/the-truth-gap (aufgerufen 12.06.2024).

Plag, J.; Ströhle, A.; Hoyer, J. (Hrsg.) (2023): *Praxishandbuch Angststörungen.* München: Urban & Fischer Verlag.

Podlecki, A. M. (2022): Bindungsstile in der Partnerschaft, Dissertation https://dspace.ub.uni-siegen.de/bitstream/ubsi/2524/3/Dissertation_Podlecki_Anna_Maria.pdf

Prüfungsangst, Kurzstudie der IU Internationalen Hochschule, Erfurt, 2022 https://static.iu.de/studies/Pruefungsangst.pdf.

Qi, Y.; Bruch, D.; Krop, P.; Herrmann, M. J.; Latoschik, M. E.; Deckert, J.; Hein, G.: Social buffering of human fear is shaped by gender, social concern, and the presence of real vs virtual agents. *Translational Psychiatry 11*, 2021 64.

R+V (2017): R+V-Studie: Die Ängste der Deutschen, https://www.ruv.de/newsroom/infocenter/ruv-aengste-der-deutschen-2017-ergebnisse.

R+V (2023): R+V-Studie: Die Ängste der Deutschen, https://www.ruv.de/newsroom/themenspezial-die-aengste-der-deutschen/grafiken-zahlen-ueberblick (aufgerufen 13.06.2024).

Ravens-Sieberer, U., Kaman, A., Erhart, M. et al. Impact of the COVID-19 pandemic on quality of life and mental health in children and adolescents in Germany. Eur Child Adolesc Psychiatry 31, 879–889 (2022). https://doi.org/10.1007/s00787-021-01726-5.

Rees, S.; Silove, D.; Chey, T.; et al. Lifetime prevalence of gender-based violence in women and the relationship with mental disorders and psychosocial function. *JAMA 2011*; 306: 513–521.

Riemann, F. (1961): *Die Grundformen der Angst und die Antinomien des Lebens.*

Robert Koch-Institut (Hrsg.) (2023): Gesundheitliche Lage der Frauen in Deutschland – wichtige Fakten auf einen Blick. Gesundheitsberichterstattung des Bundes. Gemeinsam getragen von RKI und Destatis. RKI, Berlin DOI: 10.25646/10818 ISBN: 978-3-89606-319-9.

Röhl, S.; Schücking, B.: Kohärenzgefühl vor und nach der Geburt. Veränderung und Einfluss bei Frauen mit stationär behandelter vorzeitiger Wehentätigkeit, *Zentralbl. Gynakol. 2005;* 127–30.

Rossi, S.; Xenidou-Dervou, I.; Simsek, E. et al.: Mathematics – gender stereotype endorsement influences mathematics anxiety, self-concept, and performance differently in men and women, *Annals of the New York Academy of science, Volume 1513*, Issue 1, July 2022, https://nyaspubs.onlinelibrary.wiley.com/doi/full/10.1111/nyas.14779 (aufgerufen 11.06.2024).

Ruhr Uni Bochum (o. J.): Studie zum Vergleich von Singles und gebundenen Personen. https://www.ruhr-uni-bochum.de/soc-psy/dokumente/Ergebnisse_Studie_Einstellung_zu_Partnerschaften.pdf (aufgerufen 12.06.2024).

Schmerber, C. (2021): Angst um die Umwelt. *Spektrum der Wissenschaft kompakt, Angst, 2021.*

Schmidt-Traub, S. (2021): Soziale Angststörung. *Schüchtern, nervös, unsicher?* https://doi.org/10.1007/978-3-662-63216-1_2.

Schneider, S.; Seehagen, S. (2013): Angststörungen im Kindes- und Jugendalter. *Pädiatrie up2date 2014; 09(04)*: 355–368. DOI: 10.1055/s-0034-1378087.

Schulz, A. (2023): Männer aktiver bei der Altersvorsorge, https://www.dia-vorsorge.de/private-altersvorsorge/maenner-aktiver-bei-der-altersvorsorge/ (aufgerufen 13.06.2024).

Schüßler, G.; Joraschky, P.; Söllner, W. (2011): *Depression, Angst und Anpassungsstörungen bei körperlichen Erkrankungen* (Komorbidität). Doi: 10.1016/B978-3-437-21831-6.10054-1. https://www.researchgate.net/publication/301049215_Depression_Angst_und_Anpassungsstorungen_bei_korperlichen_Erkrankungen_Komorbiditat (aufgerufen 11.06.2024).

Schulz, A. (2020): Klassische Rollenverteilung – Wissenschaft gespalten. https://www.dia-vorsorge.de/demographie/klassische-rollenverteilung-wissenschaft-gespalten/ (aufgerufen 11.06.2024). https://www.dia-vorsorge.de/private-altersvorsorge/maenner-aktiver-bei-der-altersvorsorge.

Shavazi, M.; Hosseini, M.; Gohar, G.; Ranjbaran, A.: Aging, Anxiety and Inequality:

The Relation between Anxiety about Aging and Gender Inequality among Women in Shiraz City (Iran). *Elderly Health Journal. 8, 2023.* 10.18502/ehj.v8i2.11544.

Shorey, S.; Ng, E. D.; Wong, C. H. J.: Global prevalence of depression and elevated depressive symptoms among adolescents: A systematic review and meta-analysis, *British J of clinical psychology, Volume 61, Issue 2, June 2022*, Pages 287–305.

Silove, D.; Alonso, J.; Bromet, E. et al.: Pediatric-onset and adult-onset separation anxiety disorder across countries in the World Mental Health Survey. *Am J Psychiatry 2015*; 172: 647–656.

Stadler, G. (2023): Gendermedizin – Frauen sind anders krank, https://www.swr.de/swrkultur/wissen/gendermedizin-frauen-sind-anders-krank-102.html.

Stake, J. E.; Eisele, H.: Gender and personality. In: Chrisler, M.; McCreary, D. R. (eds.) (2010): *Handbook of gender research in psychology*. S. 19–40.

Statistisches Bundesamt (2023): Scheidungsquote in Deutschland von 1960- 1980. https://de.statista.com/statistik/daten/studie/76211/umfrage/scheidungsquote-von-1960-bis-2008.

Ströhle, A. (2003): Die Neuroendokrinologie von Stress und die Pathophysiologie und Therapie von Depression und Angst. *Nervenarzt 74*, 279–292.

Stuijfzand, S.; Creswell, C.; Field, A. P.; Pearcey, S.; Dodd, H.: Research Review (2018): Is anxiety associated with negative interpretations of ambiguity in children and adolescents? A systematic review and meta-analysis. *J Child Psychol Psychiatry. Nov*, 59(11), 1127–1142.

Taylor, S. E.; Klein, L. C.; Lewis, B. P.; Gruenewald, T. L.; Gurung, R. A. R., & Updegraff, J. A. (2000): Biobehavioral responses to stress in females: Tend-and-befriend, not fight-or-flight. *Psychological Review, 107(3)*, 411–429.

The Facebook Files (2021): Wall Street Journal, https://www.wsj.com/articles/the-face book-files-11631713039 (aufgerufen 12.06.2024).

UN Women (o. J.): Klima und Gender, unwomen.de/klima-und-gender/ (aufgerufen 12.06.2024).

UN Women: Gewaltformen gegen Frauen, 2022 https://www.unwomen.org/en/what-we-do/ending-violence-against-women/faqs/types-of-violence (aufgerufen 11.06.2024).

UN Women (2023): Gewalt gegen Frauen, https://www.unwomen.org/en/news-stories/press-release/2023/11/press-release-un-women-calls-for-bold-investments-to-end-violence-against-women-in-light-of-new-report-showing-prevention-is-severely-underfunded (aufgerufen 11.06.2024).

Van de Velde, S.; Boyd, A.; Villagut, G.; Alonso, J.; Bruffaerts, R.; De Graaf, R.; Florescu, S.; Haro, J.; Kovess-Masfety, V. (2019): Gender differences in common mental disorders: a comparison of social risk factors across four European welfare regimes. *Eur J Public Health. 2019 Jun 1*, 29(3), 481–487.

Vdek (2024): 2024 vdek-Basisdaten des Gesundheitswesens in Deutschland. https://www.vdek.com/presse/daten/_jcr_content/par/publicationelement_1479644990/file.res/vdek_basisdaten_2024.pdf (aufgerufen 11.06.2024).

Vidal MMI Germany GmbH: Gelbe Liste, https://www.gelbe-liste.de/krankheit.

Von Würzen, B. (2020): Traditionelle Rollenverteilung in Corona-Krise belastet die Frauen. https://www.bertelsmann-stiftung.de/fileadmin/files/user_upload/Spotlight_Rollen_und_Aufgabenverteilung_bei_Frauen_und_Maennern_in_Zeiten_von_Corona.pdf (aufgerufen 11.06.2024)

Wagner, B.: Empty Nest. *Magazin Stern Gesund Leben, 2019.*

Wancata, J.; Freidl, M., Fabrian, F.: Epidemiologie der Angststörungen. *Journal für Neurologie Neurochirurgie und Psychiatrie 2011*; 12 (4), 332–335.

Weber, M. M.: Carl Westphal und die Konstituierung der Agoraphobie. *Psychotherapie 17. Jahrg. 2012*, Bd. 17, Heft 1, 112–117.

Wildermuth, V. (2023): https://www.swr.de/swrkultur/wissen/gendermedizin-frauen-sind-anders-krank-102.html.

World Health Organization (2002): Gender and Mental Health, https://iris.who.int/handle/10665/68884. (aufgerufen 11.06.2024).

World Health Organization (Ed.) (2004): *International Statistical Classification of Diseases and related health problems: Alphabetical index* (Vol. 3).

Yavorsky, J. E.; Qian, Y.; Sargent, A. C.: The gendered pandemic: The implications of COVID-19 for work and family. *Sociol Compass. 2021 Jun;* 15 (6) e12881. doi: 10.1111/soc4.12881.

Zeit Online, dpa, kzi (2022): Mädchen sind weniger vom eigenen Talent überzeugt als Jungen. *Zeit Online, 10. März 2022*, https://www.zeit.de/gesellschaft/2022-03/internationale-pisa-studie-talent-geschlecht-schulleistung (aufgerufen 11.06.2024).

Zinser, M. (o. J.): Empty Nest-Syndrom: So lassen Eltern leichter los. https://www.barmer.de/gesundheit-verstehen/psyche/einsamkeit/empty-nest-syndrom-1140282 (aufgerufen 11.06.2024).